무엇이 기업에
혁신을 요구 하는가

INNOVATION

A blueprint for surviving and
thriving in an age of change

무엇이 기업에
혁신을 요구 하는가

스티븐 M. 샤피로 지음
김원호 옮김

시아

무엇이 기업에 혁신을 요구 하는가

개정판 1쇄 발행   2017 년 9월 26일

지은이   스티븐 M. 사피로
옮긴이   김원호
펴낸이   김형성
디자인   정종덕
마케팅   PAGE ONE 강용구
영업   최관호
관리   남영애 , 김희수
인쇄   정민P&P
제본   정민제책
후가공   제이오

펴낸곳   (주)시아컨텐츠그룹
주소   경기도 파주시 재두루미길 150(활자마을)
전화   031-955-9696
팩스   031-955-9393
이메일   siaabook9671@naver.com

ISBN   979-11-88519-09-5
값 15,000원

Innovation

나는 지난 15년간 경영 컨설턴트로서 전세계를 돌아다니며 많은 것을 보고 배웠다. 그리고 이제 그 지식을 책으로 옮기고자 한다. 특히 내가 주목하고자 하는 점은, 급변하는 사회 환경 속에서, 시장 상황과 고객들의 관심사는 하루가 다르게 바뀌며, 경쟁사들은 더욱 맹렬한 속도로 뒤따라오는 오늘날, 기업들이 살아남기 위해서는 어떻게 해야 하는가이다.

격변의 시대에 경영자들은 혼돈 속에 빠져 무엇을 어떻게 해야 할지 갈피를 잡지 못하고 있으며, 이런 불안한 상황에서는 아무리 창의력을 발휘하고 노력해도 살아남기 힘들다. 어쩌면, 우리가 사는 세상이 하루가 다르게 변한다는 것은 조금도 새로운 사실이 아니다. 소크라테스보다도 더 오래 전 인물인 헤라클레이토스(Herakleitos)라는 철학자는 다음과 같이 말했다.

모든 것은 변한다. 태양마저도 오늘의 것과 내일의 것이 서로 다르다.

오늘날과 같이 빠르게 변화하는 환경에서 지속적으로 성공을 일궈내기 위해서는 어떻게 해야 할까? 답은 의외로 간단하다. 지속적인 혁신이 바로 그것이다. 생명체가 진화를 통해 자연 환경의 변화 속에서 살아남는 것처럼 기업도 계속해서 진화해 나가야 하는 것이다.

얼마 전까지만 해도 한 기업의 성공은, 그 기업이 얼마나 효율적이고 효과적으로 운영되느냐에 달려 있었다. 그리고 일단 시장 지배자의 위치에 오르면 한동안은 그 자리를 유지할 수 있었다. 하지만 기업 환경이 숨가쁘게 변하는 오늘날에는 한 기업이 시장에서 성공하면 다른 기업들이 그 기업의 독특한 강점을 모방해서 금세 시장 지배권을 빼앗아 버린다. 치열한 경쟁 속에서 지속적으로 성공하고자 하는 기업은 격변하는 시장 상황에 맞춰 적절한 변신을 거듭해야 한다. 끊임없이 혁신을 추구해야 하는 것이다. 여기서 가장 중요한 것이 바로 조직 구성원들의 마음가짐이다. 혁신을 추구하기 위해서는 무엇보다도 모든 임직원이 그것을 수용하고자 하는 마음자세가 되어 있어야 한다. 그렇지 않고서는 그 어떤 변화도 성공적으로 실현될 수 없다.

하지만 컨설턴트로서 내가 만난 대부분의 기업 임직원들은 과거의 사고방식에만 머물러 있었다. 그런 현상은 결코 그들이 무능력하거나 게으르기 때문이 아니다. 단언하건대, 오늘날 기업체에서 일하고 있는 임직원들은 매우 뛰어난 역량을 가지고 있다. 그러나 이들이 가진 잠재력을 제대로 활용하고 있는 기업은 거의 없다고 해도 과언이 아니다. 게다가 융통성 없는 규정, 업무에 대한 지나친 간섭, 내부 갈등으로 인한 견제, 그리고 이로 인한 내분 등으로 인해 기업 내에서 혁신은 설 자리를 잃어 버렸다.

내가 이 책 전반을 통해 전달하고자 하는 '하루 24시간, 1주일에 7일을 혁신하라' 는 명제는, 오늘날의 기업들이 시시각각으로 변하는 소비자들의 요구를 만족시키면서 성공을 거두기 위해 반드시 실천해야만 하는 필수 사항이다.

예전에는 혁신이 뭔가 대단하고 어려운 것인 양 다루어졌었다. 파산의 위험에 처한 기업이 죽느냐 사느냐 하는 갈림길에서 마지막 수단으로 선택하는 것이 혁신이라는 고정관념이 있는 것도 사실이다. 하지만 혁신은 우리가 숨쉬는 공기처럼 당연한 것이 되어야 한다. 조직 내의 모든 부분, 모든 사람이 추구해야 한다. 그것은 생각만큼 어렵고 고단한 과정이 아니다. 또 몇 가지 원칙을 잊지 않는다면 달콤한 열매를 맛볼 수 있다.

나는 수많은 음악 장르 가운데 재즈를 가장 좋아한다. 생각해 보면, 재즈의 즉흥 연주는 혁신의 원리와 매우 비슷하다. 재즈는 말 그대로 즉흥 연주이다. 하지만 중심이 되는 구조를 잃는다면 그저 잡음에 불과하다. 마찬가지로, 혁신에도 일관된 계획이 필요하다. 다시 말해, 재즈 연주자들은 저마다의 기교를 뽐내며 새로운 연주를 추구하지만 다른 연주자들과의 화합을 잊지 않는다. 바로 이것이 혁신을 추구하는 기업이 가져야 할 자세이다.

하지만 대부분의 기업들은 재즈 밴드의 모습이라기보다는 교향악단에 가깝다. 굳은 자세로 의자에 앉아 다른 사람이 써놓은 악보대로 연주하는 그들에게, 음악을 나름대로 해석할 수 있는 여지란 거의 없다. 다른 사람이 작성한 악보를 외워서 연주를 하는 교향악단의 모습과 회사에서 세워놓은 엄격한 규정대로 일하는 회사 임직원들의 모습은 어찌 보면 닮은꼴이다.

혁신을 추구할 때 구조만큼이나 중요한 것이 '연결'이다. 아이디어 간의 연결, 부서 간의 연결, 회사 간의 연결, 서로 다른 산업 간의 연결 등이 그것이다.

대부분의 사람들은 뭔가 새로운 것을 경험할 때 '이것이 의미하는 바가 무엇일까?' 하는 생각을 가장 먼저 떠올린다. 뭔가 새로운 상황을 접하면 그것이 기존에 우리가 알고 있던 것들과 어떻게 연결되는지를 가장 먼저 생각하게 되는 것이다. 하지만 혁신적인 사고방식을 가진 사람이라면 '이것과 비슷한 것으로 무엇이 있었지?' 하는 생각을 가장 먼저 하게 된다. 그들은 무엇이든 새로운 것을 접하면 기존에 자신이 알고 있던 것들과 비교하는 과정을 가장 먼저 거친다. 그리고 이를 통해 새로운 것의 의미를 유추해낸다. 기존에 알고 있던 것들과 새로운 것을 연결짓는 것이다. 이것이 바로 '통찰'이다. 그리고 이것은 단순한 지식과는 근본적으로 다르다.

혁신적인 사람은 어떤 주제에 대해 잘 알고 있지 못해도 그것이 가진 의미를 재빨리 파악할 줄 안다. 마찬가지로, 혁신을 추구하려는 조직에는 다양한 상황을 연결짓는 능력이 반드시 필요하다.

나는 이 책이 '변혁의 시대를 살아가면서 발전을 꾀하려는 기업들을 위한 청사진'의 역할을 하길 기대한다. 여기서 '청사진'이란, 사람 · 프로세스* · 기술 등, 한 기업이 수립된 전략에 따라 움직이는 데 필요한 요소들의 집합을 의미한다.

나는 우선 1장을 통해 하루 24시간, 1주일에 7일, 즉 쉬지 않고 행하는 혁신—앞으로는 이를 '24/7 이노베이션'으로 부를 것이다— 이 지닌 힘과 가치에 대해 설명할 것이다. 그리고 혁신을 추구하는

---

* 제조 · 사무 · 서비스 등의 업무에서 활동을 수행하는 시스템, 혹은 한 가지 이상의 변형 방법을 토대로 투입물보다 더 큰 가치를 지닌 산출물을 만들어내는 서로 관련된 업무 활동 일체를 말한다. 소비자에게 서비스를 제공하는 프로세스를 예로 든다면, 소비자의 주문을 접수하고, 그 주문에 맞는 것을 제공하기까지의 모든 과정을 하나의 업무 프로세스라고 할 수 있다. 이 책에서는 주로 '비즈니스 프로세스'(business process)를 이야기하고 있다. 기업 또는 조직은 사람 · 에너지 · 절차 · 자원 · 장비 등 생산요소의 복합체이기 때문에, 제품과 서비스를 생산하기 위해서는 이와 같은 요소들을 작업 활동으로 조직화해야 한다. 이때 제반 요소를 논리적으로 조직화하여 업무 활동으로 구성한 것이 비즈니스 프로세스이다. 마이클 해머(Michael Hammer)의 정의에 따르면, 비즈니스 프로세스는 업무 활동의 집합체로서 생산요소 중 한 종류 이상을 투입하여 고객에게 가치있는 제품 또는 서비스를 생산하는 활동을 말한다.

과정에서 반드시 필요한 요소들에 대해 2장에서 6장까지 다섯 개의 장에 걸쳐 얘기할 것이다. 7장과 8장에서는 혁신을 추구하는 구체적인 방법에 대해 얘기할 것이다. 다시 말해, 7장에서는 혁신을 추구하기 위한 전략을 세우는 방법을, 8장에서는 그렇게 세워진 전략에 대해 평가하는 방법을 제시하고자 한다. 마지막 장인 9장에서는, 이 책이 궁극적으로 추구하는, 지속적인 혁신, 즉 24/7 이노베이션에 도달하기 위한 길을 소개할 것이다.

이 책에는 프롤로그와 에필로그도 있는데, 우선 프롤로그에서는 지난 몇 세기 동안 기업들이 걸어왔던 경영의 역사를 간단히 다룰 것이다. 여기서는 주로 혁신을 가로막았던 요인들에 초점을 맞추고자 한다. 에필로그에서는 다가올 미래의 모습과 함께, 오늘날의 기업 환경에 맞는 기본적인 혁신 전략에 대해 말하고자 한다. 끝으로 부록에서는 혁신을 통해 위기를 딛고 새롭게 태어난 몇몇 기업의 사례와 지금 자신이 속한 조직의 혁신성을 판단해 보는 데 유용하게 사용할 수 있는 분석 도구들을 소개할 것이다.

오늘날 경제·경영 분야에 관한 책을 쓴다는 것은 대단히 위험한 일이 아닐 수 없다. 처음 책을 쓸 때와 책을 마칠 때의 경제 상황이 달라지는 경우가 자주 발생하기 때문이다. 또 훌륭한 기업 사례로 소개한 기업이 책을 출간할 무렵에 어이없게 어리석은 실수를 하거나, 심지어 파산해 버리는 경우가 생기기도 한다. 그러나 다른 기업의 결과에 집착하는 것은 혁신 자세와는 거리가 멀다. 그보다는 다른 기업이 어떤 혁신 과정을 추구하였으며, 그것을 우리 기업에서는 어떤 식으로 응용할 수 있을지를 생각하는 편이 원하는 목표에 좀더 가깝게 다가갈 수 있는 지름길이다.

오늘날과 같은 변혁의 시대에는 조직 내의 모든 부문, 모든 구성원에게 지속적인 변화가 요구된다. 이런 변화의 흐름을 따르지 않는 기업은 살아남지 못한다. 이제 혁신은 숨쉬는 공기처럼, 일상의 몸짓처럼 자연스러운 것이어야 한다. 하루 24시간, 1주일에 7일을 혁신하는 기업만이 살아남을 수 있으며 업계 선두의 위치를 바라볼 수 있다.

Innovation

차 례

Innovation

새로운 변화의 출발점에 서서

> 어지러운 주변을 정돈하라. 남들과 화합하라.
> 고난 속에는 반드시 기회가 있다.
> —알베르트 아인슈타인(Albert Einstein)

얼마 전부터 기업들은 혁신이라는 것을 도입하여 생산성을 비약적으로 높여 왔다. 그러나 이것은 진정한 의미의 혁신이라고 할 수 없다. 이제까지 대부분의 기업들에게 혁신은 최고경영진의 주도 아래 추진되는 일방적인 지시일 뿐이지, 조직 전체를 통해 자연스럽게 배출되는 기업문화가 아니었기 때문이다. 오직 생산성 하나만 바라보고 행해진 기존의 혁신 정책은 회사의 직원들을 로봇으로 바꿔 버렸고, 근무 현장에서의 자율성을 모두 빼앗아 버렸다.

더 쉽게 이해하자면 '박스'(box)와 '선'(line)의 개념을 생각하면 된다. 여기서 박스란 업무 · 사람 · 부서 · 컴퓨터 등 회사 내의 일과 관련된 요소들을 의미하고, 선은 이들 박스를 서로 연결하는 관계성을 의미한다. 그런데, 이제까지 기업들은 주로 박스에만 기업 활동의 초점을 맞춰 왔다. 10여 년 전, 기업의 체질 및 구조 · 경영방식 등을 근본적으로 재설계하여 경쟁력을 확보하겠다는 목적으로 비즈니스 리엔지니어링(Business Reengineering, BR)*이 유행하던 때가 있었다. 그때 대개의 기업들은 혁신이라는 명목 아래 작업 지시서로 회사 게시판을 가득 메우는 실수를 저질렀다. 비용·품질·서비스·작업속도 등 경영 성과의 핵심 지표들을 획기적으로 높이겠다면서 아직 쓸 만한 컴퓨터들을 신형 컴퓨터로 교체하는 데 필요 이상으로 기업 자금을 지출했던 것은 또 어떤가? 혁신을 통해 상황을 개선하겠다던 일이 오히려 기업을 곤란한 상황에 빠뜨린 예는 수없이 많다.

물론 인류가 지나온 역사를 돌이켜보면 이해가 가지 않는 것도 아니다. 농경 사회를 지나 갑작스러운 산업화를 거치면서 생산성은 비약적으로 발전하였다. 물질적인 풍요로움을 맛본 사람들은 그러한 생산성 증가의 일등공신인 기계와 그 기계를 만든 기술을 중시하게 되었다. '박스'에 집중하기 시작했던 것이다. 그러더니 급기야 프레더릭 테일러(Frederick Taylor)라는 사람은 기계의 움직임에 맞추어 사람의 동작을 끊어놓기까지 했다. 업무의 분업화가 이루어지게 된 것이다. 이제 공장 안에서는 기계와 사람의 동작을 관리하는 감독자들 이외에 일반 직원들이 머리를 쓰는 일은 허용되지 않았다. 사실 직원들은 정신없이 돌아가는 콘베이어 벨트를 따라 정해진 일만을 하기에도 시간이 모자랐다.

그러다가 시간이 흘러 1960년대가 되자 정보의 처리를 가장 중시하는 정보화 사회가 되었다. 정보 처리의 주역인 컴퓨터가 기업의

---

* 1990년 마이클 해머가 제창한 기업 체질 및 구조의 근본적인 변혁을 가리킨다. 비용·품질·서비스·속도와 같이 경영 성과의 핵심 지표들을 비약적으로 향상시킬 수 있도록, 비즈니스 프로세스를 근본적으로 다시 생각하여 조직 구조와 업무 방법을 혁신시키는 재설계 방법이다.

생산성과 업무 환경을 완전히 뒤바꿔 버렸다. 기업들은 너나없이 신형 컴퓨터를 들여놓기 시작했으며, 그것이 모든 문제의 만능 해결책이라 굳게 믿었다. 하지만 컴퓨터는 스스로 생각하는 기계가 아니다. 많은 소프트웨어가 개발되긴 했지만, 이것들 역시 특정한 상황 아래에서 일정한 명령을 반복하는 한계를 가지고 있었다. 많은 이들이 정보화를 혁신이라 불렀지만, 엄밀히 따지고 보면 전과 달라진 것은 별로 없었다.

1990년대 초부터는 리엔지니어링의 바람이 불기 시작했다. 리엔지니어링이란 기업을 구성하고 있는 기능들의 상관관계를 전혀 새로운 관점에서 바라보고 재구성하자는 것이었지만, 이것 역시 박스 안에서 일어나는 일에만 관심을 집중했다는 점은 변함없었다.

하지만 최근의 기술 진보는 전과는 다른 양상으로 진행되고 있다. 월드 와이드 웹(World Wide Web) · 이메일 · 통신 · 컴퓨터 네트워크 등으로 인해 사업 모델 자체가 박스가 아닌 선을 중심으로 이루어지고 있는 것이다. 이 책에서 다루고자 하는 것이 바로 이러한 요소들을 기반으로 한 협동 · 통합 · 혁신 등의 개념이다. 오늘날과 같은 변혁의 시대에 중요한 것은 홀로 떨어져서 첨단기술의 사용법을 익히는 것이 아니라, 첨단기술을 이용하여 기업을 구성하는 각각의 박스들을 연결하는 것이기 때문이다.

과거 100년 동안 기업 활동의 대부분은 자동화 · 기계화 · 분업에 의한 숙련 등에 초점이 맞추어져 있었다. 그러다 보니 부서 · 직원 · 컴퓨터 · 데이터베이스 등과 같은 박스 자체만이 강조되었다. 하지만 다행스럽게도 최근 들어 이러한 경향이 서서히 변하고 있다.

오늘날의 기업들은 직원들을 생산 요소 가운데 하나로만 간주하던 이전의 시각에서 벗어나야 한다. 이제 세상에서 확실하게 예측할 수 있는 것은 아무것도 없다. 단 한 가지 확실하게 예측 가능한 것이 있다면, 세상은 항상 빠른 속도로 변하고 있다는 것뿐이다. 그런데 이런 변화에 적응하고 발전하는 과정에서 기계니 컴퓨터니 회사 규정이니 하는 것들은 큰 도움이 되지 못한다. 최고의 아이디어와 영업력으로 일정 기간 동안 업계의 선두 자리를 지켜낼 수는 있겠지만, 혁신을 추구하지 않는다면 얼마 못 가 경쟁자들에게 선두 자리를 내주고는 생존 자체를 고민해야 하는 상황에 처하고 말 것이다.

이러한 시대적 변화를 눈치챈 기업들은 이제 자사의 직원들에게 그들 내부에 숨겨져 있는 창의성을 발휘할 수 있도록 하는 새로운 사업 모델을 개발하고 있다. 여기서 강조되는 것이 바로 선이다. 박스 안에서 생겨난 혁신을 서로 주고받을 수 있도록 하는 선이 바로 그것이다.

박스와 선의 개념은 재즈의 즉흥 연주를 살펴보면 금방 알 수 있다. 재즈의 즉흥 연주에서 연주자들에게 주어지는 것은 기본적인 화음뿐이다. 연주자들은 이 화음을 토대로 자신이 가진 개성을 마음껏 드러낸다. 여기에는 별다른 제약이 없다. 자기가 하고 싶은 대로 연주하면 그만이다. 하지만, 이렇게 연주되는 재즈 연주에는 연주자의 영혼이 녹아 있다.

물론 이것은 말처럼 쉬운 일은 아니다. 좋은 악보(사업 모델)가 있어야 하고, 고급 악기와 그것을 제대로 연주할 줄 아는 연주자(임직원)들이 있어야 하며, 연주를 들어줄 청중(소비자들)이 있어야 하는 것이다. 이 모든 것들을 갖추기 어렵다며 포기하거나 강 건너 불구경하듯이 해서는 안 된다. 혁신을 추구하는 것은 분명 쉽지 않은 일이지만 각각 별개라고 생각하던 기업의 구성 요소들의 관련성을 인식하고 유기적으로 움직일 수 있게 한다면 불가능한 일도 아니다.

마치 재즈의 즉흥 연주에서 연주자들이 악보를 기준으로 자신들이 생각하는 최상의 연주를 하기 시작하면, 그 연주는 이내 청중의 반응과 연주자의 기분에 따라 작곡자가 생각지도 못했던 음악으로 바뀌는 것처럼……. 이것이 바로 시시각각 변하는 오늘날의 시장 상황에서 기업에 필요한 혁신의 모습이다.

성공하고자 하는 기업들은 24/7 이노베이션을 추구해야 한다. 하루 24시간, 일주일에 7일 동안 쉼없이 혁신을 추진해야 한다. 이것이 바로 이 책이 말하고자 하는 바이다.

조직의 모든 구성원에게서 항상 창의성을 발견할 수 있는, 즉 조직 내에 혁신을 추진하는 문화가 자연스레 배어 있는 것이야말로 기업들이 절대로 잊지 말아야 할 핵심사항이다. 우리는 지금 후세 사람들에게 새로운 변화의 출발점이라고 불리게 될 시대를 살고 있다.

Innovation

변화할 준비가 되었는가?

변화와 혁신을 추구하는 과정은 매우 재미있을 수 있고, 또 그렇게 되어야만 한다. 우리는 누구나 혁신을 말하고 있고, 몇몇 사람이나 기업 등은 현재 변화와 혁신을 추진하는 중이라고 자신하기도 한다. 그러나 그것은 조직 구성원들의 호응을 받지 못하는, 경영진의 일방적인 지시에 의해 추진되는 것이거나, 말뿐인 것일 수도 있다.

다음의 테스트는 한 기업이 어느 만큼 혁신적인 성향을 지녔는지 진단할 수 있는 도구이다. 물론 진단 결과가 100퍼센트 정확하다고 할 수는 없지만, 지금 우리가 혹은 우리가 속한 조직이 어느 정도 혁신적인지를 판단하는 데 지침이 되기에는 충분하다.

1. 누군가 혁신적인 아이디어가 떠올랐다며 매우 새로운 생각을 말하면, 책임자들은 다음과 같은 반응을 보인다.

   a. 우리 회사에서 그런 일은 실현 불가능하다고 그 사람을 훈계한다.

b. 불신의 눈초리로 그 사람을 쳐다본다.

c. 그 사람의 아이디어를 주의 깊게 듣는다.

d. 그 사람의 용기와 능력에 대해 찬사를 보낸다.

2. 당신의 부서에서 추진하는 매우 혁신적인 프로젝트에 대해 다른 사람들의 평은 다음과 같다.

    a. "이번 프로젝트를 추진하는 사람들은 제정신이 아닌 것 같아."

    b. "지난번에 그 부서와 함께 했던 브레인스토밍은 그리 좋은 경험은 아니었어."

    c. "그 프로젝트에는 신선한 아이디어가 많더군."

    d. "그 부서가 추진하는 프로젝트는 정말 혁신적이야. 나도 그 부서에서 일했으면 좋겠어."

3. 당신은 내일 아이디어 회의를 진행해야 한다. 회의 중 사용할 수 있는 장비로는 무엇이 있는가?

    a. 화이트보드와 필기구

    b. 마이크와 스피커 등의 음향 설비

    c. 디지털 영상 장비

    d. 혁신적인 아이디어를 내는 데 최적의 구조로 만들어진 회의실

4. 당신은 부서장에게 이틀간의 일정으로 워크숍을 다녀오자고 제안했다. 현재 추진 중인 프로젝트를 위해서 새로운 아이디어가 좀더 필요하다고 판단했기 때문이다. 그러자 부서장은 다음과 같이 말한다.

    a. "또 가?"

b. "워크숍은 계획에 들어 있지 않은데……. 다음에는 미리 말해 주 길 바라네."

c. "그래? 좋은 생각 같은데. 이런 경우를 대비하여 예비비를 마련해 두었으니 비용은 거기서 처리하면 되고……."

d. "그래? 이번 프로젝트에 참여한 지 얼마 되지도 않았는데 그런 생 각을 하다니 대단한데. 잠시 프로젝트의 진행을 멈추고 어떻게 하 면 워크숍을 통해 필요한 아이디어를 얻을 수 있을지 논의해 보도 록 하지."

5. 지금 당신이 속한 부서를 가장 잘 상징하는 말은 다음 중 어느 것 인가?

a. 자신의 일만 생각한다.

b. 전체를 위해 한 명이 희생할 수도 있다.

c. 한 명을 위해 전체가 희생할 수도 있다.

d. 전체는 한 명을 위해, 그리고 한 명은 전체를 위해 희생할 수 있다.

6. 당신은 회사를 위해 매우 혁신적인 아이디어 하나를 내놓았다. 그러자 당신의 동료들은 그것이 성공할 확률에 대해 다음과 같 이 말한다.

a. 그것이 성공할 확률은 0.01퍼센트야."

b. 그것이 성공할 확률은 1퍼센트야."

c. 그것이 성공할 확률은 50퍼센트야."

d. "우리 회사의 주식을 미리 사놓아야 할 것 같은데."

7. 당신 회사의 근무 분위기를 한마디로 표현하자면 다음과 같다.

a. 조립 생산 라인

b. 도서관

c. 시장

d. 디자인실

8. 당신이 혁신을 전담하는 프로젝트팀에 선발되었다는 소식을 들은 동료 하나가 "어떻게 그 팀에 선발된 거야?" 하고 물었다. 이에 대한 당신의 대답은 다음과 같다.

a. "지난 분기 때 실적이 좋지 않았거든. 그래서 좌천된 거야."

b. "이사님하고 대화를 너무 오래 했나봐."

c. "내가 지원했고, 경영진에서는 내가 적임자라고 생각했나봐."

d. "경영진이 내가 제안했던 아이디어를 마음에 들어했어. 그러더니 내게 팀을 구성해서 일을 한번 추진해 보라고 하더군."

9. 혁신적인 아이디어가 떠오르면 당신은 제일 먼저 누구에게 얘기하는가?

a. 자기 자신에게만

b. 당신에게 우호적인 동료들

c. 혁신을 책임지고 있는 경영진의 일원

d. 알려야 할 필요가 있다고 생각되는 사람 모두

10. 다음 중 현재 당신 회사에서 추진되고 있는, 혁신을 위한 노력을 가장 적절히 나타내고 있는 표현은 무엇인가?

a. 이따금 브레인스토밍을 한다.

b. 요즘 유행하는 몇몇 혁신 기법을 사용한다.

c. 혁신을 위한 다양한 기법을 능숙하게 사용할 줄 안다.

d. 상황에 맞게 여러 가지 기법을 적절히 혼합하여 사용할 줄 알고, 이를 통해 다양한 업무의 혁신을 꾀한다.

11. 당신은 언제 업무에서 혁신을 추구하는가?

a. 그렇게 하라는 지시가 내려졌을 때

b. 호기심을 느낄 때

c. 혁신을 추구해야 하는 업무를 수행할 때

d. 항상

12. 새로운 아이디어가 정말 좋은 생각인지 어떻게 알 수 있을까?

a. 알 수 없다.

b. 과거의 일에 비추어 보면 알 수 있다.

c. 다른 사람들의 반응으로 알 수 있다.

d. 수많은 아이디어 가운데서 고른 것이기 때문에 최선의 아이디어일 가능성이 크다고 본다.

13. 혁신적인 아이디어를 다른 사람들에게 소개할 때 어떤 도구를 이용하는가?

a. 화이트보드와 필기구

b. 파워포인트 같은 소프트웨어

c. 혁신적인 아이디어를 이끌어내고 정리하는 데 유용한 전문 소프트 웨어

d. 네트워크를 통해 공유할 수 있는 그룹웨어

14. 회사 동료들에게 "혁신이 무엇이라고 생각합니까?"라는 질문을 던지면 그들은 다음과 같이 답한다.

    a. "뭐라고?"

    b. "한번 추구해 볼 만은 하지만 회사의 이익에는 별로 도움이 안 되는 것 같아요."

    c. "적극적으로 추구해야 합니다."

    d. "이미 우리 업무의 일부 아닌가요?"

a는 5점, b는 10점, c는 15점, d는 20점을 각각 주어 전체의 합을 구하면 그것이 우리가 속한 조직의 혁신 지수이다. 혁신 지수는 다음과 같이 해석할 수 있다.

90점 이하	혁신 지수가 매우 낮으며, 가까운 미래에 위기에 처할 가능성이 높다.
90점~140점	바로 이 점수대의 기업들이 이 책에서 주요 독자로 설정한 대상들이다. 그들은 기업 혁신의 필요성을 절감하고 있으면서 구체적인 방법을 몰라 당황하고 있다. 책의 내용을 참조하여 혁신을 추구하기 바란다.
140점~210점	이 책이 목표로 하는 수준의, 매우 혁신적인 기업이다.
210점 이상	이런 기업이 있다면 내게 연락을 주기 바란다. 한 수 배우고 싶다.

INNOVATION

1부
변혁의 시대

Innovation

1. 왜 혁신해야 하는가

창의성이란 새로운 것을 생각해내는 것이다. 그리고
혁신이란 새로운 것을 실행하는 것이다.
—시어도어 레빗(Theodore Levitt)

나는 골프를 친다. 물론 두 자릿수의 핸디캡
을 가지고 있는 하수이기는 하지만 그래도 열심히 필드에 나간다.
이런 내가 버디가 아닌, 이븐파(정해진 타수와 같은 타수)로 경기를 끝
내는 것* 은 거의 꿈같은 일이다. 하지만 타이거 우즈(Tiger Woods)
와 같은 천재 프로 골프 선수에게 이븐파란 생각지도 못할 최악의
결과일 것이다.

나는 최선을 다했다고 생각하고 현재의 상태에 만족하는 기업들
을 볼 때마다, 골프에서 타이거 우즈와 나의 차이점에 대해 생각해
본다. 물론 최선을 다했다는 것은 훌륭한 일이다. 그러나 오늘날의
기업 환경에서는 그것만으로 불충분하다. 우리가 속한 기업들과 경
쟁을 벌이는 회사들은 타이거 우즈와 같다. 나 같은 아마추어가 아

---

* 정해진 타수 이내에서 경기를 끝낼수록 좋다.

닌 것이다. 따라서 이븐파를 치고서는 시장에서 살아남기란 불가능에 가깝다.

앞서가는 기업들은 지속적으로 새로운 변화를 추구하고 있다. 이제까지 잘해왔다는 것만으로 현재의 위치를 계속해서 누릴 수 없으리라는 것을 잘 알고 있기 때문이다. 불과 얼마 전까지만 해도 업계 1위 기업들은 업계 표준을 설정하고 다른 후발 업체들이 자신들을 따라잡느라 안간힘을 쓰는 모습을 느긋하게 바라보곤 했다. 하지만 오늘날의 시장에서는 업계 1위 기업들이 가졌던 이점이 사라져 버렸다. 바로 범세계적인 경쟁 때문이다. 예를 들면, 몇 년 전만 하더라도 미국 사람들은 월마트(Wal-Mart)를 유통업계의 절대 강자로 보았다. 하지만 지금의 월마트는 비슷한 규모의 다른 할인점 체인들과 세계 각지에서 힘겨운 경쟁을 벌이고 있다.

업계를 이끄는 선두 기업이 되고자 하는 기업들은 지속적으로 혁신을 추구해야 한다. 기업 내의 모든 프로세스와 역량을 혁신 위주로 만들어 나가야만 하는 것이다. 이 정도면 최선을 다했다고, 이븐파를 쳤다고 스스로 만족해서는 안 된다.

혁신이란 특정한 목적을 이루기 위한 수단이 될 수도, 그 자체가 목적이 될 수도 있다. 무엇을 위해 혁신을 추진하든지 간에 혁신은 매출 및 이익의 증대를 위한 매우 강력한 수단임에 틀림없다. 게다가 투자 분석가들에 따르면, 혁신적인 기업이라는 평가를 받고 있는 기업들은 대개 금융 시장에서 '혁신 프리미엄'이라는 것을 누린다고 한다. 변화하는 환경에 적극적으로 대응할 줄 아는 기업을 투자가들 역시 높이 평가한다는 말인데, 혁신적인 기업이라고 평가받는 기업들의 주가에서 20퍼센트 가량은 혁신 프리미엄이라는 게 금융계의 일반적인 평가이다.

혁신을 추구한다고 하는 기업들이 흔히 잊기 쉬운 것이, 혁신은 회의실에서 만들어지는 게 아니라는 사실이다. 그것은 살아 있는 유기체처럼 다루어져야 하며 기업 활동의 모든 면에서 자연스럽게 배어 나와야 한다. 또, 오늘날처럼 빠르게 변화하는 기업 환경에 적응하기 위해서는 전과는 전혀 다른, 새로운 사업 모델이 필요하다.

그렇다면 기업 활동의 모든 면에서 자연스럽게 배어 나오는 혁신이란 무엇을 의미하는 것일까? 전통적으로 혁신은, 조직 외부에 있는 똑똑한 사람들에 의해 조직 내부로 도입되는 특별한 '무엇'이라고 여겨져 왔다. 그러나 이제는 전혀 다른 시각이 필요하다. 오늘날 업계를 이끌고 있는 기업들 가운데 명석한 두뇌만으로 만들어진 기업은 없다. 대신, 이들 기업이 만들어진 토대에는 의지·헌신·열정·창의성 등이 있다. 또한 이러한 요소들은 이제 막 창업된 신생기업에서만 발견할 수 있는 것이 아니다. 설립된 지 수십 년이 지난 기업에서도, 혁신의 필요성과 중요성을 공감하고 있다면 쉽게 찾아볼 수 있다. 만약 우리가 속한 조직에서 이러한 요소들이 사라지고 없다면, 그것은 설립된 지 오래돼서 그런 것이 아니다. 혁신에 대해 무관심했다는 것을 나타낼 뿐이다.

기업 내에 의지·열정·헌신 등의 요소가 사라졌다는 사실은 자멸을 향해 걸어가고 있음을 나타내는 것이나 다름없다. 이 책은 바로 그러한 문제를 해결할 방법을 찾기 위해 쓰여졌다.

'선'에 주목하라

비즈니스 프로세스 리엔지니어링(Business Process Reengineering, 이하 BPR)이라는 개념이 탄생한 이후, 프로세스는 무척 친숙한 단어가 되었다. 하지만 많은 사람들은 프로세스를 특정한 업무를 처리하기 위한 절차로 인식하고 있다. 게다가 업무 흐름도를 보더라도 프로세스는 박스 안에 들어가 있다. 프로세스에 대한 이런 편협한 시각으로 인해 기업들은 BPR을 단순히 업무 처리 속도를 높이는 과정 정도로 인식하고 있으며, 최신형 컴퓨터 시스템을 이용하면 BPR의 달성은 금방 끝나리라고 생각한다. 하지만 최신형 하드웨어와 소프트웨어를 사용해봐야 혁신은커녕 기업은 더욱 경직될 뿐이다. 각각의 프로세스가 조직 내의 다른 요소들과 어떤 연관성을 가지고 있는지를 보지 못하고 오직 개별 프로세스만을 보려고 했기 때문에 벌어진 결과이다.

컴퓨터 네트워크 시스템의 성능이 올라갈수록 오히려 업무 효율은 떨어진다는 '브라이스의 역설'(Braess' Paradox)에 따르면, 일반적으로 컴퓨터 시스템의 성능이 높아졌을 때 전체 시스템의 효율이 올라갈 가능성은 25퍼센트밖에 되지 않는다. 이에 비해, 시스템의 성능이 업무 효율에 아무런 영향을 미치지 않을 가능성은 50퍼센트, 오히려 효율을 떨어뜨릴 가능성도 25퍼센트나 된다고 한다.

기업 활동의 효율성을 높여 주는 것은 단지 박스 안에 있는, 즉 프로세스만이 아니라, 그러한 박스들을 이어 주는 선이다. 즉, 박스 안에서 무슨 일이 일어나고 있느냐보다는 그러한 일들을 서로 어떻게 연관짓느냐가 더 중요하다는 것이다.

지난 20년간 무수한 기업들이 기업 활동을 개선하겠다며 행한 시도들을 돌이켜보면 참으로 어리석다는 생각이 든다. 오직 BPR이라는 개념 자체에 얽매여서 어떤 문제에든 BPR의 이론들을 적용하여 해결하려고 했기 때문이다. 하지만 많은 경우에 BPR 자체가 더욱 심각한 문제를 일으키곤 했다.

BPR 컨설턴트라는 사람들은 컨설팅 작업을 끝내고 나면 프로세스 맵(Process Map, 작업 과정을 시각적 전개도로 나타낸 것)이라는 두꺼운 자료를 넘겨주는 경우가 많다. 나도 그런 경험을 한 적이 있는데, 컨설팅 팀을 책임졌던 팀장 하나가 내게 전화를 걸어 자신들이 작성한 1,500쪽짜리 보고서가 마음에 들었는지 묻는 질문에 긍정적인 답변을 해주지 않았다. 사실 그렇게 복잡한 계획을 제대로 실행할 수 있는 기업이 얼마나 되겠는가? 게다가, 그 컨설팅 팀의 보고서에는 나무에 대한 얘기만 잔뜩 들어 있을 뿐 숲에 대한 얘기는 없었으며, 자신들이 작성한 BPR 계획을 실행으로 옮기고 난 이후에 대해서도 아무런 언급이 없었다.

이런 두꺼운 보고서를 업무 현장에 있는 직원들이 꼼꼼히 읽고 자신들의 업무에 적용하리라고 기대하기란 어렵다. 설사 그 보고서를 읽고 그대로 따라 하여 특정한 업무 프로세스의 효율을 높였다 하더라도, 그것이 전체 기업 활동의 효율성으로 이어지리라고는 장담할 수 없다.

여러 기업의 경영진들을 모아놓은 세미나에서 강연을 하게 될 때, 참석자들에게 종종 틀어주는 비디오테이프가 하나 있다. '네 시간짜리 집'(Four-Hour House)이라는 제목의 비디오테이프인데, 여기에는 집 빨리 짓기 대회의 과정이 녹화되어 있다. 집 빨리 짓기 대회란 주어진 원자재를 이용하여 네 시간 안에 방 세 개짜리 집을 가장 먼저 짓는 팀이 이기는 게임으로, 놀랍게도 비디오테이프에 등장한 대부분의 팀이 네 시간 안에 집을 완성했으며, 1위는 2시간 45분 만에 조경 공사까지 마친 팀이 차지했다.

비디오 상영이 끝나면 나는 강연 참석자들에게 "이렇게 하는 것이 과연 바람직한 일일까요?" 하고 묻곤 했다. 그러면 대부분의 참석자들은 조금 머뭇거리는 듯하다가 "그렇지 않다"고 대답했다. 이유도 각양각색이었다. 그렇게 빨리 집을 지으면 아무래도 부실 공사가 될 것이라는 사람, 집의 모양이 조금 비뚤어진 것 같다는 사람, 그렇게 빨리 지은 집에서는 안심하고 잘 수 없을 것 같다는 사람도 있었다.

그런데 보기에 좋지 않다거나 안전하지 않다는 것 등은 나중 문제로 치더라도 그 집은 사업가적인 입장에서 볼 때 심각한 문제점을 안고 있었다. 네 시간 만에 집을 엄청나게 많이 지어놓고 조경 공사까지 완벽하게 해놓았다고 하자. 여기에는 미처 생각하지 못한 문제점이 숨겨져 있다. 그렇게 잔뜩 지어놓은 집이 과연 다 팔릴 수 있을까? 아마 대부분의 집은 '급매물' 신세가 될 가능성이 크다. 이것은 절대 상황을 개선한 게 아니다. 재고 문제만 하나 더 만들었을 뿐이다.

전자 제품을 제조하는 기업의 최고경영자에게 '네 시간짜리 집'에 대한 얘기를 해준 적이 있었다. 그런데 얘기를 들은 그 경영자는 펄쩍 뛰다시피 하더니 이렇게 소리쳤다. "이거, 우리 회사 얘기잖아! 우리는 생산 속도를 단축시키기 위해 엄청난 투자를 해왔습니다. 그 결과 어떤 경쟁사보다도 빠르게 제품을 만들 수 있게 되었죠. 다른 회사들은 보통 2주일은 걸려야 만드는 제품을 우리는 4시간 만에 만들어냅니다. 그러면 뭐합니까? 우리는 그렇게 만든 제품을 창고 안에다 오랜 시간 방치해 두고 있습니다."

물론 이 얘기를 들은 물류나 재고 전략 전문가들은, 자신들이 세상에서 가장 효율적인 물류 및 창고 시스템을 만들 수 있으며, 그렇게 된다면 문제는 해결될 것이라고 주장한다. 이에 대해 나는 창고가 아예 필요 없도록 전체 시스템을 만들어야 한다고 반박한다. 집을 짓는 것만을 생각해서는 안 된다. 집을 만들 원자재를 구하는 일부터 다 만들어진 집을 파는 일까지의 전체 과정을 생각해야 한다.

기업문화로서의 혁신

혁신을 이루는 데 가장 필요한 것은 기업 내의 열린 의사소통과 협동이다. 단일 프로세스 자체만을 보는 것이 아니라 기업 내에 있는 다양한 기능들을 두루 살펴볼 줄 알아야 업무의 유연성이 커질 수 있기 때문이다. 그리고 혁신을 이루는 과정에서 가장 먼저 해야 할 일은, 직원들 각자가 자신이 맡은 일을 '왜', '누구를 위해', '언제까지' 해야 하는지를 알도록 하는 것이다. 일을 하는 구체적인 방법에 대해 강조하는 것은 생각만큼 그리 중요하지 않다.

오늘날 성공한 기업들에게 혁신이란, 잠깐 동안 추구하는 경영 기법이 아니라 지속적으로 추구해 온 하나의 기업문화이다. 그리고 이들 기업의 최고경영자를 포함한 모든 임직원들은 혁신을 반드시 실현시켜야 하는 사명으로 받아들인다.

이 책에서 다룰 24/7 이노베이션은 비즈니스 프로세스 리엔지니어링 전사적 품질 경영(YQM)*, 저스트인타임(Just In Time)** 등의 단편적인 변화를 추구하는 경영 기법들과는 본질부터 다르다. 24/7 이노베이션만이 가진 특징은 다음과 같다.

• 전략적이다. 24/7 이노베이션은 경쟁사들과의 차별화를 꾀할 수 있는 핵심적인 부분에 초점이 맞추어져 있다.

• 기업문화로 녹아들어 있다. 24/7 이노베이션은 조직 구석구석에 스며들어 간다. 뭔가 더 나은 것을 추구하는 것은 기업 정신 그 자체

---

* 조직의 모든 업무와 관련하여 조직 내의 모든 구성원이 참여하고, 소비자 지향의 품질을 달성하여 고객을 감동시켜 장기적·지속적으로 기업의 효율성과 경쟁력을 강화시키는 기본적인 경영 시스템이다.

** 재고 비용을 최소화하기 위해 입하된 재료를 곧바로 제품 생산에 투입하는 상품 관리 방식. 필요한 제품을, 필요한 양만큼, 필요한 시기에 만든다는 사고방식의 실현이다.

이기 때문이다.

- 전체적이다. 24/7 이노베이션은 각각의 기업 활동이 서로에 대해 어떤 의미를 갖고 있는지 알게 한다.
- 가치를 창조한다. 24/7 이노베이션은 그저 단순한 비용 절감이나 경영 합리화를 의미하는 것이 아니다. 소비자를 포함하여 기업과 관련된 모든 이에게 이익을 돌려주는 것을 뜻한다.
- 지배력을 강조한다. 24/7 이노베이션에서의 지배력은 감독이나 관리 등 기업 내의 직원들에 대한 지배력을 의미하는 것이 아니라, 업계 표준을 설정하여 다른 기업들이 따라오도록 하는 리더십을 의미한다.
- 기술을 목적이 아닌 수단으로 생각한다. 많은 기업들이 기술 위주로 사업 모델을 개발해 왔고, 또 지금도 그렇게 하고 있다. 물론 새로운 기술이 이전에 없던 새로운 사업을 만들어내는 것은 사실이지만, 그것은 일시적인 변화일 뿐 혁신은 아니다. 진정 혁신적인 기업은 기술을 목적이 아닌 수단으로 여긴다.
- 사람을 중시한다. 24/7 이노베이션이란 사람에 의한, 사람을 위한 것이다. 직원들을 중시하는 기업만이 성공할 수 있다. 기업 내에 있는 여러 개의 박스들을 선으로 잇는 역할은 사람만이 할 수 있기 때문이다.

적자생존의 법칙

혁신을 촉진하는 한 가지 방법으로 내부 경쟁을 유발하는 것이 있다. 회사 내의 사업 부문들이 서로 경쟁하도록 하여 그 중에서 가장 좋은 사업 아이디어와 제품을 상품화하는 것인데, 피앤지(P&G)는 오래 전부터 이런 방법을 사용해 효과를 거두고 있다.

P&G의 사업 부문들은 끊임없이 서로 경쟁한다. 그렇기 때문에 회사의 어떤 상품 하나가 성공을 거두어, 그로 인해 회사 전체적으로 많은 이익이 창출되었다 해도 만족하고 있을 틈이 없다. P&G 외에 많은 기업들도 적자생존의 논리를 이용해 혁신을 이끌어내고 있다.

독일의 에너지 기업인 VEW사가 2000년에 RWE사에 인수되기 전까지, 이 기업은 연간 25억 달러의 매출을 기록하고 있었으며 직원 수는 5,300명에 달했다. 이런 VEW사가 실시했던 네트워킹 사업 부문에 대한 조직 개편은 매우 혁신적인 내용을 담고 있었다. 유지보수·서비스·스위칭(Switching)·건설·운영 등 기존에 하나의 회사를 이루고 있던 기능들 가운데 유지보수·서비스·건설 부문을 하나로 묶어 별개의 독립된 사업 단위로 만들고, 스위칭과 운영 부문을 하나로 묶어 또 다른 별개의 사업 단위로 만든 것이다. 원래 하나의 회사인 이들 사업 부문은 별개의 사업 단위로 분리된 이후로는 외부 발주 때도 서로에 대해 가산점을 전혀 적용하지 않았다. 입찰에 응한 다른 회사들과 똑같이 품질과 가격을 꼼꼼하게 따져 자신들의 사업 단위에 더 유리하다는 판단이 들 때만 일을 의뢰하였다. 또, 사업 계획을 수립할 때도 상대 사업 단위를 우선적으로 고려하는 특혜를 베풀지 않았다.

VEW사가 실시한 혁신은 아직도 검증받고 있는 중이지만, 독립된 사업 단위들이 서로에게 의존하지 않고도 시장에서 경쟁력을 갖출 수 있을 것이라는 점에서 성공을 자신하고 있다.

적자생존의 논리를 이용해 혁신을 추구하는 또 다른 기업의 예로 인벤시스(Invensys)가 있다. 컨설팅 회사인 액센추어(Accenture)는 전자 설비 및 엔지니어링 업계의 주요 32개 기업을 대상으로 벌인 조사에서 포트폴리오(portfolio) 경영*을 가장 성공적으로 수행한 기업 중 하나로 인벤시스를 선정했다. 실제로 인벤시스는 필요하다고 판단하면 조금도 주저하지 않고 사업 부문을 매각하거나 다른 기업을 인수했고, 시장성이 좋다고 판단한 사업에는 남보다 빠르게 진입하였다. 또, 인벤시스는 시장 다변화를 가장 성공적으로 추진한 기업 가운데 하나로도 선정되었는데, 지금도 인벤시스의 매출 가운데 50퍼센트 이상은 해외에서 발생하고 있다.

인벤시스가 이런 성과를 올릴 수 있었던 것은 시장 1위이거나, 가장 많은 이익을 내거나, 성장성이 가장 좋은 사업이 아니면 절대 관여하지 않았기 때문이다. 그야말로 곁가지에 붙어서 건들거리는 열매는 가차없이 쳐냈던 것이다. 게다가 인벤시스의 사업 방식이 더욱 주목을 받는 이유는 관련 사업을 포기하는 일이 있더라도 지지부진하게 끌고 가지는 않는다는 데에 있다. 다시 말해, 실적이 부진한 사업 부문에 대해서는 식스 시그마(Six Sigma)**를 포함한 다양한 경영 기법들을 도입하여 흑자로 전환시키기 위한 본사 차원의 지원이 있다. 하지만 그러한 노력에도 가시적인 성과가 나타나지 않을 경우

---

* 원래 '포트폴리오'란 서류가방이나 자료 수집철을 뜻하는 말인데, 증권 투자에서는 여러 종류의 투자 자산에 자금을 배분한 투자 집합을 가리킨다. 즉, 한 종류의 투자 대상에 자금을 집중적으로 넣는 것보다는 같은 상황에서도 서로 다른 투자 성과를 낼 수 있는 여러 가지 대상에 나누어 투자함으로써 위험을 줄일 수 있다고 보는 투자 이론의 기본 원리에 따라, 효율적인 분산 투자를 위해 투자 대상을 적절한 비율로 섞어 놓은 것을 포트폴리오라고 부른다. 기업 경영에서는 한 상품의 인기 변화나 사업 영역의 경기 변화에 따라 회사 전체가 흔들리는 것을 막기 위해 다양한 상품을 개발·판매하거나 다양한 사업 영역에 진출하는 것을 말한다. 이런 경우 상품 포트폴리오, 사업 포트폴리오라는 말을 쓰기도 한다.
** 시그마(sigma:σ)라는 통계척도를 사용하여 모든 품질 수준을 정량적으로 평가하고, 문제 해결 과정과 전문가 양성 등의 효율적인 품질 문화를 조성하며, 품질 혁신과 고객 만족을 달성하기 위해 전사적으로 실행하는 21세기형 경영 전략이다. 다시 말해, 고객의 관점에서 결정적인 품질요소(CTQ)가 무엇인지 파악하고, 그 품질요소에 결정적인 불량을 발생시키는 프로세스를 찾아, 과학적인 기법을 통해 '무결점 품질'을 달성하기 위한 모든 활동이다.

에는 미련 없이 그 사업 부문을 처분해 버리는 것이 인벤시스의 경영
방식이었다.

자유시장경제 원리의 적용

기업 혁신과 관련해서 살펴보았을 때, 가장 흥미로운 회사 가운데
하나가 코크 인더스트리(Koch Industries)이다. 이 회사는 벌써 오래
전부터 무한 경쟁, 혹은 자유시장의 논리들을 철저히 신봉하는 경영
방식을 실천하고 있다.

연 매출액이 자그마치 400억 달러에 달하는 코크 인더스트리는
비상장 기업으로는 미국에서 두 번째로 큰 매출 규모를 가지고 있
다. 이는 『포춘』지 선정 500대 기업에서 20위 정도의 기업과 맞먹는
규모이다.

하지만 무엇보다도 코크 인더스트리가 우리의 관심을 끄는 부분
은, 매출액이나 기업 규모가 아니라 '시장 위주의 경영'이라는 경영
철학이다. 코크 인더스트리의 모든 사업 계획은 이 철학을 위주로
작성되고, 임직원들 역시 이 철학을 중심으로 자신들의 업무를 성취
해 나간다.

시장 위주의 경영은 찰스 코크(Charles Koch) 회장이 조지 메이슨
(George Mason) 대학의 교수진으로부터 자문을 구해 만들어낸 경영
철학이다. 시장 위주의 경영이라는, 만들어진 당시로서는 매우 혁신
적이었던 이 경영철학은 매우 우연한 계기에서 비롯되었다.

지금으로부터 40여 년 전인 1962년, 찰스 코크는 오스트리아 경제
학파*가 쓴 책 한 권을 샀다. 당시에는 사기만 하고 그냥 쌓아두었
던 이 책에는 자유시장경제를 주창한 것으로 유명한 프리드리히 하

이에크(Friedrich Hayek)의 글도 수록되어 있었다. 시간이 흐른 뒤, 예전에 샀던 책을 우연찮게 넘겨보던 찰스 코크는 그 책에서 말하는 바가 자신의 생각과 일치한다는 것을 발견했다. 그때부터 그는 2년여 동안 자유시장경제 원리에 대해 연구하기 시작했다.

그렇게 연구를 거듭한 끝에 찰스 코크는 중앙 통제가 거시 경제에 치명적으로 해롭다면, 기업에게도 마찬가지일 것이라는 결론에 이르렀다. 코크처럼 일가족이 경영권을 소유하고 있는 기업은 회사 업무에 대한 경영진의 통제가 심하게 마련이라는 데 생각이 미친 찰스 코크는, 자신의 회사에서 그러한 성향을 조금씩 없애 나갔다. 그와 동시에 회사 임직원들에게 경영자의 입장에서 업무에 임해 달라고 요청했다. 찰스 코크는 회사 임직원들과 접할 기회가 있을 때마다 상사의 눈치를 보지 말고 혁신적인 생각을 하라고 강조했다. 물론 오랜 기간에 걸쳐 만들어진 통제 위주의 기업문화는 쉽게 바뀌지 않았지만, 찰스 코크의 노력으로 코크의 기업문화는 조금씩 변해 갔다.

그로부터 얼마 후, 코크 인더스트리에는 새로운 기업문화와 시스템이 형성되었다. 직원 개개인에게 자신의 업무에 대한 전적인 권한과 책임이 위임되었으며, 좋은 성과를 낸 직원에게는 후한 보상이 주어졌다. 당연히 직원들은 자신이 가진 능력을 최대한 발휘했고, 코크는 이전에는 그 누구도 생각지 못했던, 매우 혁신적인 방식으로 시장에 접근할 수 있었다.

이제 코크 인더스트리는 새로운 사업 아이디어가 있는 직원에게 나름대로 팀을 구성하고 일정액의 회사 자금을 이용할 수 있는 권한

---

* 오스트리아에서 C. 멩거를 시조로 하여 발전한 근대경제학파. 개인주의적·자유주의적 사상을 신봉하고, 사회주의적인 계획경제보다 자유경쟁의 우위성을 주장하였다.

을 주는 정도까지 진화했다. 그 팀 내의 의사결정은 당연히 팀장과 팀원의 협의 아래 이루어진다. 경영진의 간섭을 받지 않는 것이다. 그리고 그들이 추진한 사업에서 이익이 발생하면 임금 외에 이익의 일정 부분이 지급된다.

찰스 코크는, 기업의 전체 운영을 담당하는 경영진은 기업 활동의 세세한 부분까지는 잘 알지 못하며, 오히려 그런 것에는 실무자들이 더 정통하다고 믿는다. 그의 시장 위주의 경영철학은 다음과 같은 여섯 가지 핵심 사항들로 구성되어 있다.

목표 기업의 목표는 고객들이 원하는 가치를 중심으로 설정해야 한다.

가치와 기업문화 기업에서 중요하게 생각하는 가치가 무엇인지를 포괄하는 기업문화는 직원들이 업무를 진행하는 데에 기준이 된다. 기업의 가치관과 문화를 형성하면서 특히 고려해야 할 점은, 직원들 스스로 자기 일에 대해 주인의식을 갖도록 하는 것이다.

임무와 책임 가능한 한 의사결정권은 직원들에게 위임한다. 스스로 내린 결정에 따라 업무를 진행하게 되면, 직원들의 책임의식 또한 그만큼 높아지기 때문이다.

보상과 동기 유발 성과에 대한 적절한 보상은 직원들이 업무를 진행하는 직접적인 동기로 작용한다. 충분한 보상이 약속되어 있으면, 직원들은 자신이 가진 지식과 역량을 최대한 활용하여 제품 및 서비스를 개선하려 한다.

지식 공유 모든 임직원들이 서로의 지식을 공유하여 최대한 활용하도록 한다. 한 기업 내의 임직원들이 가지고 있는 지식은, 그 기업이 가진 가장 소중한 자산 가운데 하나이다.

내부 시장 찰스 코크는 코크 인더스트리 내의 각 사업 단위가 내부 거래를 할 때 통상적인 시장 가격을 적용하도록 했다. 물론 이는 회계 처리 과정을 매우 복잡하게 만들었지만, 각 사업 단위의 경쟁력을 높이는 동시에 각각의 실적을 평가하는 데에 매우 유용했다. 찰스 코크는 자유시장경제 원리를 기업 내부 시장에 적용함으로써 수익을 거의 두 배로 끌어올릴 수 있었다.

코크 인더스트리에서 시장 위주의 경영 원칙을 어떻게 적용시켰는지 구체적인 실례를 하나 소개하겠다. 코크 인더스트리는 캐나다에서 석유 판매 사업도 펼치고 있었는데, 다른 회사들과 마찬가지로 회사 소유의 유조차에 운전사를 배치하여 석유를 운송하는 방식이었다. 그런데 사람들이 공공의 물건보다 개인 소유의 물건에 더 애착을 갖는다는 점에 착안한 코크 인더스트리는, 운전사들에게 개인 소유의 트럭을 살 수 있도록 회사 차원에서 융자를 해주었다. 자기 소유의 트럭을 가지게 된 직원들은 험한 길을 갈 때 훨씬 조심스럽게 운전했고, 차에 조금이라도 문제가 있어 보이면 곧바로 정비소를 찾았으며, 운송 시간도 정확하게 지켰다. 자기 소유의 트럭을 운전하는 만큼 회사로부터 받는 임금 또한 이전보다 많아졌다. 직원들이 개인 소유의 트럭을 직접 운전하게 되면서 회사는 매우 효율적으로 운영되었고, 이익 또한 크게 증가했다.

스톡옵션(stock option)이 아니면 좋은 인재를 끌어올 수 없다는 게 통념처럼 되어 버린 오늘날의 경제 상황에서, 비상장 기업인 코크 인더스트리는 직원을 채용하고 유지하는 데 매우 불리한 입장이라고 할 수 있다. 하지만 찰스 코크는 회사의 이익에 기여한 직원에게는 그 즉시 현금 보상을 해주는 방법을 통해 직원들의 성취동기를

〈그림 1-1〉 기업의 진화 모델

제휴에 의한 네트워크 단계

서비스

홍보

제품 개발

핵심 역량이 아닌 것은
제휴 파트너에게 맡긴다.

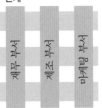 제휴 파트너

역량을 통한 네트워크 단계

서비스

홍보

제품 개발

업무 프로세스 자체보다는
조직 내의 역량을 고려한다.

**전적으로 업무 프로세스에
의해 움직이는 단계**

서비스

홍보

제품 개발

오직 업무 프로세스만을
고려한다.

**업무 프로세스 위주로
움직이는 단계**

서비스

홍보

제품 개발

업무 프로세스를 중요하게
생각한다.

**업무 프로세스를 고려하는
단계**

재무 부서

제조 부서

마케팅 부서

업무 프로세스라는 개념은
인식하지만, 아직은 기능에
의해 움직인다.

**기능에 의해 움직이는
단계**

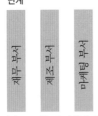

재무 부서

제조 부서

마케팅 부서

전적으로 기능에 의해 움직인다.

북돋운다.

　얼마 전 코크 인더스트리는 미네소타(Minnesota) 주에 파이프라인을 증설하기 위해 3천만 달러의 예산을 배정했었다. 그런데 그 일을 지시받은 부서가 불과 100만 달러의 돈으로 파이프라인의 이송 능력을 15퍼센트나 증가시켜 별도의 증설이 필요 없게 되었다. 그러자 찰스 코크는 뛰어난 성과를 거둔 직원들에게 연봉의 15퍼센트에 해당하는 돈을 즉각 지급하였다.

　　자유시장경제 원리를 정작 자신의 회사 내에 도입하려는 경영자는 별로 없는 것 같습니다. 하지만 회사를 경영하는 데 이 원리를 이용한다면 큰 이득을 볼 수 있을 것입니다.

　찰스 코크의 말이다. 코크 인더스트리는 한 기업이 혁신을 추구함으로써 얼마나 큰 성공을 거둘 수 있는지를 보여 주는, 생생한 증거라고 할 수 있다.

기업의 진화는 계속된다

　한 기업에서 정말 중요한 것은 기업 내에 있는 각종 요소들 간의 상호관계이다. 첨단기술 같은 것은 그 다음의 문제일 뿐이다. 게다가 이런 것들은 투자 비용에 비해 수명 또한 짧다. 아무리 뛰어난 기술을 개발했다 하더라도 곧바로 다른 경쟁자들이 그것을 모방하거나 더 좋은 기술을 개발하기 때문이다. 다시 말해, 생산 공정과 관련된 기술이 주는 이점은 시간이 갈수록 약해진다. 그런 것들보다는 조직 내부에 존재하는 보이지 않는 자산이 더 가치 있다. 그것들을 모방하기란 매우 어렵기 때문이다.

기술과 기능을 가장 우선적으로 추구하던 기업들이 큰 곤란을 겪다가 결국 파산에 이르는 예는 너무나 많다. 기술과 기능만을 중시하면서 기업 활동을 하다 보면, 조직 내 수많은 요소들의 조화와 연관성을 생각하지 못하게 되기 때문이다. 즉, 사업의 한 가지 측면밖에는 보지 못하는 것이다.

기업도 〈그림 1-1〉에서 보여지는 것처럼 여러 단계를 거치며 진화한다. 구체적으로 살펴보면, 기업의 초기 단계에서는 기능에 의해서만 움직인다. 여기서 좀더 발전되면 업무 프로세스를 고려하게 되고, 한 단계 더 진화하면 기업 역량을 고려하게 된다. 가장 진화된 기업 형태는 기업 내외에 존재하는 모든 기능, 업무 프로세스, 역량 등이 네트워크로 연결되어 유기적으로 움직이는 단계이다.

지금 이 순간에도 기업의 진화는 계속 진행되고 있다. 기업이 본격적으로 진화하기 시작하는 때는 업무 프로세스에 대해 고려하기 시작하면서부터라고 할 수 있는데, 10년 전만 해도 업무 프로세스의 중요성을 깨달은 기업은 많지 않았다. 게다가 대부분의 기업들이 마케팅 차원에서만 업무 프로세스를 고려했을 뿐 기능 위주로 기업 활동을 펼치는 것은 여전했다. 때문에 대부분의 기업들이 진화에 따른 실질적인 이득을 많이 거두지는 못했다. 다만 기업 진화가 본격적으로 시작되었다는 것에 의미를 둘 뿐이다.

그러다가 몇몇 기업들이 업무 프로세스 위주로 기업 활동을 하기 시작했다. 이들은 조직 내 각 사업 단위들이 가지고 있는 기능성보다 전체적인 업무 프로세스를 중심으로 움직였으며, 전적으로 업무 프로세스에 의해 움직이는 것이 궁극적인 목표라고 말하는 기업들도 서서히 생겨났다.

하지만 업무 프로세스 역시 기업 목표를 이루기 위한 한 가지 수단일 뿐이라는 점을 염두에 둬야 한다. 업무 프로세스에 비해 중요성이 낮기는 하지만, 기술이나 정보, 기업문화, 단위 조직 등 기업의 목표를 이루기 위한 수단은 매우 다양하다. 그리고 이러한 것들을 종합적으로 생각하지 않는다면 최선의 결과를 얻기 어렵다. 이제는 업무 프로세스를 포함해서 기업을 이루는 전체 요소들 간의 연결을 생각할 때가 된 것이다.

기업 역량이란 무엇인가?

기업 역량이란 프로세스를 포함한, 사업을 이루는 전체 요소들을 통합적으로 이해하기 위해 나온 개념이다. 구체적으로 만들어진 전략에 따라 해당 기업이 가진 역량을 제대로 발휘해야만 만족할 만한 성과를 거둘 수 있다.

기업들은 생산·유통·영업·재무·인사·IT(정보기술)·고객 지원 등 저마다 다양한 역량을 지니고 있으며, 모든 역량은 〈그림 1-2〉에서 나타나는 것처럼 다음의 다섯 가지 요소들로 이루어져 있다.

- 전략과 고객
- 실행과 평가
- 절차
- 사람
- 기술

이 요소들은 모두 독자적으로는 별다른 의미를 갖지 못한다. 이들

다섯 가지 요소들이 한데 어우러져 하나의 기업 역량을 이루어야만 의미를 가지는 것이다. 그렇기 때문에 기업은 어느 한 가지 요소만을 추구하는 것이 아니라 전체를 추구해야 한다.

기업 역량을 높이려고 할 때 항상 염두에 두어야 할 점은, 외부의 파트너를 적극적으로 찾아야 한다는 것이다. 기업 내에 존재하는 역량을 최대한 활용하기 위해서는, 기업 활동과 관련된 모든 분야를 독자적으로 해결하려 하지 말고 가장 잘할 수 있는 분야에만 집중하는 것이 좋다. 그리고 그 나머지는 다른 사람들에게 맡기는 것이다. 다시 말해, 스스로를 차별화할 수 있는 역량을 집중적으로 개발하고 비핵심적인 역량은 외부의 파트너를 이용해 보완해야 한다. 이에 대해서는 7장에서 좀더 자세히 다룰 것이다.

비핵심적인 역량을 외부의 파트너를 이용하여 보완하고자 하는 기업들은, 우선 제휴에 의한 네트워크를 구축할 필요성이 있다. 현재

〈그림 1-2〉 기업 역량의 5가지 요소

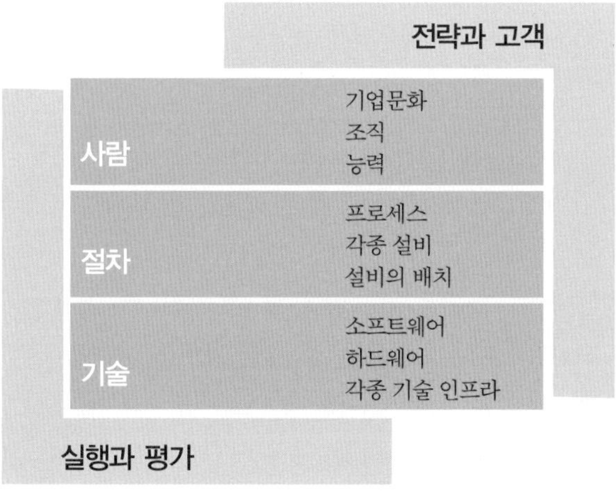

일부 혁신적인 다국적 기업에서 이러한 네트워크를 찾아볼 수 있다.

역량으로서의 혁신

혁신이라는 것은 그 자체로 한 기업의 역량이 된다. 따라서 기업의 노력 여하에 따라 혁신적인 기업이 될 수도, 그 반대가 될 수도 있다. 또, 〈그림 1-3〉에서 보여지는 것처럼, 혁신 역량의 수준이 높아질수록, 기업의 이익은 급속도로 증가한다.

그러나 대부분의 기업에서 혁신은 일회적인 행사에 불과하다. 자유 발언을 중심으로 한 브레인스토밍(brainstorming)을 하거나, 아이디어를 공모하여 채택된 것을 상품화하는 수준에 그치고 있는 실정이다. 이런 식의 혁신은 기업 이익으로 되돌아가지 않는다.

물론 이런 식으로 엄청난 이익을 창출하는 기업이 전혀 없는 것은 아니다. 쓰리엠(3M)의 '포스트잇'이 그런 경우이다. 하지만 3M의 경우, 직원들의 혁신적인 아이디어를 적극적으로 받아들이는 기업

〈그림 1-3〉 혁신과 기업 이익의 상관관계

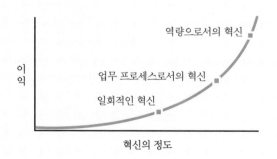

문화가 있기에 가능한 결과였다. 이에 비해, 대부분의 기업에서는 직원들이 기껏 혁신적인 아이디어를 제안하더라도 경영진에 의해 그렇지 못한 것으로 바뀌고 마는 경우가 종종 발생한다.

혁신을 추구하는 정도가 조금 더 발전하면, 혁신을 하나의 업무 프로세스로 여기게 된다. 이런 기업들은 문제를 정의하고, 대안을 이끌어내고, 그것을 실행에 옮기는 것을 주요 업무 내용으로 삼는 별도의 부서를 설치해서 본격적으로 혁신을 추구한다. 그러나 이런 방식은 업무 현장에서의 필요성에 의해 혁신이 이루어지는 것이 아니라, 혁신을 위해 만들어진 부서에 의해 인위적으로 추구될 수 있다는 단점이 있다.

혁신을 하나의 역량으로 발전시킨 기업은 한두 가지의 혁신적인 아이디어에 의존하지도, 혁신을 담당하는 사람들을 지정하는 등 인위적으로 혁신을 추구하지도 않는다. 대신 기업 내의 모든 사람이 항상 혁신을 추구하기 때문에, 기업이 가지고 있는 모든 문제를 찾아서 해결할 수 있다. 기업 역량으로서의 혁신을 이루고 있는 다섯 가지 요소를 좀더 자세히 살펴보면 다음과 같다.

전략과 고객 언제, 어디서, 어떻게 조직 내에서 혁신을 추구할 것인가를 결정하는 데는 구체적인 전략이 필요하다. 하지만 많은 기업들이 위기가 코앞에 닥쳐야만 직원들에게 혁신을 요구하기 때문에 제대로 된 전략을 이끌어내기가 쉽지 않다. "주요 고객 가운데 하나가 우리와 거래를 중단하겠다고 위협하는데 어떻게 해야 할까?" 하는 식의 상황에서는, 아무리 혁신적인 대안을 제시한다 하더라도 시장에서의 경쟁에 별 도움이 되지 못한다. 그저 침몰하는 속도를 줄일 수 있을 뿐이다.

혁신은 기업 활동에서 가장 우선적으로 고려해야 하는 요소이다. 그리고 지속적으로 추구하면서도 동시에 기업문화로서 조직 내에 깊숙이 배어 있어야 한다. 그래야만 기업이 시장에서 절대적인 우위를 차지하는 데 밑바탕이 될, 근본적인 혁신이 가능하게 하는 혁신전략을 세울 수 있다.

실행과 평가 혁신을 추구한 이후, 회사가 발전하고 직원들의 만족도 또한 올라갔는가? 혁신이 제대로 수행되었는지 평가하는 방법으로는 어떤 것이 있는가? 실질적인 결과를 중심으로 평가하는가?

다른 모든 역량과 마찬가지로 혁신 역시 그것이 회사에 미치는 영향에 대해 평가해야 한다. 혁신을 추진하고 있는 와중에 무언가 일이 잘못될 경우도 발생할 수 있다. 하지만 실패의 요인에는 여러 가지가 있을 수 있음에도 그저 최근에 시작한 혁신 때문이라고 치부해버리고 만다면 혁신을 잘못 이해하고 있는 것이다.

절차 혁신적인 아이디어를 수용하고 그것을 실현하는 과정에서 직관에 따라 아무렇게나 하는가, 아니면 원칙이 있는가? 최고의 아이디어를 얻는 과정에서 다양한 의견을 수렴하는가? 조직의 분위기가 폐쇄적이고 권위적인가, 아니면 개방적이고 우호적인가?

사람 우리가 속한 회사의 기업문화는 직원을 그저 일하는 사람으로 보는가, 아니면 성공을 위해 절대 필요한 존재로 보는가? 혁신이라는 것을 그저 잔머리를 굴려 나오는 무엇으로 여기지는 않는가? 또, 누구라도 혁신을 추구할 수 있는가, 아니면 몇몇 사람들이 마지못해 하는가? 혁신을 다른 어떤 것보다도 가치있는 것으로 여기는 분위기가 형성되어 있는가?

기술 직원 · 공급처 · 고객 등 이 모두를 한데 묶을 수 있는 그룹웨어(groupware)*가 구성되어 있는가? 의사결정은 주먹구구식으로 이루어지는가, 아니면 실질적인 자료에 의해 이루어지는가? 누군가가 제안한 아이디어는 시간이 지나면 사라지는 것이 아니라, 데이터베이스에 저장되어 다른 이들도 그것을 볼 수 있는 시스템이 갖춰져 있는가?

우리는 보통 혁신이라고 하면 소비자들의 이목을 끄는 혁신적인 상품을 떠올리곤 한다. 하지만 혁신의 역할은 그것이 전부가 아니다. 세계에서 가장 혁신적인 기업을 꼽아보라고 하면 많은 사람들이 3M을 떠올린다. 하지만 3M이 처음부터 혁신적인 기업이었던 것은 아니다.

1990년대 초, 3M의 경영진은 과연 자신들이 올바르게 기업 활동을 하고 있는 것인가에 대해 의문을 가졌다. 그들은 구체적인 실태 파악을 위해 조사를 실시했고, 시장의 요구와는 동떨어진 채 최고의 상품을 개발하는 일에만 기업 활동의 초점을 맞추고 있다는 결론에 이르렀다. 최고의 상품이 전부가 아니었던 것이다! 이에 대해 3M측은 "차별화도 너무 과도하게 추구하다 보면 겉모습은 화려하지만 아무런 가치도 없는 상품을 만들게 됩니다. 더 이상 이런 오류를 저지르지 말아야 합니다." 하고 평한다. 그후, 3M은 원료의 조달부터 만들어진 제품의 배송에 이르기까지 총체적인 규모의 혁신을 추구하였다.

오늘날의 기업에게 혁신이란 필수적인 것이 되었다. 기업이 처해 있는 환경이 시시각각으로 변해 예측할 수 없기 때문이다. 소비자들도 그 어느 때보다 요구사항이 많아졌다. 이들은 때로 회사규정이나

* 그룹 작업을 지원하기 위한 소프트웨어나 소프트웨어를 포함하는 구조.

통상적인 상거래 관습을 벗어나는 것들까지도 요구한다. 이런 소비자들을 만족시키는 일은 분명 쉽지 않다. 때문에 우리는 이제까지와는 다른 식으로 움직여야 한다. 근본적인 혁신이 필요한 것이다.

급진적 혁신과 점진적 혁신

더 높은 수익을 추구하기 위해 혁신이 필요하다면, 구체적으로는 어떤 종류의 혁신을 해야 하는 것일까? 회사의 모습을 단시일 내에 완전히 새로워지도록 바꿔야 한다고 생각할 수도 있고, 부분적으로 조금씩 개선해 나가야 한다고 생각할 수도 있겠지만, 분명한 점은 급진적인 혁신만으로는 이상적인 결과를 이끌어내기 어렵다는 것이다. 다시 말해, 혁신은 기업의 상황에 맞춰 점진적으로 이루어져야 하는 것이다.

여기서 점진적인 혁신이란, 기존에 존재하던 것들을 더 나은 쪽으로 개선한다는 의미이다. 그리고 이런 작은 변화가 모여 큰 혁신이 이루어진다. 그 대표적인 예가 자동차의 디자인이다. 자동차 회사들은 신차를 소개할 때면 늘 이전과는 전혀 새로운 디자인의 차라고 광고한다. 하지만 실제로는 기존의 디자인을 조금 개선한 것에 불과하다. 급작스런 변화로 소비자들에게 거부감을 불러일으키지 않기 위해서이다. 하지만 이런 식의 개선을 통해 결과적으로 자동차 디자인에 큰 혁신을 가져오고 있다.

업무상의 출장을 주로 취급하는 여행사가 여행사 지점 외에 인터넷을 통해서도 여행 상품을 판매한다면, 이것은 점진적인 혁신을 추구하는 경우가 된다. 이에 비해, 급진적인 혁신을 추구하는 여행사는 화상회의 시스템으로 인해 출장 여행이 줄어들지도 모른다고 예상하고, 화상회의 시스템을 개발하는 회사에 투자를 하거나 직접 그런 회사를 설립하려고 할 것이다. 이렇듯 급진적인 혁신을 추구하다 보면 회사의 조직 구조와 시장 자체를 바꿔야 하는 상황에 이를 수도 있다. 때문에 급진적인 혁신과 점진적인 혁신을 적절히 섞어가며 추진해야 한다. 그래야 혁신을 추구하는 동시에 시장에서의 경쟁우위를 지속적으로 유지할 수 있다.

오래 전부터 나는, 성공하고자 하는 기업들은 새로운 시장을 창출하거나 기존의 시장을 변화시켜야 한다고 주장해 왔다. 나와 비슷한 생각을 하는 사람 중에는 런던 경영 대학원(London Business School)의 교수로 재직한 바 있는 게리 해멀(Gary Hamel)이 있다. 그는 1986년부터 96년까지 『포춘』지가 선정한 1,000대 기업에 들었던 기업들을 조사했는데, 그 가운데 주주에 대한 배당금을 해마다 평균 30퍼센트씩 증가시켜 지급한 기업은 17개에 불과하다는 놀라운 연구 결과를 발표했다. 이들이 다른 기업들과 달리 해마다 더 많은 주식 배당금을 지급할 수 있었던 이유는 바로 혁신을 추진했기 때문이다. 구체적으로는, 17개의 기업 중 16개의 기업은 새로운 시장을 창출하거나 기존의 시장을 변화시킴으로써 지속적으로 이익을 증가시킬 수 있었고, 나머지 한 개 기업은 혁신적인 리엔지니어링을 통해 주식 시장에서 기업 가치를 새롭게 평가받을 수 있었다. 해멀은 자신의 연구를 다음과 같은 글로 마무리지었다.

기존 산업 안에서 새로운 경쟁 원리를 만들어내거나 새로운 산업을 창출하는 능력…… 이런 것들이 다가오는 시대의 경쟁우위가 될 것이며, 이러한 능력을 지닌 기업들이 다음 세상을 이끌어 나갈 것이다.

때문에 기업 내의 모든 임직원은 언제 어디서든 항상 혁신을 추구해야 함을 잊지 말아야 한다.

우리들은 천재적인 창의성을 지닌 사람들만이 혁신을 추구할 수 있을 것이라고 생각하는 경우가 많은데, 이는 커다란 오해이다. 누구라도 혁신적인 사람이 될 수 있으며, 혁신을 추구하는 모습은 일정하게 규정지을 수 없다. 혁신을 추구하는 주체인 사람에 대해서는 3장에서 더 자세히 다룰 것이다.

혁신의 핵심은 고객 중심

혁신은 기업의 모든 측면에서 이루어져야 한다. 그 중에서 가장 혁신이 필요한 부분이 바로 기업과 고객의 관계이다. 고객과의 관계가 중요하다는 말을 모르는 사람은 거의 없지만, 이를 제대로 실천에 옮기는 기업은 많지 않다. 업계를 이끌어 가는 기업이라고 해서 예외는 아니다.

고객들이 중요하게 생각하는 가치와 그들의 요구는 기업의 사업 계획에 반드시 반영되어야 한다. 하지만 최근 첨단기술 기업들 역시 자신들이 개발하는 기술에만 관심을 둘 뿐, 고객들이 추구하는 가치나 요구에는 별로 신경을 쓰지 않고 있다. 결국 그들의 혁신적인 기술은 자신들의 사고를 편협하게 한정짓고 상황을 더욱 어렵게 만드는 원인이 된다. 기업이 고객에 대해 파악하는 것은 기업 내의 혁신을 추구하는 것만큼이나 중요한 일이다.

최근 각광받고 있는 한 온라인 슈퍼마켓을 이용하면서 겪은 남자의 이야기를 해보겠다. 그는 성탄절에 멀리 떨어져 있는 가족과 친척들을 자신의 집에 초대하여 파티를 열 계획을 세웠다. 그의 여동

생은 비행기로 다섯 시간이나 떨어진 곳에 살고 있었지만 오빠의 초청에 기꺼이 응했다. 남자는 파티를 위해 각종 식료품—특히 칠면조는 최고급으로 주문했다—을 온라인 슈퍼마켓을 통해 주문했고, 500달러의 돈을 신용카드로 결제하면서 배송일은 12월 23일로 해달라고 요청했다.

하지만 23일이 다 지나도록 그가 주문한 식료품은 도착하지 않았다. 그는 온라인 슈퍼마켓의 고객상담센터로 전화를 걸어 왜 자신이 주문한 식료품이 도착하지 않느냐고 따졌다. 그런데 상담센터의 직원은 배송 업체가 12월 23일부터 성탄절 휴가에 들어가야 하기 때문에 배송은 12월 22일로 모두 마무리지어졌으며, 자신들의 웹 사이트에도 이러한 내용이 공지되어 있었다고 답했다. 남자는 그러한 내용이 없었다고 했지만 상담센터 직원은 그럴 리가 없다는 대답만을 되풀이할 뿐이었다.

한참을 통화했지만 남자가 주문한 식료품을 배달해 줄 수 없다는 결론을 바꾸지는 못했다. 화가 난 남자는 할 수 없이 동네에 있는 슈퍼마켓으로 달려갔지만 이미 질 좋은 칠면조는 다 팔리고 난 뒤였다.

기분이 엉망이 된 그는 온라인 슈퍼마켓의 웹 사이트에 이런저런 불만 사항을 글로 남겼다. 그런데 두 달이 지나도록 아무런 답신이 없었다.

요즘은 많이 나아지기는 했지만 아직도 고객의 불만 사항이나 요구 사항에 대해 별다른 반응을 보이지 않는 기업들이 많다. 하지만 그런 식의 느슨한 대응이 결국 큰 대가를 치르게 만드는 경우는 종종 발생한다. 온라인 슈퍼마켓측의 무성의한 태도에 더욱 화가 난 이 남자 역시 자신의 경험담을 주요 일간지의 독자 투고란에 보냈고, 많은 사람들이 이 일을 알게 되었다.

처음에 전화를 받았던 온라인 슈퍼마켓의 직원이 남자의 불만에 좀더 유연하게 대처했더라면, 상황이 그렇게까지 나빠지지는 않았을 것이다. 최첨단 컴퓨터와 소프트웨어를 설치하고 직원들에게 시스템의 사용법을 교육했지만, 정작 회사의 시스템에 고객을 집어넣지 못했기 때문에, 그 온라인 슈퍼마켓은 큰 대가를 치르게 되었던 것이다.

정말 혁신적인 기업들은 최첨단 기술을 도입하는 목적을 '고객의 요구를 해결해 주기 위해서'라고 말한다. 그리고 실제로 고객을 만족시키는 데에 첨단기술을 적용한다. 몇 년 전만 하더라도 첨단기술 자체만으로도 고객을 즐겁게 해줄 수 있었다. 하지만 이제 첨단기술만으로는 별다른 차별화를 꾀할 수 없다. 첨단기술의 도입에서 정말 중요한 것은 그러한 첨단기술을 고객 만족을 위해 어떻게 이용하느냐 하는 점이다.

변화를 추구하지 않아도 괜찮을 만큼 안정된 상황에 놓인 기업은 하나도 없다. 업계 최고의 시장 점유율과 이익을 자랑하고 있는 기업이라 하더라도 혁신을 적용해야 하는 일은 늘 생기게 마련이다.

얼마 전까지만 해도 기업들은 암묵적으로 시장을 분할하여 서로 상대방의 영역을 침범하지 않는 것을 불문율로 삼았다. 그러나 그들이 안정적으로 나눠 가지고 있었던 영역은 이제 파괴되기 시작했다. 빠르게 변하고 있는 시장 환경과 그 어느 때보다도 다양한 선택권을 손에 쥐게 된 소비자들로 인해, 기업들은 그 어느 때보다도 힘든 시절을 보내고 있다.

전에 없던 극심한 경쟁을 뚫고 나가기 위해 기업들은 새로운 역량을 추구하고 그것을 혁신으로 이끌어야 한다. 혁신을 수용하는 기업 문화를 정착시키는 데 성공한 기업들은, 사람이라는 자원이 얼마나 많은 잠재력을 지녔는지 직접 확인하게 될 것이다. 그러나 혁신을 수용하지 못한다면 한때 아무리 훌륭한 기업이었다 하더라도 시장에서 서서히 사라질 수밖에 없다.

INNOVATION

2부
기업 미래에 대한 청사진

Innovation

2. 기업 프로세스의 혁신

기업 세계에는 세 가지 나쁜 행위가 존재한다.
나쁜 행위, 매우 나쁜 행위,
그리고 무조건적인 벤치마킹이 바로 그것이다.
―치코 막스(Chico Marx)

이제부터는 혁신을 이루고 있는 요소
들에 대해 본격적으로 얘기해 보도록 하겠다. 맨 처음 다룰 요소가
바로 프로세스인데, 프로세스란 기업의 활동과 그 기업이 가지고 있
는 다양한 자원을 묶어 기업이 목표로 하는 결과를 이끌어내는 과정
을 총칭한다. 기업의 목표를 실현하기 위해서는 기업을 이루고 있는
각 기능들이 조화를 이루는 것이 가장 중요하다. 잘 만들어진 프로
세스는 고객 · 직원 · 주주 등 기업과 관련된 모든 사람에게 가치를
제공한다.

일반적으로 사람들은 프로세스에 대해 '잘 짜여진 업무의 흐름',
'계속 반복되는 업무', '업무에 대한 지침' 등으로 정의한다. 그러나
이와 같은 정의는 프로세스를 혁신하는 데 장애가 되곤 한다. 일단
짜여진 프로세스는 바꿀 엄두조차 내지 못하기 때문이다. 어쩌면 우
리는 입으로는 혁신을 말하지만 정작 무엇을 어떻게 혁신해야 하는

지에 관해서는 전혀 모르고 있는지도 모른다.

군살을 도려내어 효율성을 높이는 기업보다는 직원들에게 성취동기를 불어넣어 더욱 열심히 일하도록 하는 기업이 더 큰 이익을 이끌어낸다. 경영자들이 단순히 효율성을 높이는 것 이상의 목표를 볼 줄 알아야 하는 이유가 바로 여기에 있다. 즉, 기존의 프로세스에 새로운 가치를 부여하고 업무에 대한 새로운 기준을 마련해야 하는 것이다. 이를 위해 필요하다면 시장에 대한 정의를 처음부터 다시 내리는 것도 고려해야 한다.

제 아무리 기발한 상품을 개발했다 하더라도 다른 경쟁자들에게 모방당하는 것은 순식간의 일이다. 이런 상황에서 기업들이 가져야 할 가장 핵심적인 경쟁우위는 '지속적인 혁신' 외에는 없다. 기업이 어떤 상품을 개발했느냐는 예전만큼 큰 의미를 갖지 못한다. 대신, 혁신적인 상품을 계속해서 만들어낼 수 있느냐 하는 점이 더욱 중요하다.

오늘날 업계를 이끌어 가는 기업들을 보면 늘 새로운 혁신을 추구하고 있으며, 바로 이러한 점에서 그들의 위상과 가치가 만들어진다. 그들은 늘 혁신을 추구한다. 연구 개발뿐만 아니라 모든 분야에서 혁신을 추구하며, 직원 개개인 역시 자연스럽게 혁신을 추구한다.

이미 얘기한 바와 같이 혁신은 재즈의 즉흥 연주와 상당히 비슷하다. 혁신을 추구할 때 즉흥 연주의 악보 역할을 하는 어떤 '틀'이 필요하다는 점 역시 그렇다. 여기서 제시하는, 혁신의 기준이 되는 일곱 가지 틀은 지금 우리가 속한 조직의 상황을 객관적이면서 세심하게 파악할 수 있도록 질문의 형식을 띠고 있다. 이상 일곱 가지 질문을 계속해서 제기하고 답을 찾다 보면 예전보다 한층 개선된 프로세스를 만들어낼 수 있다.

혁신 과제	방향
프로세스 재설계	왜 이런 식으로 업무를 해야 하는가?
프로세스 재구성	하지 않아도 되는 업무를 하고 있지는 않은가? 어떤 업무를 없앨 수 있겠는가?
프로세스 업무 재배치	이 일은 언제까지 해야 하는가? 더 좋은 결과를 얻으려면 업무를 어떤 순서로 배치해야 하는가?
관련 설비 재배치	이 설비는 동선을 최소화할 수 있는 위치에 놓여 있는가? 원료를 공급받고 완제품을 소비자들에게 보내기 위한 최적의 장소는 어디인가?
효율적 업무 구성	이 일은 얼마나 자주 해야 하는가? 필요 이상 반복하는 것은 아닌가?(물론 경우에 따라서는 현재보다 더 자주 반복해야 하는 프로세스도 있다.)
책임자 재선정	현재 누가 그 일을 책임지고 있는가? 다른 업무 주체에게 맡기면 더 좋은 결과를 얻을 수 있지는 않은가?
관련 기술 재검토	첨단기술을 도입할 경우 일의 결과가 개선되는가?

종종 하나의 질문에 대한 답―어떤 한 단계의 혁신―은 다른 질문의 답에도 영향을 미친다. 예를 들면, 책임자 선정에 대한 답으로 어떤 프로세스를 아웃소싱(outsourcing)* 하기로 했다면, 그 대상 프로세스를 수행하는 업체로부터 반제품을 받고 완제품을 시장에 내다 팔 수 있는 최적의 장소로 공장 설비를 옮길 것을 고려할 수도 있는 것이다. 즉, 관련 설비의 위치를 다시 배치할 필요가 있다. 이와 동시

---

* 자체 인력 · 설비 · 부품 등을 이용해 하던 일을, 비용 절감과 효율성 증대를 목적으로 외부 용역이나 부품으로 대체하는 것.

에 생산을 관리할 새로운 소프트웨어의 도입을 고려할 수도 있다.

위에서 제시한 틀을 적용하는 과정에서 잊지 말아야 할 점은, 답의 질적인 측면이 아니라 양적인 측면이다. 우리를 진정한 혁신으로 이끌어 줄 답은 단번에 나오지 않는다. 수많은 답 중에 여러 개를 실제로 적용하는 과정에서 정답이 도출될 수 있는 것이다.

어떤 답이 마음에 든다고 해서 마치 최종 결론인 것처럼 인식하지 말아야 한다. 여러 개의 아이디어가 복합적으로 작용할 때 더 큰 효과를 불러올 수 있기 때문이다. 또, 아이디어를 낸 사람과 그것을 평가하는 사람은 서로 달라야 한다. 아무래도 자신이 낸 아이디어가 옳은 것처럼 느껴지게 마련이기 때문이다.

조직이 가지고 있는 여러 가지 문제점을 파악하고, 혁신하기로 했다면, 우선 위에서 제시한 질문들 가운데 일부, 혹은 전체에 대한 답을 구한 다음 그것들을 다양한 조합으로 혼합한다면 문제 해결이 좀 더 쉬워질 것이다.

대형 할인점을 예로 든다면, 소비자들이 물건을 골라 계산대로 가면 계산원이 계산을 해주는 방식이 일반적인 계산 방식이다. 이처럼 아주 당연해 보이는 계산 방식에 프로세스 재배치, 관련 설비 재배치, 반복적 업무 삭제 등과 관련된 질문을 던져보자. 소비자들이 진열대에서 물건을 집어 직접 스캐너로 물건의 바코드를 찍은 후 쇼핑용 수레에 담도록 하는 것이 그것이다. 혹시 터무니없는 아이디어라고 생각할지도 모르지만, 세이프웨이(Safeway)는 실제로 이런 매장을 시험 운영하고 있다. 세이프웨이의 시험 매장에서는 혹시 있을지 모르는 절도 행위를 방지하기 위해, 무작위로 쇼핑용 수레를 골라 계산원들이 직접 계산을 해주기도 한다. 물론 도난 방지를 위해서는 더 많은 연구가 있어야 하겠지만, 고객이 직접 계산을 하는 방식이 전혀 불가능한 것은 아니라는 점에 의의를 둘 만하다.

처음에는 터무니없어 보이는 아이디어라도 실제로 현장에서 적용해보면 매우 훌륭한 아이디어로 판명되는 경우가 많다. 사실 어떤 아이디어가 정말로 옳은 것인지를 연구실이나 회의실에서 전적으로 결정하기란 불가능하다. 또, 여러 번의 시행착오를 거쳐서라도 혁신을 이루어낼 수만 있다면, 그 보상은 실패로 인한 손해를 상쇄하고도 남는다. 물론 지금까지 아무도 해본 적이 없는 일을 시도해 보자고 하면 많은 사람들은 이렇게 말할 것이다. "그건 말도 안 돼. 왜냐하면 말이지……" 하지만 진정한 혁신은 이러한 부정적인 시각을 극복함으로써 가능해지는 것이다. 지금 어떤 아이디어가 떠올랐다면, 불가능하다고 겁먹지 말고 과감히 시도해 보라.

유럽의 한 터널에 높이가 높은 컨테이너를 싣고 가던 화물차 한 대가 끼는 사고가 발생했다. 견인차가 와서 화물차를 터널에서 빼내려고 했으나 화물차는 꿈쩍도 하지 않았다. 근처 교통이 몇 시간 동안이나 마비되자 교통 당국은 여러 명의 과학자와 전문가들을 불러 화물차를 빼낼 수 있는 방안에 대해 논의했다. 그러나 별 뾰족한 수가 생각나지 않았다. 이때 근처에서 사고 장면을 구경하고 있던 한 어린아이가 화물차 타이어의 바람을 빼면 되지 않느냐고 말했다. 아이의 말대로 조치한 결과 화물차는 터널을 빠져 나올 수 있었다. 이것은 실제 있었던 일이 아닌, 영화 속 한 장면이다. 하지만 우리에게 많은 것을 생각하게 해준다는 점에서 기억해 둘 만하다. 복잡한 것일수록 혁신과는 거리가 멀다는 점을 잊지 말아야 한다. 혁신이란 생각보다 무척 단순한 원리에서 시작된다.

지금부터는 앞에서 제시한 일곱 가지 혁신의 틀에 대해 좀더 자세히 살펴보고자 한다. 다음에 나오는 내용을 참고하여 우리가 속한 기업이나 조직의 상황에 맞는 다양한 측면의 질문을 던져보라. 그러다 보면 여러분의 회사가 맞닥뜨리고 있는 문제에 대한 해답을 찾을 수 있을 것이다.

Innovation 1

왜 그런 프로세스가 만들어졌는지 다시 생각하라

우리는 리엔지니어링 시행자에서 머물지 말고 직접 설계자가 되어야 한다. 그 이유는 낙관론자, 비관론자, 리엔지니어링 컨설턴트, 설계자의 차이점에 대해 살펴보면 좀더 분명하게 알 수 있다. 물컵에 물이 반 정도 남아 있는 것을 본 낙관론자는 아직 물이 반이나 남아 있다고 생각한다. 이에 비해 비관론자는 물이 반이나 없어졌다고 생각한다. 리엔지니어링 컨설턴트는 물컵이 너무 큰 것 아니냐고 생각하고는 물컵의 반을 잘라낸다. 하지만 설계자는 다음과 같은 질문을 던진다. "목이 마른 사람이 누구인가?" "왜 물이 담겨져 있는가?" "목이 마르다면 물 이외에 다른 것을 마실 수도 있지 않은가?" 그리고 이에 대한 답을 찾는 과정에서 설계자는 다른 사람들보다 한 단계 더 성장하게 된다.

변화와 혁신을 이끌어내기 위해서는 정체되어 있는 '현재의' 상태를 깨뜨려야 한다. 이를 위해서는 '왜 이제껏 해오던 대로 앞으로도 계속 해야 하는가'에 대한 의문을 끊임없이 제기해야 한다. 빠르게 변화하는 오늘날의 경제 상황에서 이와 같은 질문은 그 어느 때보다도 절대적인 가치를 지니고 있다. 만약 지금의 상태가 가장 좋다면서 현상에 안주한다면, 바로 그 순간 다른 기업이 나타나 우리를 모방하고, 우리가 절대적인 우위를 자신하던 시장을 잠식해 버릴 것이다.

시디나우 닷컴(CDNOW.com)은 한때 온라인 음반 판매 1위를 달리던 음반 전문 쇼핑몰 사이트였다. 하지만 책만 판매하던 아마존 닷컴(Amazon.com)이 음반도 판매하겠다는 발표와 함께 시장에 뛰어든 지 단 6주 만에 시디나우 닷컴은 그저 주요한 음반 판매 웹 사이트 가운데 하나로 전락해 버렸다. 현상에 안주했기 때문에 벌어진 결과이다.

프로세스를 재설계하기 위한 답을 찾으면서 유의할 점은, 단순히 결과에 대해서만 생각하는 것이 아니라 근본적인 원인에 대해서도 생각해야 한다는 것이다. 목이 아픈 환자가 목이 아프다는 결과에만 집착할 게 아니라 그 원인이 되는 병명이 무엇일까에 대해 생각해야 하는 것과 같은 원리이다.

항공기 부품 조달과 관련하여 과다 지출을 하고 있는 한 항공사가 있었다. 부품 조달과 관련해서 과다 지출이 생긴다는 것은 부품 재고 관리 시스템에 문제가 있다고 생각하기 쉽다. 하지만 이 항공사의 경우 부품 운송은, 꼭 자사의 항공기를 이용해 직접 했기 때문에 재고 관리에는 문제가 있을 수 없었다. 아무래도 자사의 항공기를 이용하는 편이 비용을 절감할 것이라는 인식 때문이다.

정작 문제는 자사 항공기를 이용한 부품 운송이 항공기 화물칸에 여유가 있을 때만 이루어진다는 데 있었다. 화물칸에 여유가 없을 때는 다음 항공편으로 밀리곤 한 탓에 결국 부품이 제때에 공급되지 못하는 결과를 빚어냈다. 즉, 이 항공사의 과도한 부품 조달 비용은 비효율적인 부품 재고 관리 시스템 때문이 아니라, 부품을 제때에 공급받지 못하기 때문에 생기는 문제였던 것이다. 이런 경우 단순히 부품 조달 비용이 많다는 결과에만 집착한다면 문제를 해결할 가능성은 더욱 낮아지게 마련이다.

우리는 지금의 업무방식이 예전부터 쭉 그렇게 해왔기 때문에 아무런 비판 없이 하고 있는 것은 아닌지 따져봐야 한다. 또한, 만약 지금의 업무방식이 비합리적인 이유로 구성된 것이라면 과감히 탈피해야 한다.

1960년대 영국의 수많은 제조 기업들의 관심사는 당기순이익이 아니라 생산 그 자체에 초점이 맞춰져 있었다. 다른 기업들이 그렇게 하니까 우리도 당연히 그렇게 해야 한다는 식으로 너도나도 새로운 것을 만들어내는 데에만 치중했고, 그 결과 많은 제조 기업들이 문을 닫게 되었다. 영국 GEC사에서 중역을 지냈던 잭 스캠프(Jack Scamp)는 당시에 대해 이렇게 말했다.

> 누군가가 우리에게 지금까지 한 번도 만들어진 적이 없는 뭔가를 만들어 달라고 의뢰하면 우리는 자부심을 갖고 일했습니다. 그런데 누군가가 그런 것을 만드는 게 회사에 이익이 되냐고 물어보면 우리는 이렇게 답했습니다. "글쎄요, 다른 사람에게 물어보세요."

회사의 업무방식을 바꾸는 것이 어려운 이유는, 그 일의 처리 방식에 대한 사람들의 고정관념 때문이다. 물론 고정관념 가운데는 옳은 것도 있다. 하지만 옳지 않은 것인데도 예전부터 해왔고, 또 앞으로도 당연히 그렇게 해야 한다고 생각한다면 문제가 된다. 회사의 업무방식이 뭔가 불합리하게 이루어지고 있다고 판단했다면, 가장 먼저 그 업무에 대해 사람들이 가지고 있는 고정관념에 대해 분석한 후, 옳지 않은 것이라면 그것을 깨뜨릴 방안을 찾아야 한다.

업무 세분화

혁신에 장애가 되는 고정관념 중 가장 흔한 것이 '모든 업무를 항상 똑같은 방식으로 처리하는 게 가장 효율적'이라는 생각이다. 250만 명의 고객을 보유한 대형 보험 회사가 있었다. 그런데 그 회사의 보험금 지급 서비스는 너무 느렸고, 서비스 처리 비용 또한 다른 보험 회사들보다 지나치게 많이 지출되었다. 이런 사실을 잘 알고 있던 회사 경영진은 뭔가 조치가 필요하다고 생각했고, 전면적으로 혁신해 보자는 결정을 내렸다. 그 회사는 이제까지와는 전혀 다른 방식으로 급진적인 혁신을 시도해 보기로 했다.

하지만 좀더 깊이있게 분석한 결과, 보험금 지급 서비스 자체에는 별 문제가 없음을 알 수 있었다. 문제는 고객마다 달라야 할 보험금 지급 서비스를 항상 같은 식으로만 처리하려고 했던 데 있었다. 실제로 그 회사의 보험금 지급 서비스와 관련한 업무규정은 단 한 가지밖

〈그림 2-1〉 프로세스 파이프라이닝의 예

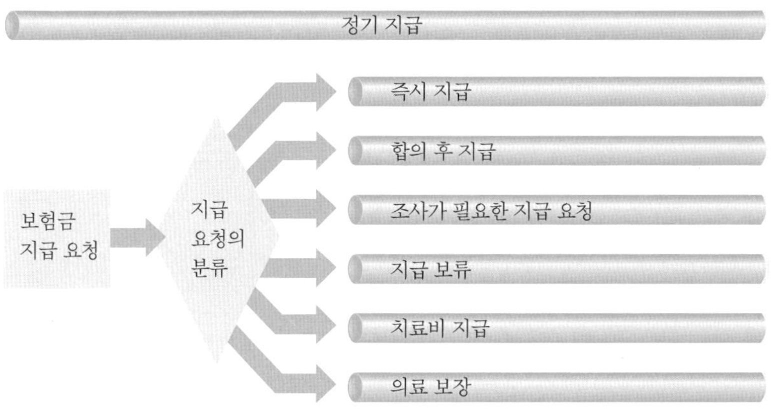

정기 지급

보험금
지급 요청 → 지급
요청의
분류

즉시 지급

합의 후 지급

조사가 필요한 지급 요청

지급 보류

치료비 지급

의료 보장

에 존재하지 않았고, 직원들은 그 규정을 엄격하게 지켰다.

그 보험 회사의 경영진은 이처럼 융통성이 없던 보험금 지급 서비스 업무규정을 없애는 대신, 자신들이 프로세스 파이프라이닝(process pipelining)이라고 이름 붙인, 새로운 기법을 도입하기로 했다. 이것은 고객에게 지급해야 할 보험금의 성격에 따라 기존의 업무 프로세스를 더욱 세분화한 것으로, 〈그림 2-1〉에서 나타내는 도식과 같다.

전화 상담도 기존에는 모든 전화를 정규직 직원들이 받아서 고객들의 질문에 일일이 응답을 해주었으나, 이제는 3분 이내의 일상적인 응답이 필요한 전화는 임시직 직원들이 받아서 처리하기로 했다. 이런 식으로 정규직 직원들의 전화 상담 업무를 60퍼센트 가량 줄일 수 있었다.

신규 보험 계약의 처리 역시 보험 종류별로 세분화함으로써 업무의 70퍼센트를 전산화할 수 있었고, 이를 통해 업무의 효율성을 높이고 인건비를 줄일 수 있었다. 또, 보험 모집인과 계약자가 신규 보험을 계약하기로 합의하기만 하면 곧바로 보험 계약이 효력을 갖도록 하자 고객 만족도가 눈에 띄게 높아졌다.

고정관념 버리기

우주 왕복선이 두 줄기 불을 내뿜으며 하늘로 떠오르던 장관을 기억해 보자. 우주 왕복선이 두 줄기 불을 내뿜게 해주는 장치는 SRB(Solid Rocket Booster)라는 일종의 보조 연료 장치인데, 유타 주에 있는 한 공장에서 만들어졌다. 사실 이 SRB를 만든 엔지니어들은 그것을 좀더 크게 만들고 싶었다. 하지만 유타 주의 공장에서 우주 왕복선 발사대까지 SRB를 옮길 만한 운송수단은 철도밖에 없었기 때문에 욕심껏 크게 만들 수 없었다.

그렇다면 미국 철로의 폭은 어떤 기준에 의해 만들어졌을까? 미국이 탄생하게 된 역사적 배경으로 보아, 영국의 철로 폭이 미국의 철로 폭의 기준이 되었음을 쉽게 짐작할 수 있다. 그런데, 영국의 철로 폭은 철도가 처음 만들어지던 당시 석탄을 나르는 데 쓰이던 광차용 철로의 폭에 맞추어 만들어진 것이다. 또한, 말이 끌던 광차는 다른 일반 마차와 같은 부품을 썼기 때문에 차체의 폭이 일반 마차와 똑같았고, 일반 마차의 폭은 로마제국 시대의 전차와 폭이 같았다. 로마제국이 도로를 건설할 때 말 두 필이 끄는 전차를 기준으로 했고, 그 후에 만들어진 마차는 그 도로를 기준으로 만들어졌기 때문이다.

이처럼 기업의 업무 프로세스 역시 과거 어느 시점의 필요에 의해 정해진 것이 그 후로도 계속해서 당연히 그렇게 해야 하는 것처럼 고정되어 버리는 경우가 많다. 하지만 조금만 논리적으로 생각해 보면 불합리한 점을 발견할 수 있다.

Innovation 2

프로세스를 이루고 있는 다양한 활동을 다시 배치하라

이것은 현재 이루어지고 있는 업무 프로세스의 속성을 파악하고, 그 프로세스가 정말 필요한 것인지를 결정하는 과정이다. 만약 특정한 프로세스를 수행하지 않더라도 전체 업무 결과에 별 영향이 발생하지 않는다면 그 프로세스는 없애야 한다. 혁신이란 이런 과정이 모여 이루어지는 것이다.

현재 우리가 속한 회사의 모든 업무 프로세스에 대해 검토해 보아야 한다. 더 적은 비용으로 수행할 수 있는지, 더 빠르게 수행할 수 있는지, 더 나은 결과를 이끌어낼 수는 없는지, 아니면 아예 그 프로세스를 거치지 않아도 되는지 등을 질문해 보라. 소비자들이 원하는 것을 제공하기 위해서는 프로세스를 어떻게 바꿔야 할까? 현재 어떤 상태인가는 잊어 버리고 오직 이루어야 할 결과에 대해서만 생각해야 한다. 혁신이란 바람직한 결과를 얻기 위해 새로운 길을 찾는 과정이다. 혁신의 방향을 잘 모르겠다면 자기 자신에게 이런 질문을 던져 대답을 구하는 것도 도움이 된다. "우리가 지금 새로 회사를 하나 만든다면 어떤 모습으로 만들어야 할까?"

다음은 프로세스를 재구성하는 데 지침이 될 만한 몇 가지 질문들이다.

꼭 그 일을 해야 할까?

프로세스를 수행하기 전에 꼭 그 일을 해야 하는지 질문을 던져 보라. 그 프로세스의 수행이 고객과 회사에 어떤 이득을 가져다 주는지를 의심해 보라. 생각보다 많은 불필요한 일들이 너무나 당연하게 받아들여지고 있음을 기억해야 한다. 이와 관련해 피터 드러커(Peter Drucker)는 "이 세상에 하지 않아도 되는 일을 효율적으로 하는 것만큼 무의미한 짓도 없다."고 말했다.

얼마 전까지만 해도 포드(Ford)는 협력사들이 부품을 공급했다며 송장을 제출하기만 하면 대금을 지불해 주었다. 따라서 포드 자체적으로 송장에 기록된 양과 실제 공급량을 확인하는 프로세스를 거쳐야 할 뿐 아니라, 실제 사용량을 확인하는 별도의 프로세스를 거쳐야만 했다. 반면 도요타(Toyota)는 공급받은 부품에 대해 대금을 지급하는 것이 아니라, 실제로 사용한 부품에 대해서만 대금을 지급했다. 따라서 실제 공급량을 확인하는 별도의 프로세스를 거칠 필요가 없었다.

기업을 움직이게 하는 것은 고객과 수익성이지, 회사 규정이어서는 안 된다. 회사 규정에만 집착하다가는 자멸에 빠지기 쉽다. 90일마다 대출 조건을 갱신해야 한다는 은행이 있었다. 그런데 이 규정을 지키느라 은행은 적지 않은 비용을 낭비하고 있었다. 은행 직원이나 고객들 모두 90일마다 대출 조건을 갱신하는 은행 규정이 비용 낭비의 원인이 되는, 불필요한 규정이라고 생각했다. 하지만 규정이 바뀌거나 없어지는 일은 생기지 않았다. 은행의 불합리한 규정은 그뿐이 아니었다. 고객의 주소지가 바뀔 때, 주소지 변동 사실을 서면으로 제출받아야만 인정해 주는 규정 역시 비용 낭비와 고객 불편의 요인으로 작용했다. 그런 규정을 누가 만든 것인지, 그렇게 하는 것이 왜 좋은지 아무도 알지 못했다. 그저 그런 규정이 있기 때문에 준수할 뿐이었다.

이것은 고리타분한 고정관념에 사로잡힌 몇몇 기업에서 일어나는 특별한 일이 아니다. 우리가 당연하게 받아들이는 많은 일들이 지금 이 순간에도 비효율의 원인이 되고 있다.

당연하다고 받아들이고 있던 규정들이 고객과 회사 모두에게 이익이 되는지를 다시 한번 따져보아야 한다. 아무런 이익이 되지 않는다면 미련 없이 그 규정을 버려야 한다.

문제 해결 비용과 시간을 줄일 수 없을까?

프로세스를 개선하는 가장 효과적인 방법 가운데 하나가 바로 프로세스의 입력 단계에서 오류를 제거하는 것이다. 오류라는 것은 늦게 발견될수록 해결하는 데 더 많은 비용과 시간이 필요한 법이다.

특히, 모든 프로세스를 거친 후 고객에 의해 발견되는 프로세스의 오류는 돌이킬 수 없는 큰 문제를 불러올 수도 있다.

다른 프로세스로 대체할 순 없을까?

전세계에 지사를 가지고 있으며 해마다 1,500종 이상의 출판물을 출간하는 출판사가 있다. 이 회사는 이렇게 많은 출판물을 홍보하기 위해 매달 홍보용 소책자를 제작해서 주요 거래처에 우송했는데, 여기에 들어가는 우표 값만 해도 한 달에 수천 달러에 달했다. 그런 어느 날, 한 직원이 이메일을 이용하여 홍보물을 보내면 어떻겠냐고 제안했다. 그후 이 회사는 이메일을 이용하여 홍보 자료를 보냈고, 덕분에 그전까지 홍보에 들어가던 비용을 고스란히 아낄 수 있었다. 물론 홍보 업무에도 아무런 지장이 없었다.

타 업계의 업무방식을 벤치마킹하면 어떨까?

다른 업계의 업무방식을 본받아 큰 성과를 거두는 사례는 점점 많아지고 있다. 도미노 피자(Domino's Pizza)가 30분 이내의 배달을 보증하는 방법으로 소비자들로부터 큰 호응을 얻자, 모토로라(Motorola) 역시 자사의 제품을 구매한 소비자들에게 빠른 배송을 약속하여 큰 인기를 얻은 것도 한 예이다. 또, 환자들은 유능한 의료진에 의해 치료받는 것 외에도 원무과 앞에서 오래 기다리지 않는 것을 중요하게 생각한다는 사실을 발견한 한 병원은, 마리오트(Marriott) 호텔의 접수 업무를 본받아 원무과의 접수 업무를 재설계했다. 각종 수속 절차가 전에 비해 빨라지고 직원들 또한 친절해지자 환자 및 환자의 가족들은 병원의 서비스에 대해 크게 만족했다.

Innovation 3

프로세스의 순서와 시간을 다시 배정하라

어떤 업무가 특정한 순서와 시간에 맞춰 몇 년 동안 반복되다 보면 그렇게 하는 것이 당연하다고 인식되게 마련이다. 대부분의 사람들은 특정 프로세스가 왜 일정한 업무와 시간으로 구성되어 있는지 의심하지 않는다. 하지만 프로세스를 구성하고 있는 순서와 시간이 과연 최소한의 비용으로 최대의 효과를 내는 것인지 다시 한번 생각해 볼 필요가 있다. 프로세스를 처음 구성할 당시, 철저한 검증에 근거하여 시간과 순서를 배정했다 하더라도, 몇 년이라는 시간이 흘렀다면 최적의 시간과 순서가 아니게 되었을 가능성이 크다.

현재의 업무 절차가 과연 적절한 순서에 의해 이루어지고 있는지는 다음의 원칙을 적용시켜 보면 쉽게 판단할 수 있다.

- 가까운 미래에 반드시 필요할 거라 예상되는 업무는 미리 처리해 놓는다.
- 충분한 정보를 입수하지 못한 업무는 잠시 미루어 둔다.
- 동시에 처리하는 것이 더 효율적인 업무들은 굳이 순서대로 처리하지 않는다.

다음은 프로세스 재배정에 도움이 되는 질문들이다.

Question Time

미래를 예측하는 것이 프로세스의 효율적 배정에 영향을 줄까?

미래의 수요를 예측하는 것은 프로세스를 효율적으로 배정하는

데 반드시 필요한 전제조건이다. 앞으로 얼마의 수요가 발생할 것인지를 알 수만 있다면 제품을 미리 만들어 놓아 재고 부족으로 판매 기회를 놓치는 일을 방지할 수 있기 때문이다. 예를 들어, 소비자들의 주문에 따라 즉각적으로 물건을 공급할 수 없는 출판업의 특성상 수요를 예측하지 못한다면 판매 기회를 놓치게 될 게 분명하다.

업무를 미루는 것이 더 효율적이지 않을까?

어떤 업무를 수행하는 데 필요한 정보가 충분히 입수되지 않았다면 무리해서 업무를 추진하기보다 충분한 정보가 입수될 때까지 기다리는 편이 더 나은 경우가 많다. 그렇지 않고 불충분한 정보를 가지고 제품을 만들었다가 팔리지 않는다면 보관 비용만 날리게 될 위험이 있다. 또 운 좋게 팔린다 해도 고객의 불만으로 이어지기 쉽다. 어떤 상황이든 바람직하지 않기는 마찬가지이다.

이탈리아에 본사를 두고 있는 베네통(Benetton)은 120개국 6,000여 개의 매장에서 의류 및 잡화를 팔고 있는 세계적인 패션 회사이다. 특히, 베네통은 빠르게 변하는 패션 유행에 대응하는 남다른 비법을 가지고 있는데, 그것은 바로 옷에 색을 입히는 프로세스를 뒤로 미뤄두는 것이다. 아무리 패션 업계에서 오랜 경험을 가지고 있는 사람이라 하더라도 다음 시즌에 유행할 색이 무엇인지 맞추는 일은 불가능에 가깝다. 그래서 대부분의 의류 회사들은 옷을 만들 때 미리 염색이 되어 있는 실을 이용하는 데 반해, 베네통은 염색이 안 된 실을 이용해 옷을 만들어 놓은 후, 실제로 유행하는 색이 무엇인지 시장조사를 한 후에야 본격적인 염색에 들어간다.

처음부터 염색이 안 된 옷을 제작하는 것은 아니다. 옷에 대한 수요가 많지 않아서 재고 부담이 적은 시즌 초기에는 염색이 된 실로 옷을 만든다. 이때까지만 해도 재고 비용을 부담하는 편이 2중 제작으로 생산비를 늘리는 것보다 낫기 때문이다. 옷을 만들어 놓은 후에 염색하는 프로세스는 옷에 대한 수요가 본격적으로 늘어나기 시작하는 시즌 중반 이후부터 가동된다.

이와 같은 프로세스를 시행하기 위해 베네통은 두 가지의 첨단기술을 도입했다. 하나는 다 만들어진 옷에 염색을 하는 기술이고—이것은 말처럼 그렇게 쉬운 기술이 아니라고 한다—다른 하나는 소비자들이 매장에서 주로 찾는 옷 색깔을 본사에서 즉각적으로 파악할 수 있게 하는 컴퓨터 시스템이다.

일부 혁신적인 페인트 회사들의 경우 페인트 상점에 안료와 페인트 액을 각각 공급해 주고, 이들을 섞을 수 있는 별도의 장비를 대여해 준다. 이것은 페인트 판매점을 찾은 고객들이 원하는 색을 그 자리에서 바로 만들어 주기 위한 조치이다.

필요하다면 중요한 의사결정을 내리거나 특정한 프로세스를 수행하는 시간을 뒤로 미룰 수 있어야 한다. 물론 대부분의 경우 빠른 의사결정과 프로세스의 수행이 조직에 효율성을 이끌어 오는 것은 사실이다. 하지만 이것은 언제나 적용되는 절대적인 원칙이 아니다. 진정한 효율성을 위해서는 어느 정도의 융통성도 필요하다.

시간에 구애받을 필요가 있을까?

인터넷이 발달함에 따라 많은 기업들이 시간과 공간의 제약을 점차 극복해 나가고 있다. 아이비엠(IBM)의 소프트웨어 개발 과정이 그 좋은 예이다.

IBM은 몇몇 소프트웨어를 24시간 동안 쉬지 않고 개발한다. 그렇다고 특별히 직원들을 혹사시키는 것도 아니다. 한 지역에 있는 IBM

개발팀에서 어떤 소프트웨어를 개발하다가 퇴근 시간이 다가오면 지구 반대편에 있는 다른 지역의 IBM 개발팀에 그때까지의 작업 결과를 넘겨준다. 그러면 아침이 시작되는 그 지역의 IBM 개발팀이 일을 전달받아서 연구를 계속하다가 퇴근 시간이 다가오면 다시 처음의 그 개발팀으로 작업 결과를 넘긴다. '9시부터 5시까지' 일한다는 일반적인 상식을 깬 IBM은, 직원들을 야근에서 해방시키는 동시에 소비자들에게는 더 나은 상품을 신속하게 제공하고 있다.

Innovation 4
프로세스와 관련된 각종 설비의 위치를 재배치하라

프로세스를 구성하고 있는 업무들의 물리적인 거리를 최소화하는 동시에 조직 내의 의사소통을 최대화하는 것은 기업 활동의 효율성을 높이는 데 대단히 중요하다. 때문에 현재 각종 프로세스와 관련된 설비가 최적의 상태로 배치되어 있는지를 확인하는 일은 반드시 필요하다. 이때 참고할 사항들은 다음과 같다.

• 일터에 대한 정의가 바뀌고 있다. 오늘날 가장 피부에 와 닿는 변화 가운데 하나이다. 불과 얼마 전까지만 해도 우리는 '일터' 라고 하면 특정한 몇몇 장소—사무실, 공장, 매장 등—만을 떠올렸다. 하지만 경제 활동이 점차 지식을 기반으로 하는 무형의 산업으로 옮겨 가면서 일터 역시 매우 다양해졌다. 나날이 발전하는 정보통신 기술은 이러한 추세를 더욱 가속화시키고 있다.
• 조직이 유연해졌다. 과거의 기업들은 부득이한 경우가 아니고는 자사 소속의 직원들만으로 모든 업무를 해결하고자 했다. 하지만

효율성 문제를 계속 점검하지 않고는 살아남을 수 없는 오늘날의 기업들은 기업 외부의 인력과 내부의 인력을 가로막던 경계를 허물고 있다.

• 구성원들의 이합집산이 빈번하고 자유로워졌다. 예전과는 달리 사람들을 모아 조직을 구성하여 특정한 프로젝트를 끝내고 몇 달 만에 그 조직을 해체하는 것이 훨씬 자유로워졌다. 실제로 이런 식으로 프로젝트를 수행하는 기업의 수는 점점 많아지고 있다. 게다가 인터넷으로 대표되는 정보통신 기술의 발달로 같은 조직을 구성하고 있는 사람들이 꼭 같은 곳에 모여서 일할 필요 역시 없어졌다. 고전적인 의미의 '일터' 개념이 허물어지고 있는 것이다. 아직은 특수한 경우에 해당하는 일이지만, 의사가 다른 나라에 있는 환자를 인터넷으로 수술하는 일도 성공적으로 시행된 바 있다.

• 업무 공간에 대한 개념이 바뀌었다. 수평적으로 구성된 조직의 효율성은 점점 더 높은 평가를 받고 있다. 이러한 조직이 가지고 있는 장점을 최대한 살리기 위해서는 조직 구성원들 간의 의사소통 및 정보 공유가 원활히 이루어질 수 있도록 업무 공간을 배치해야 한다. 필요에 따라 수시로 팀을 구성 또는 해체하고 있는 일부 혁신적인 기업들의 경우, 언제라도 팀원들이 모여 회의를 할 수 있는 공간과 누구라도 앉아서 바로 업무를 시작할 수 있는 사무 공간을 설치해 놓고 있다.

• 출장 횟수가 줄고 있다. 사실 출장을 위해 오가는 시간 동안 생산적인 일을 하기란 거의 불가능하다. 때문에 많은 기업들이 출장 횟수를 줄이려고 노력하고 있다. 지금도 많은 이들이 출장을 위해 비행기에 오르지만, 화상 회의나 기타 정보통신 기술을 이용하면 불필요한 출장의 상당수를 줄일 수 있다. 물론 직접 현장을 살펴보거

나 사람을 만나야 할 경우가 있다. 이런 때는 업무 담당자 스스로가 시간을 헛되이 흘려보내지 않도록 노력하는 기업문화를 만들어야 한다.

다음은 프로세스 관련 설비의 재배치에 도움이 되는 질문들이다.

Question Time --

고정자산에 유연성을 부여할 수 있을까?

이미 은행 업무 중 많은 부분이 자동화되거나 자동화가 진행되고 있는 상황에서 은행들은 지난 날 지나치게 많은 지점을 설치한 것을 후회하고 있다. 이것은 은행에만 국한된 현상이 아니다. 건물이나 토지와 같은 고정자산은 오늘날 많은 기업들에게 부담으로 작용하는 경우가 많다. 때문에 건물이나 토지와 같은 고정자산을 취득하거나 건설하려는 기업들은 변화하는 경제 환경에 능동적으로 대처할 수 있는지를 판단해야 한다.

연매출 60억 달러에 1만 5,000명의 직원을 둔 일렉트라벨(Electrabel)은, 주력 부문인 전력·천연가스·수도 사업뿐만 아니라 케이블 텔레비전 사업도 겸하고 있는 벨기에 최대의 회사이다. 주로 공공 부문에 관련된 사업을 하기 때문에 얼마 전까지만 해도 국가로부터 보호를 받았지만, 최근 실시된 각종 규제 철폐로 일렉트라벨의 미래는 그 어느 때보다도 불투명해졌다. 그들은 자신들이 처한 위기상황을 고려하여, 본사 건물 옆에, 본사와는 독립된 성격을 지닌 새로운 건물을 짓기로 하였다. 주차장이나 조경은 물론이고, 전기·수도 시설 및 전산 시스템 등이 독립적으로 설계된 새 건물은, 평소에는 본사와 한 건물처럼 이용되다가도 본사와의 사이에 담장만 설치하면 전혀 다른 회사의 건물처럼 사용할 수 있도록 설계되었다. 급변하는 경제 상황에서 그 건물을 다른 회사에 매각해야 하는 상황에 대비한 조치였다. 게다가 그 건물은 구조적으로도 용도를 변경하기 쉽게 구성되었기 때문에 일렉트라벨은 자사의 고정자산을 좀더 유연하게 이용할 수 있었다.

고정자산의 수요를 줄일 순 없을까?

오늘날의 기업들에게 투자자본이 많이 필요한 사무실이나 토지 등과 같은 고정자산은 큰 부담으로 작용한다. 따라서 많은 기업들이 사무실 공간을 최대한 효율적으로 활용할 수 있는 방안을 찾기 위해 끊임없이 노력하고 있다. 액센추어가 적극적으로 활용하고 있는 핫데스크(Hot Desk)라는 개념이 그런 방안 중 하나이다.

이것은 직원들 각자에게 개인용 업무 공간을 주는 것이 아니라, 칸막이를 이용하여 여러 개의 독립된 업무 공간을 만든 후, 누가 어디에 앉든 바로 업무를 처리할 수 있도록 하는 시스템이다. 또 고객사와 관련된 업무 자료는 프로젝트 룸(Project Room)이라 불리는 별도의 공간에 고객사별로 찾아보기 쉽게 정리해 놓아, 직원이라면 누구나 쉽게 열람할 수 있게 하였다. 전화의 경우 아무 자리에 앉아 버튼 몇 개만 누르면 그 전화기는 자신의 고유 전화번호를 가진 전화기가 된다. 직원의 사적 공간이 사라진다는 것은 다소 문젯거리가 될 수도 있지만, 회사 전체로 봤을 때 매우 효율적인 공간 활용이다.

모든 대리점에 제품을 쌓아둘 필요가 있을까?

미국에 대형 할인점들이 늘어나면서 점점 더 많은 소비자들이 가전제품도 전문 대리점이 아닌 할인점에서 사고 있다. 아무래도 많은 제품을 가지고 있는 대형 할인점이 가격도 저렴하고 배송 또한 빠르기 때문이다. 이러한 시장 환경의 변화는 제너럴일렉트릭(General Electric Company, GE)에게 심각한 문제가 아닐 수 없었다. GE측에서 볼 때, 매출 하락도 문제였지만 대리점의 이탈이 더욱 큰 문젯거리였다. 이에 GE는 일정한 지역마다 커다란 물류 센터를 설치하고, 각 전문 대리점이 컴퓨터를 이용해 해당 물류 센터의 재고 상태를 실시간으로 파악할 수 있게 하였다. 여기서 그치지 않고 GE 전문 대리점에 들른 소비자가 GE의 제품 가운데 마음에 드는 것을 고르면, 그 제품은 대리점을 거치지 않고 물류 센터에서 소비자에게 곧바로 배송되도록 하였다. 이런 식으로 GE 전문 대리점은 대형 할인점 못지않은 낮은 가격과 빠른 배송을 제공할 수 있었으며, 이는 매출 상승으로 이어졌다. 시장 환경의 변화에 발 빠르게 대처한 덕분에 GE는 대리점의 이탈을 막을 수 있었다.

Innovation 5

프로세스의 반복 횟수를 줄이라

지속적인 통제가 오히려 더 많은 비용 지출을 유발할 수 있다. 500달러 이상의 비용을 집행할 때는 반드시 경영진의 사전 결재를 받도록 정해놓은 영화 제작 회사가 있었다. 그런데 문제는, 이 회사에서 추진하는 대부분의 업무에 500달러 이상의 비용이 들어간다는 데 있었다. 때문에 담당자들은 사소한 일에도 결재를 받기 위해 경영진을 쫓아다니느라 업무 시간의 상당 부분을 낭비할 수밖에 없었다.

뒤늦게 이러한 규정의 비효율성을 알아차린 경영진은 사전에 결재받아야 하는 비용 집행의 기준을 5,000달러로 높였다. 기준을 높여 놓으면 공금이 낭비될 위험성이 있다고 걱정하는 사람도 있었으나 그런 일은 일어나지 않았다. 다음은 프로세스의 반복횟수를 줄이는 데 도움이 될 만한 질문들이다.

Question Time ---

어떻게 하면 핵심 자원을 효과적으로 사용할 수 있을까?

다른 자원도 마찬가지겠지만 핵심 자원은 더욱 효과적으로 사용해야 한다. 여기서 핵심 자원이란 아래의 사항에 해당되는 것이다.

- 부족하면 특정한 프로세스를 수행할 수 없는 것
- 경쟁자들과 분명한 차별점을 만들어 주거나 시장에서 경쟁우위를 갖도록 해주는 것
- 새로 구하려면 많은 비용—특히 고정비—이 소요되는 것

기업은 자사가 보유하고 있는 자원 가운데 핵심 자원은 무엇인지, 그것을 가장 효과적으로 사용할 수 있는 방안은 무엇인지 등을 파악하고 있어야 한다. 병원의 경우, 가장 핵심적인 자원은 의사일 것이다. 그렇다면 병원 경영진은 의사들이 잘못 작성된 환자의 병력 카드를 수정하거나, 검사실을 정리하거나, 보험금 청구서를 작성하는 일 따위에 시간을 허비하지 않고, 환자들을 돌보는 데 최대한의 시간을 집중할 수 있도록 해야 한다.

입력 정보량을 줄이고 통제 빈도를 낮추는 것이 좀더 효율적이지 않을까?

프로세스를 수행하는 과정에서 정보는 빼놓을 수 없는 중요한 요소임에는 분명하다. 하지만 오늘날의 기업들은 너무 많은 정보를 입

수해서 그것을 분석하고 적용하는 데 적지 않은 시간과 노력·비용 등을 낭비하는 경향이 있다.

복사기 제조 및 판매·대여 등을 주로 하는 한 회사의 예는 우리에게 시사하는 바가 크다. 대형 복사기에는 그동안 복사한 양을 기록하는 미터기가 장착되어 있다. 그래서 복사기 대여업을 하는 사업자는 미터기에 기록된 수치를 파악하여 고객들에게 요금을 부과한다. 이 회사도 미터기에 기록된 수치를 기준으로 요금을 청구하긴 마찬가지였지만 구체적인 방법은 사뭇 달랐다.

그들은 매월 일정한 날이 되면 복사기를 빌려간 고객들에게 엽서를 한 장 보냈다. 엽서를 받은 고객은 미터기에 기록된 수치를 적어 다시 복사기 회사로 보냈다. 그러면 복사기 회사의 담당 직원들은 고객들이 보내온 엽서들을 모아서 컴퓨터에 수치를 입력하고 그에 따라 요금을 부과했다.

하지만 여기에는 몇 가지 문제점이 있었다. 우선 고객들이 회사에서 보내온 엽서를 받아서 수치를 적고 다시 복사기 회사로 보내주는 일을 무척 귀찮아했고, 몇몇 고객들은 아예 엽서를 되돌려 보내지도 않았다. 또 엽서를 보냈다 하더라도 적힌 글씨를 알아보기 힘들어서 고객에게 다시 전화를 걸어 일일이 확인해야 하는 경우도 많았다.

이 복사기 회사의 사례를 들려주고 어떻게 문제를 해결할 수 있는지에 대해 질문하면 대부분의 사람들은 이렇게 대답한다. "미터기를 인터넷으로 연결하여 본사에서 직접 요금을 부과하면 좀더 낫지 않을까요?" 어떤 문제든 첨단기술에서 해결책을 찾으려고 하는 경영 풍토를 엿볼 수 있게 하는 대목이다. 또 다른 방안은 없는지 물으면 사람들은 다음과 같은 대답을 한다. "복사기 스스로 매달 일정한 날에 사용료를 인쇄하도록 하면 될 것 같습니다." "왜 미터기만을 고집하죠? 토너나 다른 소모품을 기준으로 요금을 부과하면 안 되나요?"
이것은 첨단기술을 벗어난, 좀더 혁신적인 방법이라 할 수 있다.

위에 나온 방안은 모두 훌륭한 것들이다. 그런데 그 복사기 회사
는 이보다 훨씬 간단한 방법을 사용하여 문제를 해결했다.

우선 대여해 준 복사기 한 대당 평균 복사량을 계산하여 그만큼에
해당하는 사용료만 매달 일정한 날에 청구했다. 실사용량과의 차액
은 정기적으로 실시되는 기계 정비 때 정비사들이 미터기에 기록된
복사량을 직접 확인한 후 되돌려 주거나 더 받으면 해결되었다. 아
무런 추가적인 장치도, 첨단기술도 필요하지 않은 단순한 방법이었
지만, 고객들은 이 방법에 매우 만족해했다.

입력 정보량을 늘리고 통제 빈도를 높이는 것이 좀더 효율적이지
않을까?

정보가 너무 많아서 문제가 되는 경우도 있지만, 그 반대의 경우
도 있다. 산소 · 수소 · 질소 등 산업용 가스를 취급하는 회사의 경우
가 바로 그렇다. 고객들이 탱크에 부착된 압력계의 수치가 떨어졌다
면서 가스 회사에 주문 전화를 하면, 본사 로비에 걸려 있는 "고객이
부르시면 언제든지 달려가겠습니다." 하는 표어를 실제로 증명하기
라도 하듯 즉시 가스 운반 차량을 고객들에게 보내 빈 가스 탱크를
채워 주는 가스 판매 회사가 있었다.

그들은 가능한 한 신속하고 정확하게 고객들의 주문을 만족시켜
주려고 노력했지만, 여기에는 몇 가지 문제가 있었다. 고객사들이
가스탱크의 압력이 일정 수준 이하로 떨어지기 시작할 때 미리 주문
전화를 하면 좋은데, 대체로 가스가 거의 바닥날 지경에 이른 후에
야 당장 가스를 갖다 달라고 급하게 주문을 하는 경우가 대부분이었

다. 이런 급한 주문이 한꺼번에 몰려 곤경에 처했던 적이 한두 번이 아니었다. 그래서 이 가스 판매 회사는 고객사의 가스탱크에 원격 측정이 가능한 미터기를 설치해 주고 가스 충전 시기를 본사에서 통제하기로 결정했다.

물론 어떤 사람들은 복사기 회사의 사례에서는 미터기를 설치하는 것이 효율적이지 않다고 하고선, 가스 판매 회사의 사례에서는 그것이 좋은 대안인 것처럼 말하는 것은 모순이 아니냐고 반문할지도 모른다. 하지만 복사기 회사의 경우, 사용된 복사량을 정확히 아는 것은 그리 중요한 일이 아니었지만, 가스 판매 회사의 경우, 가스 충전 시기를 미리 아는 것은 매우 중요한 일이었다. 급하게 가스 충전이 필요한 고객의 요구를 만족시키지 못했다가는 고객을 영원히 잃을 수도 있기 때문이다.

어쨌든 원격 측정이 가능한 미터기를 설치한 가스 판매 회사의 고객사들은 재고 부족의 걱정을 덜게 되었고, 회사 역시 가스 생산량을 매우 효율적으로 조절할 수 있게 되었다. 이제 이 가스 판매 회사의 표어는 다음과 같이 바뀌었다. "마음 놓으십시오. 저희가 갖다 드리겠습니다."

Innovation 6
각 프로세스를 적절한 주체에게 다시 맡기라

전통적 경영 방식에서는 기업 내의 일은 가능한 한, 아니 거의 전부를 기업에 소속된 직원들이 감당하도록 하였다. 하지만 경영 환경이 급변하는 오늘날, 기업들은 다음과 같은 질문을 던지지 않으면 안 되게 되었다. "현재 이 일을 누가 하고 있는가? 다른 업무 주체에게 맡기면 더 좋은 결과를 이끌어낼 수 있지 않을까?" 이제 기업들은 기업 자체의 인력으로 수행해 오던 많은 업무들을, 전략적 제휴, 아웃소싱, 기업 인수, 임시직 고용 등을 통해 좀더 효율적으로 임무를 완수할 수 있는 주체에게 위임하고 있다.

프로세스를 담당할 주체에 대한 혁신은 다른 어떤 내용의 혁신보다 파급효과가 강하다. 효율성과 상관없이 무조건 해당 기업 혼자서만 해결하던 관행에서 벗어나 그 업무를 가장 효율적으로 수행할 수 있는 주체에게 맡기는 방법을 통해, 기업들 간의 장벽이 사라지고, 좀더 많은 성과를 거두고 있다. 또한 소비자들에게 제공되는 가치의 크기는 더욱 커지고, 기업은 핵심적인 사안에 역량을 집중할 수 있게 되었다. 결국 모두에게 이익이 되는 것이다.

날로 까다로워지는 사업 환경에서 기업들은 서로 경쟁하는 것보다 협력하는 편이 훨씬 더 좋은 결과를 이끌어낸다는 사실을 인식하기 시작했다. 초기 자본금이 많이 필요하고 실패할 위험이 높은 사업일수록 이런 경향은 더욱 두드러진다.

다음은 프로세스 담당 주체에 대한 혁신을 추진하는 데 도움이 될 만한 질문들이다.

Question Time --

그 업무를 반드시 직접 처리해야 할까?

유나이티드 에어라인(United Airlines)은 항공료를 저렴하게 책정해서 비행기를 자주 이용하는 사람들을 좀더 많이 자사의 고객으로 확보하겠다는 계획 아래 유나이티드 셔틀(United Shuttle)이라는 별도의 회사를 설립했다. 저렴한 항공료에 맞는 프로세스와 기업문화를 갖추고 있는 유나이티드 셔틀은 유나이티드 에어라인으로서는 해결하기 어려운 일들을 해결할 수 있는 구조를 갖추고 있다. 고비용을 유발하는 복잡한 서비스를 배제하고 꼭 필요한 서비스만을 제공하는 등 기업문화부터 업무 처리 방식에 이르기까지 새로운 시스템에 적합하도록 만들어진 회사인 것이다.

아웃소싱이 더 유리하지 않을까?

예전에는 몇몇 분야에서만 두각을 나타내면 다른 분야에서는 적당히 해도 시장에서 충분히 살아남을 수 있었다. 하지만 오늘날의 극심한 경쟁 상황은 기업에게 일부 역량을 특화할 것을 요구하고 있다. 흔히 차별화라고 하는 이런 종류의 혁신은 매우 중요하기 때문에 7장을 통해 좀더 자세하게 다룰 것이다.

기업들은 스스로에게 이렇게 질문해야 한다. "우리 회사를 차별화할 수 있는 것이 무엇일까?" 혹은 "다른 경쟁사들은 주로 무엇을 추구하는가?" 이에 대한 답을 찾아 그 중 자신들을 차별화할 수 있는 핵심 역량을 발견했다면 나머지 것들은 아웃소싱할 것을 고려해 보는 게 좋다. 그래야 핵심 역량을 발전시키는 데 집중할 수 있다.

전산실 관련 업무나 물품의 배송을 아웃소싱하는 것은 이제 흔한 일이 되었다. 인터넷의 발달도 기업들이 아웃소싱을 좀더 쉽게 받아들이도록 해주었다. 일부 혁신적인 기업들은 인사, 디자인, 심지어는 회사의 경영까지 외부 사람들에게 맡기고 있을 정도이다. 유니버설 레븐(Universal Leven)이라는 회사의 경우, 소수 인력이 핵심 기능을 담당하고 나머지 모든 기능은 아웃소싱을 통해 해결하고 있다.

아웃소싱을 하는 구체적인 전략에 대해서는 7장에서 다루도록 하겠다.

고객들을 직접 기업 활동에 참여시키는 방법은 없을까?

아웃소싱의 한 가지 형태로 고객들을 특정한 기업 활동에 직접 참여시키는 것이 있다. 오래 전부터 흔하게 볼 수 있는, 패스트푸드점에서의 셀프 서비스도 그 중 하나이다.

기술이 진보함에 따라 기업 고유의 업무를 고객들이 직접 수행하는 경우는 점점 많아지고 있다. 몇 년 전부터 은행들은 현금 자동 입출금기를 대량으로 설치해 간단한 은행 업무는 고객들이 직접 해결하도록 했는가 하면, 이제는 아예 은행 업무의 대부분을 고객들의 안방으로 옮겨 놓았다. 인터넷 뱅킹 시스템을 통해 할 수 있는 업무의 범위는 첨단기술이 일궈낸 쾌거라고 평가할 만하다.

몇 가지 불편한 점도 있지만 대부분의 소비자들은 첨단기술을 이용해 뭔가를 스스로 해결하는 것을 무척 편리하다고 생각한다. 이러한 심리를 이용해 화물 특송 회사들은 의뢰인들이 직접 자신의 화물이 어디에 있는지 위치를 추적하도록 하고 있고, 금융 회사들은 대출을 원하는 사람들 스스로가 이자를 정하도록 하고 있다. 운전자가 직접 주유를 하도록 만들어 놓은 주유소도 있다. 화물 배송 회사인 페덱스(FedEx)의 경우, 화물 위치 추적 시스템을 도입한 이후 고객 상담센터의 업무량이 60퍼센트 가량 줄었다고 한다.

다른 기업과 협력하면 규모의 경제로 인한 이점이 있지 않을까?

서로 경쟁 관계에 있지 않은 기업들이 협력을 꾀한다면 시장 경쟁력을 확보하는 것이 좀더 쉬워질 수 있다. 예를 들어, 서로 자원을 공유하여 상품 제작과 배송을 함께 한다면 비용의 지출을 상당히 줄일 수 있다. 또 이를 통해 상품 단가를 낮출 수 있다면 시장에서 큰 강점을 갖게 된다. 경쟁 관계에 있다 하더라도 서로에 대한 신뢰만

있다면 협력을 통해 서로 이득을 얻는 것도 완전히 불가능한 일은
아니다.

Innovation 7

프로세스에 사용되는 도구를 바꾸라

사실 오늘날의 상황에서 첨단기술의 도움을 받지 않고 혁신을 이
루기란 쉽지 않다. 첨단기술은 기존의 프로세스를 전혀 새롭고 획기
적인 것으로 바꾸어 버리는 힘을 가지고 있기 때문이다. 하지만 첨
단기술을 도입하고 직원들에게 그 기술의 사용법을 교육하는 데 들
어가는 비용이, 그 기술을 도입함으로써 발생하는 추가 이득보다 크
다면 첨단기술을 군이 도입할 필요는 없다. 하지만 이처럼 너무나
당연해 보이는 원리와는 반대로 행동하는 기업들이 적지 않다.

다음은 프로세스와 관련된 도구의 혁신을 추구하기에 앞서 자문
해 봐야 할 질문들이다.

Question Time

현재의 자산이나 역량을 다른 방식으로 사용할 순 없을까?

원래 천연가스 공급 사업을 하던 윌리엄스 컴퍼니(Williams Com-
panies)는 시장에서 자신들을 보호해 주던 각종 규제가 철폐되자, 이
전에 경험해 본 적 없는 극심한 경쟁 상황과 맞닥뜨리게 되었다. 당
연히 수익성은 현저하게 나빠졌다. 새로운 수익원을 찾던 그들은 정
보통신 분야에서 그 가능성을 발견했다. 기존에 설치되어 있던 가스
수송용 파이프라인에 광섬유 통신선을 함께 설치하여 필요로 하는
기업에게 대여하는 방법이었다. 이는 큰 비용의 지출 없이도 기대

이상의 수익을 올려 주었다. 여기서 한 걸음 더 나아가, 윌리엄스 컴퍼니는 아예 정보통신 자회사인 윌텔(WilTel)을 새로 설립했는데, 윌텔은 한때 미국에서 네 번째로 큰 장거리 통신 회사로서의 위상을 자랑하기도 했으며, 1998년에 윌리엄스 커뮤니케이션(Williams Communications)으로 이름을 바꿨다.

프로세스 수행 직원의 능력이 너무 높거나 너무 낮지 않은가?

프로세스를 수행하는 직원들이 다양한 능력을 겸비하고 있다면 회사로서는 급변하는 상황에 맞춰 효율적으로 인력 배치의 변화를 꾀할 수 있다. 미국의 한 병원은 환자들에게 전화로 건강에 대한 상담을 해주는 서비스를 시행하고 있었는데, 일부 경험이 적은 의사들이 환자들의 질문에 적절한 답을 해주지 못하는 일이 일어났다. 이에 병원 경영진은 경험 많은 간호사들에게 대신 전화 상담 업무를 하도록 했다. 경영진들의 신속한 대처로 고객들의 만족도는 더욱 높아질 수 있었다.

때로는 숙련도가 낮은 직원을 고용하는 것이 비용 효율을 높이기도 한다. 오늘날 많은 기업들이 전문화된 지식이 필요없는 소비자 상담 업무를 외부의 고객상담센터에 의뢰하고 있는 것도 비용 대비 효과를 높이기 위한 방법 중 하나이다.

이것은 고객상담센터에서 근무하는 직원들이 컴퓨터 단말기를 통해 자신들이 어떤 대답을 해야 할지 미리 지침을 받기 때문에 실현 가능해진 일이다.

인벤시스의 사례

영국 런던에 본사가 있는 인벤시스는 전세계적으로 9만여 명의 임직원이 소속되어 있으며, 소프트웨어 서비스, 제어장치, 전력 시스템, 공장 자동화 등 네 개의 사업 부문을 보유하고 있는, 연매출이 100억 달러에 달하는 국제적인 규모의 회사이다. 네 개의 사업 부문에는 모두 30개 가량의 제품 및 서비스 그룹이 소속되어 있는데, 각 그룹 단위에서 발생한 이익이나 손실에 대해서는 각기 책임을 진다. 그만큼 각 그룹에게는 거의 완전한 독립성이 부여된다.

본사로부터 통제를 받지 않는 여러 사업 단위를 거느린 회사들의 공통된 특징은, 각 사업 단위들 간의 통합과 조정이 무척 어렵다는 것이다. 인벤시스 역시 예외는 아니었기 때문에 회사가 가진 잠재력을 충분히 발휘하지 못한 면도 많았다. 인벤시스의 원료 및 반제품의 구매는 개별 사업 단위로 이루어졌는데, 이 과정에서 쓸데없는 비용 지출을 차단하지 못했다. 따라서 인벤시스의 혁신은 원료 및 반제품 구매 업무부터 손을 댈 필요가 있었다.

인벤시스는 원료 및 반제품의 구매를 통합해서 시행하기로 하고, 그와 관련해 향후 3년 안에 5억 달러의 지출을 줄이기로 목표를 세웠다. 그리고 이 목표를 위해 44개의 상품 구매팀이 조직되었다. 구매팀을 별도로 조직했다고 해서 구매를 본사에서 통제하겠다는 의미는 아니었다. 새로 조직된 44개의 구매팀에게 주어진 임무는 각 사업 단위들 간의 구매를 통합·조절하는 것이었으며, 각 사업 단위들은 전처럼 자율적으로 구매 활동을 하되 사전에 구매팀과 협의를 거치기만 하면 됐다.

물론 구매팀과의 협의를 거치는 동안에도 각 사업 단위들 간의 알력은 존재했다. 하지만 이러한 알력 역시 생각하기에 따라 혁신의

한 과정이라고 받아들일 수 있다. 겉으로 드러난 알력은 한 기업이
가진 문제점이 무엇인가를 그대로 드러내 주는 지표이며, 인벤시스
는 이렇게 드러난 문제점을 현명하게 해결하였다. 그리고 이 과정에
서 인벤시스는 회사 내 사업 단위들 간의 관계가 얼마나 중요한지를
깨달았다. 혁신을 이루는 데 중요한 것은 '박스'가 아니라 '선'이라
는 사실을 터득한 것이다.

혁신은 기업의 운명이다

기업문화나 업무방식은 오랜 시일을 거치며 정립된 것이다. 그리
고 오랜 시일이 걸려 이루어진 것은 좀처럼 바뀌지 않는다. 간혹 이
렇게 묻는 사람이 존재하기도 한다. "지금까지 잘해 왔는데 왜 바꾸
려고 하지?" 이에 대한 대답은 간단하다. 세상이 변하고 있기 때문
이다.

현재 자신이 속한 조직의 모순과 비효율성을 찾아내는 것은 결코
쉬운 일이 아니다. 이를 가능하게 하려면 이제까지와는 다른, 전혀
새로운 시각이 필요하다. 앞에서 소개한 일곱 가지 혁신의 과제들이
혁신에 필요한 새로운 시각을 갖는 데 큰 도움이 되길 기대해 본다.

Innovation

3. 기업문화의 혁신

철부지 어린아이들을 제외하고
변화를 좋아하는 사람은 아무도 없다.
—레이 블리처(Ray Blitzer)

"지금 여러분이 소속된 회사에서 무엇이 가장 중요하다고 생각하십니까? 제품이나 서비스인가요, 사람인가요, 아니면 프로세스인가요?" 이렇게 질문하면 사람들은 다양한 의견을 제시한다. 그 중 제품이나 서비스라고 대답하는 사람이 가장 적은 수를 차지하는데, 그들은 제품이나 서비스가 없다면 사업이 오래 지속할 수 없다면서, 이 두 가지 요소의 중요성을 강조한다. 사람들이 두 번째로 많이 지목하는 것은 프로세스이다. 시장 상황이 급변하는 오늘날, 아무리 좋은 제품을 만들어서 시장에 내놓아도 제품 수명 주기가 너무 짧기 때문에 새로운 제품을 계속해서 만들어내야만 한다. 이때 다른 어떤 경쟁사보다도 빨리 만들어내기 위해서는 프로세스가 무엇보다 중요하다는 것이 그들의 주장이다. 직원(사람)들은 회사를 그만두어도 프로세스는 회사에 남는다고 말하는 사람도 있다. 하지만 가장 많은 사람들은 아무리 시대가 변하고 시장이 변해도, '사람'

이 가장 중요하다고 대답한다. 프로세스를 수행하는 것도 개선하는 것도 사람이고, 무엇보다도 사람이 없으면 혁신도 없다는 게 그들의 대답이다. 이 모든 대답은 전부 옳다. 왜냐하면 이 질문은 "우리 신체 가운데 무엇이 가장 중요하다고 생각하십니까? 두뇌인가요, 심장인가요, 아니면 폐인가요?" 하는 질문과 다를 바가 없기 때문이다. 이들 모두 인간의 생존에 결정적인 역할을 하고 있는 매우 중요한 기관들로, 우선순위를 매길 수 없다.

기업에 있어 위에서 열거한 세 가지 요소들 외에 중요한 것이 하나 더 있다. 기업문화가 그것이다. 모든 문화가 그렇듯 기업문화 역시 일단 형성되고 난 후에는 좀처럼 바뀌지 않는다. 혁신의 추구가 결국 실패하는 것은 대개 기업문화를 바꾸지 못했기 때문이다.

나는 가끔 사람들에게 다음과 같은 질문을 한다. "여기 계신 분들 가운데 현재 다이어트를 하고 있거나 다이어트에 성공한 분이 있나요?" 그러면 많은 사람들이 손을 든다. 나는 다시 손을 든 사람들에게 질문을 한다. "손을 드신 분들 가운데 살 빼는 방법을 모르시는 분은 손을 내려 주십시오. 운동을 한다거나 지방이 많은 음식을 피한다거나 하는 것들 말입니다." 그러면 거의 모든 사람들이 손을 그대로 들고 있다. 나는 다시 질문을 한다. "좋습니다. 그렇다면 손을 들고 계신 분들 가운데, 목표로 하는 만큼 다이어트에 성공한 분이 있다면 그대로 손을 들고 계시고 그렇지 않다면 손을 내려 주십시오." 그러면 강연장 여기저기에서 웃음이 터져나온다. 대부분의 사람들이 손을 내리기 때문이다.

우리가 원하는 만큼 살을 빼지 못하는 것은, 지식이나 도구나 프로세스가 없기 때문이 아니다. 행동이 따르지 않고 습관이 되어 있지 않기 때문이다. 이렇듯 습관이라는 것은 어떤 일을 성취하는 데에 결정적인 역할을 한다. 기업의 경우도 예외는 아니다. 고대 철학자 아리스토텔레스는 이런 말을 했다.

> 우리가 반복적으로 하는 행동이 우리를 결정한다. 최고라는 것은 하나의 행동만으로 이루어지는 것이 아니다. 꾸준한 습관을 통해 이루어지는 것이다.

많은 기업들이 혁신을 이룰 수 있는 직원들의 능력을 과소평가하고 있다. 하지만 사람에게 무한한 창의력이 있다는 것은 이미 많은 연구에서 드러나 있다―물론 잠재적으로 가지고 있을 뿐 제대로 활용하지는 못하고 있다.

얼마 전 에커드(Eckerd) 대학에서 발표한, 조직 구성원들에게 잠재되어 있는 창의력 활용 방안에 대한 연구 결과를 살펴보자. 에커드 대학에서는 회사 경영진을 대상으로 '리더십 코스'라는 연수를 실시하고 있는데, 연수 참가자들을 대상으로 몇 가지 실험을 했다.

실험 방법은 다음과 같았다. 우선 연수 참가자들을 여덟 명으로 구성된 팀으로 나눈 다음, 각 팀을 두 명으로 이루어진 네 개의 부서로 나눈다. 그리고 어떤 문제를 해결하도록 하는데, 이때 네 개의 부서에는 저마다 다른 임무를 맡긴다. 한 부서에는 기획 임무를 맡겨 문제를 해결하기 위한 계획을 수립하도록 하고, 또 다른 부서에는 실행 임무를 맡겨 기획을 담당한 부서에서 작성한 계획을 실행하도록 하는 식이다.

한 가지 유의할 점은, 팀을 나누기 전에 전체 실험 참가자들을 대상으로 자신이 '혁신적'인 성향을 지녔는지, 아니면 '수용적'인 성향을 지녔는지 평가를 받도록 한다는 것이다. 이 평가에는 사람들이 문제를 어떤 식으로 인식하고 해결하는지, 그리고 다른 사람들과 어떤 식으로 의사소통을 하는지 등에 대해 평가하는 기법이 사용되었다. 개인이 가진 혁신성 평가에서 규정이나 과거의 관행을 따르지 않고 일반적인 사람들과 다른 식의 문제 해결 방법을 찾으려는 사람들은 상대적으로 높은 수치가 나왔다. 반면에 규정을 준수하고 문제를 최대한 깔끔하게 해결하려는 사람들은 '수용적이다' 라는 평가와 함께 혁신성에 대해 낮은 수치가 나왔다.

본격적인 실험에 들어가서 실험 참가자들을 세 개의 팀으로 나누자 매우 흥미로운 결과가 나타났다. 첫 번째 팀은 비교적 혁신적인 사람들이 기획 부서를, 수용적인 사람들이 실행 부서를 이루었고, 두 번째 팀은 혁신적인 사람 한 명과 수용적인 사람 한 명이 각각 섞여 기획 부서와 실행 부서를 이루었다. 마지막으로 세 번째 팀은 수용적인 사람들이 기획 부서를 이루고 혁신적인 사람들이 실행 부서를 이루었다.

팀을 나눈 뒤 해결할 문제를 제시하자, 참가자들은 자신들에게 주어진 역할대로 문제를 해결하기 위해 최선을 다했다. 그렇다면 이 세 팀 가운데 어떤 팀이 문제를 해결하는 데 가장 효과적으로 대응했을까?

사람들에게 위와 같은 질문을 하면, '놀랍게도' 첫 번째 팀이라고 대답하는 사람은 거의 없다. 사람들의 이러한 반응은 매우 흥미로운데, 그것은 혁신을 추구하는 대부분의 회사들이 첫 번째 팀과 같은 식으로 조직을 구성하기 때문이다. 어떤 회사든 혁신을 추구하기로 결정한 다음에는 회사에서 가장 창의적이고 혁신적이라는 평가를 듣는 사람들을 좁은 회의실에 가두고 머리를 짜내도록 한다. 그리고 그렇게 나온 계획을 수십 년 동안 회사의 규정을 충실하게 지켜온 사람들에게 실행하도록 한다!

대부분의 사람들은 두 번째 팀이 문제를 가장 효과적으로 해결했을 것이라고 예상했다. 물론 두 번째 팀과 같은 조합이 안정적인 느낌을 준다는 것은 사실이지만, 예상 밖으로 가장 효과적으로 문제를 해결했던 팀은 세 번째 팀이었다. 규정을 준수하는 수용적인 사람들은 완벽에 가까운 적절한 해법을 빠르게 만들어냈으며, 혁신적인 사람들은 그렇게 나온 해법을 적용하는 과정에서 일어나게 마련인 예기치 못한 상황에 능동적으로 대처해 나갔다. 누구에게 묻지 않아도 수시로 변하는 상황 앞에서 이런저런 변형된 방법을 적용하며 상황에 맞는 해결책을 찾았던 것이다.

혁신이란 완벽하게 짜여진 혁신적인 계획에 의해 실행될 수 있는 것이 아니다. 아무리 잘 짜여진 계획이라고 해도 그 자체로 혁신이 될 수는 없다. 혁신이란 변화하는 상황에 맞는 새로운 길을 찾아내는 것을 의미하기 때문이다. 사람에게는 차이가 있긴 하지만 누구나 혁신적인 성향이 잠재되어 있다는 사실도 중요하다.

경영진이 먼저 변해야 한다

새로운 문화를 형성하는 것은 간단한 일이 아니다. 사람의 뇌세포에 한번 각인된 문화는 좀처럼 바뀌지 않기 때문이다. 새로운 기업문화를 형성하는 일 역시 매우 어렵다. 게다가 직원 입장에서 보면 오랜 시간이 걸려 습득한 노하우를 버리고 새로운 것, 불확실한 것을 다시 배우라고 하니 반발이 생기는 것도 당연한 노릇이다. 불만에 찬 직원들은 이렇게 질문할지도 모른다. "도대체 제대로 된 업무방식은 언제 나오는 겁니까? 마음 편히 일을 할 수가 없어요." 하지만 오늘날의 경제 상황에서 이러한 물음에 대한 답은 "영원히 그렇게 될 수는 없습니다." 외에는 있을 수 없다.

한 기업의 문화를 바꾸는 데는 오랜 시간과 노력이 필요하다. 여기에 반드시 필요한 전제조건이 경영진의 솔선수범이다.

기업문화를 바꾸는 데에는 다양한 범위가 고려의 대상이 된다. 간단하게는 복장이나 사무실 내부 장식, 복잡하게는 업무를 위한 도구나 일하는 시간 등도 고려 대상에 속한다. 여기서 간단한 것이란 어디까지나 상대적인 의미이며, 개별적으로 접근하면 출근 복장을 바꾸는 것 하나도 매우 어려운 일임에 분명하다.

보수적인 기업문화를 가지고 있던 영국의 한 정보통신 회사가 비교적 개방적인 기업문화를 가진 미국 회사에 인수되었다. 새로 부임한 미국인 최고경영자는 임직원들에게 내일부터는 편안한 복장으로 출근하라고 말했다. 그의 지시는 곧 실천되었지만, 화려하게 차려입은 젊은 직원들에게 나이 많은 간부들이 적응하기까지는 꽤 오랜 시간이 필요했다.

기업 곳곳에 스며들어 있는 문화를 한눈에 알아볼 수 있게 해주는 측정장치는 없다. 하지만 그 기업이 무엇을 중시하는지는 몇 가지 예만 살펴보아도 쉽게 알 수 있다. 중역들을 위한 주차 공간을 따로 마련해 놓는 것, 혹은 기존의 직급에 대한 호칭을 바꾸는 것 모두 기업문화를 상징적으로 나타내는 예들이다. 『포춘』지에서 선정한, 미국에서 가장 혁신적인 기업 3위에 올랐던 미라지 리조트(Mirage Resort)는, 직원들의 근무 환경을 안락하게 해주는 것을 가장 중요하게 생각한다. 이 회사는 직원 휴게실을 가꾸는 데에 관한 한 비용을 아끼지 않는다. 미라지 리조트의 직원 휴게실은 이 회사가 무엇을 중요하게 생각하는지를 보여 주는 가장 대표적인 예 중 하나이다.

강한 리더십이 필요하다

한 기업의 문화를 바꾸는 데 가장 중요한 것은 최고경영진의 의지이다. 최고경영자를 포함한 최고경영진이 강한 리더십을 발휘한다면 기업문화를 바꾸는 것은 훨씬 수월해진다. 그러나 강한 리더십과 직원들을 몰아붙이는 우격다짐은 전혀 다르다는 점을 잊어서는 안 된다. 강한 리더십을 발휘하기 위해서는 다음과 같은 전제조건이 필요하다.

• 조직 내에 위기의식을 불어넣어야 한다. 실제로는 위기 상황이 아니더라도 현재 상태에 안주하지 않고 계속 앞으로 나아가기 위해서는 어느 정도의 위기의식이 필요하다. 경쟁 업체에 시장 점유율을 크게 빼앗길 것 같다든지, 올해 이익이 큰 폭으로 줄 것 같다든지 하는 말로 현재에 안주하고자 하는 조직 구성원들을 안전지대에서 끌어내야 하는 것이다. 하지만 미래에 대한 비전을 제시하지 않은 채 위기의식만 불러일으키려고 한다면 오히려 역효과를 낳기 쉽다. 위기의식과 함께 미래에 대한 긍정적인 자신감을 불어넣을 수 있어야 하는 것이다. 제2차 세계대전 당시 크게 활약한 몽고메리(Bernard Montgomery) 장군은 이런 말을 했다.

> 리더란 내일에 대한 희망을 조직 전체에 퍼뜨릴 수 있어야 하며, 고난 앞에서도 흔들림 없어야 한다. 리더는 정작 자신에게는 미래에 대한 확신이 없더라도, 다른 사람들에게는 자신감 있는 말과 표정을 지어 보여야 한다.

• 적재적소에 자원을 배치해야 한다. 그래야 조직 구성원들의 참

여와 지원을 제대로 이끌어낼 수 있기 때문이다. 변화에는 고통이 따르게 마련이다. 이러한 변화를 성공적으로 수행하기 위해서는 조직 구성원들이 기꺼이 고통을 감수해 주어야만 하는 것이다. 따라서 조직 구성원들의 참여와 지원이 필수적이다.

• 미래에 대한 비전을 조직 전체에 전파해야 한다. 여기서 비전이란 현재 추진하고 있는 변화를 통해 만들게 될 미래에 대한 그림을 의미한다. 조직 전체를 포괄하는 전체적인 그림이 없다면 사람들은 저마다 다른 미래를 상상하게 될 것이다. 저마다 다른 미래를 상상한다면 통합된 힘이 나올 수 없다.

• 혁신만이 살길임을 확신하고 솔선수범해야 한다. 그저 자리에 앉아 권위를 지키려고만 해서는 안 된다. 변화와 혁신을 이루어야 할 급박한 필요성이 없다면서 리더가 자리를 지키고 앉아 있기만 한다면 아무것도 이루어지지 않는다. 그나마 조직이 얼마나 위급한 상황에 처해 있는지를 깨닫고 허겁지겁 혁신을 추진하는 경우만 해도 운이 매우 좋다고 할 수 있다. 대부분의 경우 손도 써볼 수 없는 상황에 이르러서야 위기에 처했다는 것을 알게 되기 때문이다. 변화와 혁신은 미리부터 추진해야 한다. 뭔가 잘못 돌아가고 있다는 것을 깨달았을 때는 이미 늦어 버린 뒤일 경우가 많다.

• 저항 세력을 극복해야 한다. 변화에는 필연적으로 저항 세력이 나타나게 마련이다. 이때 리더는 변화에 반대하고 그 결과에 대해 의심하는 사람들에게 비전을 제시하고 자신감을 심어 주어야 한다. 자유로운 의견을 수용하는 것은 좋지만, 자유로운 의견이 혁신의 장애물이 되어서는 곤란하다.

• 파벌을 무너뜨릴 힘을 비축해야 한다. 조직 내에 파벌이 형성되면 자원의 적절한 분배가 이루어지지 않고, 이는 곧바로 조직의 비효

율성으로 이어진다. 리더는 조직의 구성원들에게 존경과 두려움을 함께 받아야 한다. 그리고 이로부터 발생하는 힘을 이용하여 파벌 간에 형성된 벽을 헐어 조직 내 자원의 이동이 원활히 이루어지도록 해야 한다.

기업문화를 바꾸기 위해 강한 리더십을 발휘하기란 그리 쉬운 일이 아니다. 왜냐하면 기업문화가 바뀐다는 것은 기득권의 상실을 의미하므로, 리더 스스로가 그러한 변화를 본능적으로 기피하는 경향이 있기 때문이다. 사실 상명하복의 일직선적인 조직 체계에 익숙한 사람은 다른 사람들과 어울려 일을 해야 하는 팀 제도에 적응하지 못하는 경우가 자주 발생한다. 다른 사람을 설득하고 성취동기를 부여하는 일에 대한 훈련이 전혀 되어 있지 않기 때문이다. 시스템과 조직 구조를 혁신하는 임무를 맡고 있던 한 사람은 자신의 일에 대해 50톤짜리 마시멜로(marshmallow)를 헤치고 나아가는 것 같다고 표현할 정도로, 기업문화를 바꾸는 일은 '밑 빠진 독에 물 붓는 것' 만큼이나 어렵다. 하지만 성공적으로 해내지 못한다면 기업의 생존 역시 불투명해진다.

혁신을 위한 프로세스

창의성을 발휘해 기업 혁신을 성공적으로 이루어내기 위해서는 이제까지 당연하다고 생각해 오던 조직 구성이나 프로세스 등을 전혀 새로운 시각에서 바라봐야 한다. 그래야 그동안 보지 못했던 다양한 관계성을 발견할 수 있다.

창의력을 발휘해 각기 떨어져 있던 점들 사이에 선을 연결하는 작업은 기업의 혁신 과정에서 반드시 필요하다. 이와 관련해서 애플 컴퓨터의 최고경영자인 스티브 잡스(Steve Jobs)는 "창의력이란 마음속에 있는 점들을 연결함으로써 나오는 것이다." 하고 말했다.

점들을 선으로 이어주는 작업이 갖는 의미는 무엇일까? 서점에서 원하는 책을 찾는 방식을 떠올리면 쉽게 이해할 수 있다. 우리가 서점에 가서 원하는 책의 제목을 점원에게 이야기하면 그 점원은 우리를 책이 꽂혀 있는 책꽂이로 안내한다. 이렇게 책을 찾으면, 원하는 책은 쉽게 손에 넣을 수 있겠지만, 다른 책을 살펴볼 가능성은 매우 적어진다. 그런데 인터넷 서점인 아마존 닷컴에 접속하여 책을 고르면 "귀하가 선택하신 책을 사신 분들은 다음과 같은 책들도 사셨습니다."라는 메시지와 함께 여러 권의 책이 함께 소개된다. 우리가 고른 책과 다른 책들 사이에 선을 이어주는 것이다. 그리고 이런 방식을 통해 아마존이 상품을 팔 수 있는 기회는 더욱 늘어난다.

프로세스 자체가 아니라 프로세스들 간의 연관성을 볼 줄 아는 것은 혁신적인 조직의 특성이다. 이를 위해서는 생각의 전환이 필요하다. 전에 "이게 뭐지?"라고 생각했다면 이제부터는 "이게 뭐하고 상관이 있을까?"라고 생각해야 한다. 그래야 나무에만 얽매이지 않고 숲도 볼 수 있다.

어떤 상황과 다른 상황의 연관성을 찾는 데 도움을 주는, 생각의 발산과 수렴이라는 개념이 있다. 다시 말해, 혁신적인 최종의 아이디어를 이끌어내기 위해서는, 누군가가 낸 아이디어에 대한 실효성을 평가하기 전에 가급적 많은 아이디어가 자유롭게 이야기될 수 있도록 해야 한다. 그를 위한 대표적인 방법이 브레인스토밍이다.

물론 창의적인 아이디어가 자유로운 분위기에서 많이 나올수록 좋다는 데에 이의를 제기할 사람은 없다. 하지만 대부분의 조직에서 몇 개의 아이디어가 나오면 그 실효성에 대해 긍정적인, 혹은 부정적인 평가를 성급하게 내려 버리고는 더 이상의 아이디어가 나오지 못하도록 하는 것도 사실이다. 이것은 기업 혁신을 불가능하게 만드는 지름길이다.

일단은 조직 구성원 전체로부터 다양한 아이디어가 나오도록 해야 혁신적인 아이디어를 찾을 가능성이 커진다. 각각의 아이디어에 대한 평가는 그 다음의 일이다. 그리고 당장은 실효성이 없어 보이는 아이디어라도 나중에 정말 쓸모있는 아이디어로 재평가를 받을지 누가 알겠는가!

기업 혁신의 4단계

조직 전체의 혁신은 다음과 같은 4단계를 거치며 이루어진다.

1단계: 방향 설정 첫 번째 단계의 목적은 자료를 수집하고 그것을 어떻게 사용할지 계획을 수립하는 것이다. 지금까지 당연하다고 생각해 오던 것들을 다른 시각에서 바라보고, 미처 파악하지 못했던 관계성을 찾아냄으로써 진정한 혁신으로 가는 토대를 닦아야 한다.

2단계: 현실화 1단계에서 나온 대안들 가운데 실현 가능성이 높은 것들을 선택하는 단계이다. 예를 들면 고객 관계 관리(Customer Relationship Management, CRM)를 위한 구체적인 방안을 만들어내는 것이 이 단계에서 해야 할 임무이다.

3단계: 평가 2단계에서 고른 현실적인 대안들 가운데 가장 효과적일 것으로 예상되는 대안을 선택하는 단계이다. 앞의 두 단계는 비교적 자유롭게 수행해도 괜찮지만, 이번 단계에서는 평가의 대상이 되는 대안이 가진 다양한 연관성을 따져가며 해야 한다.

4단계: 적용 3단계를 통해 나온 최종 대안을 조직에 적용하는 단계이다. 이때 주의할 점은, 조직이 가진 역량을 최대한 발휘할 수 있도록 적용해야 한다는 것이다.

방향 설정

첫 번째 단계를 성공적으로 수행하기 위해서는 우선 문제 해결을 위한 대안을 가능한 한 많이 내놓아야 한다. 처음부터 대안의 범위를 제한하지 말고 선택 가능한 모든 대안을 열거해 보는 것이 중요하다.

한 대형 정보통신 회사가 있었다. 뭔가 혁신이 필요하다고 느낀 그 회사는 다른 회사들을 벤치마킹하기로 결정하고 수많은 회사들의 성공 사례를 연구했다. 직접 다른 회사들을 방문하여 자문을 구하기도 했다. 그렇게 6개월이 지나자 그 정보통신 회사는 방대한 양의 자료를 모을 수 있었다. 이 정도면 사전준비로는 충분하다고 판단한 경영진은, 자료를 바탕으로 자신들 회사에 적용시킬 만한 혁신 대안을 찾아내 적용시켰다. 그런데 새로 설계한 혁신 프로그램을 조직 내에 적용한 지 3일이 지난 후, 그 회사는 지난 6개월 동안 모은 자료를 토대로 작성한 것보다 더 좋은 방안을 찾아냈다. 그러자 일부 사람들의 입에서는 "저렇게 방대한 자료를 뭐 때문에 모았나?" 하는 탄식이 터져나왔다. 하지만 대부분의 사람들은 그전 6개월 동안의 노력이 있었기에 마지막의 그 방안이 나올 수 있었다는 사실을 알고 있었다. 많은 연구를 하고, 자료를 수집할수록 혁신적인 아이디어를 착안해낼 가능성은 그만큼 높아지는 법이다.

재미있는 사례가 하나 더 있다. 한 유명 비누 회사는 2년에 한 번씩 자사의 시장 점유율을 검토하고 새로운 전략을 수립하기 위한 목적으로 대대적인 회의를 갖는다―비누 업계는 기업 환경 변화가 심한 곳이 아니기 때문에 이 정도 간격으로도 충분하다. 그러던 중 자사의 땀냄새 방지용 비누가 시장에서 시장 점유율 30퍼센트를 차지했다는 사실을 알게 되었다. 많은 회사들이 비슷비슷한 제품을 가지고 경쟁하는 비누 시장에서 점유율 30퍼센트는 정말 놀라운 기록이 아닐 수 없었다. 그러자 일부 임직원들이 땀냄새 방지용 비누 시장에 회사의 역량을 집중하여 시장 점유율을 지속적으로 늘려야 하지 않겠냐는 의견을 내놓았다. 하지만 결국 이들의 제안은 채택되지 않았다. 규모가 상대적으로 작은 땀냄새 방지용 비누 시장에 자사의 역량을 집중시키는 것은 낭비라고 판단했기 때문이다. 그들은 스스로에게 다음과 같은 질문을 던졌다. "작은 시장의 30퍼센트가 아니라 큰 시장의 5퍼센트를 차지하는 편이 더 낫지 않을까?" 그후, 그 비누 회사는 당장에 수익성이 좋아 보이는 땀냄새 방지용 비누 시장에 집착하는 대신 세면용 비누 시장에 자신들의 역량을 집중했다.

현실화

방향 설정의 단계에서 나온 수많은 대안들 가운데 현실적인 것들을 걸러내는 단계이다. 유의할 점은, 실현 가능성의 여부만을 판단해야지, 그 대안의 옳고 그름을 판단하기에는 아직 이르다는 것이다.

혁신을 위한 대안의 현실화 단계를 구체적으로 설명하자면 다음과 같다. 프랑스 파리를 돌아보는 이틀짜리 관광 일정을 작성한다면, 일반적으로 관광 가이드가 가장 먼저 해야 할 일은 파리에서 가볼 만한 곳들을 선정하여 표로 작성하는 것이다. 그러면 파리 관광을 원하는 사람들은 그 가운데 가고 싶은 곳을 우선순위에 따라 고른다. 이제 남은 일은 관광을 원하는 사람들이 고른 곳을 기준으로 구체적인 관광 일정표를 작성하는 일이다. 하지만 이런 식으로 관광 일정을 짠다면 평범한 파리 여행 이외의 것을 기대할 수 없다. 이들 관광객은 파리에 대해 잘 알지 못하기 때문에, 가고 싶은 곳을 고를 때 객관적인 검토를 충분히 하지 못한다. 따라서 이들은 그저그런 관광지만을 선택할 수밖에 없는 것이다.

같은 곳을 여행하는 관광 일정이라도 상상력을 조금만 발휘하면 좀더 나은 대안을 찾아낼 수 있다. "이번 관광 일정표를 음악가 모차르트(Mozart)가 작성한다면 어떻게 될까요?" 하는 질문을 던지고 관광객들과 함께 모차르트의 입장이 되어 관광 일정에 대해 생각해 보는 것은 어떨까? 이때 실현 가능한 대안으로 다음과 같은 것들이 나올 수 있다.

- 파리의 소리를 주제로 관광을 하면 어떨까?
- 파리의 향기를 찾아나서는 것은 어떨까?
- 파리에서 공연하는 오페라를 주제로 삼으면 어떨까?
- 교향악 연주와 관련한 순례를 하는 것은 어떨까?

이런 식으로 일정표를 짜다 보면, 관광객들은 전에는 알지 못하던 파리의 새로운 모습을 발견할 수 있을 것이다.

혁신을 위한 대안이 현실 가능한지를 평가하는 데에는 너무도 다양한 방식이 존재한다. "A라는 경쟁사라면 이번 일을 어떻게 처리했을까?"라는 질문을 기준으로 평가를 내릴 수도 있고, 좀더 범위를 확장하여 "다른 업계에 있는 B라는 회사는 이 일을 어떻게 처리했을까?"라는 질문을 기준으로 할 수도 있다. 물론 최종적인 평가는 아직 이르다. 이것은 다음 단계에서 할 일이다.

평가

이제까지 우리는 혁신을 위한 수많은 대안들을 내놓았고, 그렇게 나온 대안들을 다양한 기준에서 살펴보았다. 이제는 각 대안이 우리 조직에 얼마나 효과적일지를 평가할 차례이다.

평가 단계에서 무엇보다 중요한 점은 평가 대상이 되는 대안과 우리 조직과의 연관성을 주의 깊게 살펴봐야 한다는 것이다. 연관성이 많은 아이디어일수록 훌륭한 아이디어일 가능성이 높다.

적용

이제 최종 대안을 조직에 적용해야 하는 단계에 접어들었다. 이때 주의할 점은, 조직이 가진 역량을 최대한 발휘할 수 있도록 해야 한다는 것이다. 하지만, 조직은 새로운 것을 받아들일 준비와 역량이 충분한데도, 전에 하던 방식을 그대로 적용하는 경우는 너무나 많다. 안전지대를 빠져 나오려고 하지 않는 것이다. 하버드 경영 대학원의 시어도어 레빗 교수는 이와 관련해서 "오랫동안 성공해 오던 방식을 과감히 버리는 것, 이것만큼 성공하는 조직의 특징을 극명하게 드러내는 것은 없다." 하고 말했다.

우리는 어떤 대안이 나오면 우리에게 편한 식으로 '첨단기술을 이용한 대안', '훈련을 이용한 대안', '프로세스를 이용한 대안' 등의 이름을 붙이고는 특정한 방향으로 몰고 가려는 경향이 있다. 하지만 혁신을 성공적으로 이루어내기 위해서는 결과만을 보지 않고, 원하는 결과를 만들어내는 과정을 모두 통찰할 줄 알아야 한다. 또, 과정이 혁신적이지 못하다면 성공적인 결과가 나왔다 하더라도 그 성공은 오래가지 못한다.

혁신을 최우선으로 고려하라

기업문화의 중심에 혁신이 자리잡도록 해야 한다. 기업 내에서 이루어지는 모든 일에 혁신이 배어 있도록 해야 하는 것이다. 3M은 직원을 채용할 때도 다양한 계층에서 서로 다른 경험을 한 사람들을 골고루 선발한다. 직원들이 비슷한 생각을 하고 비슷한 식으로 일하는 것을 막기 위해서이다. 그리고 성공 가능성이 그리 높지 않은 일도 창의적이고 도전적인 일이라면 기꺼이 추진한다. 직원들의 실수에 대해서도 관대하다. 이런 식으로 기업을 운영할 수 있는 것은 혁신을 가장 최우선적인 가치로 보며, 또 그렇게 해서 많은 이익을 내왔기 때문이다.

하지만 너무나 많은 기업들이 실패에 대한 두려움으로 인해 반드시 해야 할 일도 못하고 있다. 실패로 인한 손실을 줄이려는 것은 당연한 일이겠지만, 실패 자체를 회피하려고만 하면 기업 활동은 제대로 이루어질 수 없다. 베인앤컴퍼니(Bain & Company)의 유명한 경영 컨설턴트인 프레드 라이크헬드(Fred Reichheld)는 이렇게 말했다.

> 고객을 사로잡는 가장 좋은 방법은 가치있는 상품을 만드는 것이며, 가치있는 상품을 만드는 가장 좋은 방법은 회사의 수준을 올리는 것이다. 그리고 회사의 수준을 올리는 가장 좋은 방법은 실패가 가르쳐 주는 교훈을 배우는 것이다.

다양한 계층에서 다양한 경험을 쌓아온 사람들을 골고루 직원으로 채용하기는 켈로그(Kellogg)도 마찬가지이다. 특히 이 회사의 연구 인력들은 전체 업무 시간 중 15퍼센트 정도는 개인적 관심사를 위해 사용할 것을 주문받고 있다. 켈로그가 매달 평균 65건의 신제품 아이디어와 94건의 제품 포장에 대한 아이디어를 축적할 수 있는 것은 혁신적인 시간 관리에서 비롯된다고 할 수 있다.

이들의 아이디어는 좀더 자세히 들여다볼 가치가 충분한데, 예를 들어 어떤 연구원은 아로마 목욕 오일과 같은 향기 제품에 대한 인기가 높아지는 것에 착안해 향기가 풍성하게 나는 시리얼을 만들자고 제안했다. 또 다른 연구원은 칼슘과 철분을 많이 넣은 시리얼을 우유팩에 넣어 팔면 소비자들이 영양 많은 시리얼이라는 점을 더 잘 인식하게 될 것이라고 제안하기도 했다. 다시 말해, 첫 번째 연구원은 아로마 목욕 오일과 시리얼이라는 두 '점'을, 두 번째 연구원은 우유의 영양과 시리얼이라는 두 '점'을 서로 연결한 것이다.

변화에 대한 감수성 제고

대개의 아이들이 가지고 있는 창의력은 어른들이 상상할 수 있는 범주를 뛰어넘는다. 우리들 역시 어렸을 때는 그런 창의력을 가지고 있었을 것이다. 하지만 부모님과 학교 선생님들의 잔소리를 들으며 성장하는 과정에서 가지고 있던 창의력은 점차 사라져 가고, 상식과 관습에 근거하여 판단하는 '어른'이 되어 버린 것이다.

회사는 어린아이들이 일하는 곳이 아니다. 회사를 다닐 나이의 사람들은 이미 많은 일을 겪으면서 자신만의 영역을 구축해 놓았으며, 선입견이나 고정관념도 확고하게 가지고 있다. 우리가 변화를 수용하는 것이 그토록 어려운 데는 이런 이유가 있기 때문이다. 따라서 24/7 이노베이션을 추구하고자 하는 기업은, 먼저 임직원들이 변화와 혁신을 수용하고자 하는 마음가짐을 가지고 있는지부터 살펴봐야 한다.

어떤 기업들은 조직의 구조를 혁신적으로 바꿨는데 왜 크게 달라지는 게 없느냐면서 의아해하기도 한다. 하지만 구조만 바꾼다고 혁신이 이루어지는 것은 아니다. 혁신이란 경영기법부터 직원 평가 시스템에 이르기까지 그야말로 기업이 가진 모든 것을 바꿔야 비로소 이루어지는 것이다. 자동차가 차체만 멋있어진다고 해서 하루 아침에 고성능 차로 변할 수 없는 것과 마찬가지 이치이다. 고성능의 차를 원한다면 엔진·변속기·현가장치 등 차를 이루는 모든 요소를 고성능으로 바꿔야 한다.

물론 한 기업의 임직원들이 변화에 수용적인지를 파악하는 것은 특별한 기준이나 기법이 없는, 매우 모호한 개념이다. 그리고 그만큼 어려운 일이다. 변화를 원한다고 공공연하게 말하고 다니는 사람이라도 실제로는 변화를 원하지 않는 경우를 찾아보는 것은 어렵지 않다. 심지어는 변화에 거부감을 가진 경우도 있다. 게다가 변화에 수용적이라 하더라도 얼마만큼의 변화를 받아들일 수 있느냐 하는 것은 또 다른 문제이다.

따라서 혁신을 꾀하고자 하는 기업은, 큰 변화를 의욕적으로 추진하기 전에 이제까지 기업이 걸어온 혁신의 역사를 돌아볼 필요가 있다. 이제까지 혁신적인 기업이라는 객관적인 평가를 받아왔는지, 가장 최근에 추진했던 혁신 프로젝트는 무엇이었는지, 얼마나 성공적이었는지, 그 과정에 갈등은 없었는지 등을 차분히 살펴보아야 한다.

한 기업이 얼마나 변화에 수용적인지, 혹은 혁신적인지를 판단하는 데 가장 좋은 기준은 그 기업이 이제껏 지나왔던 역사이다. 혁신을 추구해서 좋은 실적을 내고 성공한 적이 있는 기업은 앞으로도 계속 혁신을 추구하려 하겠지만, 혁신을 추구하려다 크게 실패한 적이 있는 기업은 가급적 새로운 변화는 피하려고 할 것이기 때문이다.

혁신적인 조직문화를 가진 기업으로 성장하는 과정은 대체로 〈그림 3-1〉에 나온 곡선을 따른다. 〈그림 3-1〉에서 전체 곡선은 세 부분으로 이루어져 있는데, 각 부분의 곡선은 처음에는 완만하게 증가하다가 어느 정도 지나면 급격하게 증가한다. 그리고 다음 단계로 발전하기 전에는 조금 감소하는 형태를 띤다. 오늘날 성공한 기업들이 모두 거쳤다고 해도 과장이 아닐, 조직 변화 과정의 3단계에 대해 좀 더 자세히 설명하자면 다음과 같다.

1단계: 리더의 주도 조직의 혁신이 성공적으로 이루어지기 위해서는 그것을 주도적으로 추진하는 한 명, 혹은 소수의 리더가 있어야 한다. 그들이 조직에 위기의식을 불어넣을 수 있어야만 성공적으로 혁신을 이루어낼 수 있다. 변화에 대한 급박한 필요성을 느끼지 못한다면 사람들은 변화를 거부하게 마련이기 때문이다.

2단계: 조직의 주도 혁신이 일정 수준까지 진행되면 소수의 힘만으로는 더 이상의 변화와 발전을 기대할 수 없게 된다. 이제부터는

〈그림 3-1〉 조직 변화 과정의 3단계

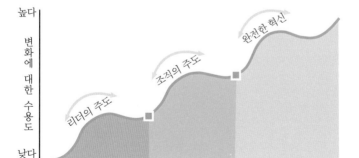

조직의 전체 구성원이 나서야 한다. 조직에 포함된 모든 사람이 혁신에 참여하도록 하기 위해서는 업적에 대한 평가, 유연한 조직 구조, 개방적인 의사소통 방식 등과 같은 제도가 뒷받침되어야 한다.

3단계: 완전한 혁신 이 단계에 이르면 조직은 변화에 대해 완전히 수용적이 되며, 조직의 구성원들은 혁신을 자신들이 해야 할 고유의 업무로 받아들인다. 즉, 혁신적인 조직문화를 가지게 되는 것이다.

기업이 필요로 하는 인재

오늘날의 노동 시장은 과거에 비해 매우 유연해졌으며, 이러한 경향은 갈수록 심화되고 있다. 기업은 기업대로 유능한 인재를 구하기 위해 총성 없는 전쟁을 치르고 있고, 사람들은 치열한 경쟁 속에서 도태되지 않기 위해 자기 자신을 갈고 닦고 있다. 직장을 구하고자 하는 사람들은 그들 나름대로 직장 구하기가 무척 힘들다며 고충을 털어놓지만, 기업들 역시 늘 쓸 만한 인재가 없다고 말하고 있다. 때문에 자신들이 필요로 하는 인재를 붙잡기 위해 파격적인 대우를 약속하고 있기도 하다.

불과 얼마 전까지만 하더라도 IBM이나 P&G 같은 소위 일류 기업들은 직원들 스스로가 회사를 떠나는 일이 있을 리 없다고 믿었다. 실제로도 이런 기업들에서 일하는 직원들은 스스로를 자랑스러워했다. 하지만 이제 그런 모습은 점점 찾아보기 어렵게 되었다. 오늘날 직원들의 이직률은 그 어느 때보다도 높으며, 회사에 대한 충성심은 기대할 수 없게 되었다.

이처럼 빠르게 변하는 노동 시장에서 남다른 능력을 가지고 있는 인재를 구하는 것은 매우 중요한 일이 되었다. 사람들 역시 자신의 가치를, 즉 경쟁력을 높이는 일에 촉각을 곤두세우고 있다.

다음의 세 가지 능력은 혁신적인 기업이 중요하게 생각하는 가치로, 사람들 각자가 많은 노력을 통해서만 얻을 수 있는 능력이지만, 일단 이러한 능력을 터득하게 된다면 노동 시장에서 희소가치를 가질 수 있다.

폭넓은 사고방식

첫 번째 능력은 생각의 깊이보다 넓이와 관련있다. 전문적인 지식보다는 기본적인 자질을 갖춘 사람이 되어야 한다는 뜻이다. 이것은 실현 불가능한, 뜬구름 잡는 식의 이야기가 아니다. 다음과 같은 자질을 갖추도록 노력한다면 누구나 가능하다.

● 과정보다는 결과에 주목한다. 예전의 수직적인 조직 구조에서는 자신에게 주어진 일을 잘 처리하기만 하면 되었지만, 오늘날의 수평적인 조직 구조에서는 자신이 하는 일이 전체 기업 활동의 결과에 어떤 영향을 미치는지를 이해하고 있어야 한다. 이를 위해서는 자신의 업무로부터 한 발짝 떨어져, 회사 전체의 목표가 무엇인지 볼 줄 아는 능력이 중요하다. 자신의 일을 그저 선배들이 하던 식으로 따라 하는 것이 아니라, 어떻게 하면 좀더 많은 이익을 이끌어낼 수 있을까를 생각하는 것이야말로 자신의 가치를 올릴 수 있는 가장 혁신적인 방법이다.

● 자신의 업무가 조직 전체에 어떤 영향을 미치는지 파악한다. 그저 자신의 일만을 생각하는 것이 아니라 같은 팀에 있는 다른 사람들이 하는 일과의 연관성도 따져봐야 한다.

• 지나친 독립성·배타성을 피한다. 폭넓은 사고방식을 지닌 사람은 여러 사람들과 팀을 이루어 함께 일하는 것을 좋아하며, 스스로를 독립된 개인으로 여기기보다 팀의 일원으로 여긴다. 회사측 입장에서도 직원들이 개인적·독립적으로 활동하는 것보다 팀 중심으로 활동하는 것이 좀더 효율적이다.

직원들이 팀을 우선하도록 만들려면, 업적에 대한 보상을 할 때 개인의 실적만을 기준으로 할 것이 아니라 팀 전체의 실적을 기준으로 하는 것이 좋다.

• 새로운 기술이나 직무에 유연하게 대처한다. 대부분의 사람은 천성적으로 변화를 피하려는 보수적인 성향이 있다. 물론, 이것이 항상 부정적인 것만은 아니다. 하지만 지금으로부터 몇 년 전, "귀찮아! 나는 그냥 전화와 타자기를 사용하겠어." 하고 말하며 컴퓨터와 인터넷 사용법을 배우지 않았던 사람들을 생각해 보라. 그들은 분명 곤란한 상황을 몇 번이고 겪은 후에야 컴퓨터와 인터넷이라는 새로운 설비의 사용법을 미리 배워두지 않은 일을 후회했을 것이다.

어떤 직급에 있든 성공하고자 한다면 끊임없이 배워야 한다. 이런 이유 때문에 GE나 ABB(Asea Brown Boveri) 등과 같은 회사들은, 컴퓨터나 인터넷 등의 첨단기술을 잘 다루는 젊은 사원들이 나이 많은 간부 사원들을 가르치는 자체 프로그램을 실시하고 있다.

투철한 경영자 정신

시시각각으로 변해 한 치 앞을 내다볼 수 없는 오늘날의 기업 환경에서, 모든 직원은 경영자의 입장에서 업무에 임해야 한다. 자신이 어떤 입장을 가지고 일을 추진하느냐에 따라 결과 역시 다르게 나타나기 때문이다.

직원이 경영자의 입장에서 업무에 임하기 위해서는 까다로운 의사결정이라 하더라도 스스로 판단하고 실행에 옮기는 능력이 필요하다. 새로운 상황에 얼마나 빠르게 대처하느냐에 따라 기업의 성패가 결정되는 오늘날의 상황에서, 최고경영진에 속하지 않은 일반 사원이라 하더라도 중요한 일에 대한 최종 결정을 내릴 준비, 즉 기회와 위기를 구분하는 능력을 갖추고 있어야 하는 것이다.

혁신적인 기업일수록 직원들 각자에게 자기 자신을 관리하는 능력을 요구하며, 상대적으로 다른 직원을 관리·감독하는 업무의 비중이 적다. 또, 다른 사람에게 명령을 내리고 그것이 수행되는 과정을 통제하는 권한을 포기하는 일도 어렵지만, 스스로 자신을 관리하고 주어진 권한을 제대로 활용하는 것도 대단히 어렵다.

그 밖에 서로가 동등한 위치에서 일을 하는 수평적 조직 구조에서는 자신의 주장을 관철시키고 다른 사람의 불합리한 의견에 반대하는 능력의 중요성이 더욱 강조되고 있다. 혁신이란 열 사람의 의견이 충돌하면서 생기는 것이며, 혁신적인 사람은 이런 생산적인 충돌을 즐길 줄 안다.

일반 사원이라 하더라도 경영자처럼 생각하고 행동하고 말해야 한다. 자신이 일하고 있는 기업을 위해 이익을 창출하고, 성공하기 위해서는 회사가 사원에게 기대하는 것 이상의 것을 해 보여야 한다.

능동적인 지식 활용

혁신적인 사람이라면 주어지는 정보를 수동적으로 받아들이지만 말고 가지고 있는 지식을 능동적으로 활용할 줄 알아야 한다. 불과 얼마 전까지만 해도 최고경영진에 속하지 않는 일반 사원들은 주어지는 정보를 숙지하고, 그것을 다른 직원들에게 전달하는 일만을 되풀이하면 그만이었다. 물론, 이 과정에서는 아무런 부가가치가 더해지지 않았다.

하지만 자신의 가치를 한 단계 더 높이고자 한다면 정보를 분석하고 가공할 줄 알아야 한다. 이를 이용하여 고객들에게 도움을 주고, 회사 업무를 개선하고, 새로운 기회를 포착해야 한다.

코크 인더스트리는 직원들이 가지고 있는 지식이야말로 가장 소중한 자산이라는 점을 잘 이해하고 있는 대표적 기업이다. 중화학 공업 위주의 사업을 하고 있는 코크는 생산 현장에서의 사고 발생을 방지하기 위해 평소에도 많은 노력을 기울이고 있다. 하지만 업계 평균의 사고 방지율이나 무사고 운전 기록 같은 것에 만족하고 있을 수만은 없던 코크는 업계에서 가장 안전한 생산 현장을 만들기로 목표를 세웠다.

업무에 따라서는 실무진들이 외부의 그 어떤 유명 경영 컨설턴트들보다 더 많은 지식을 가지고 있다는 평소 경영철학에 따라 코크는 세계에서 가장 안전한 작업 현장을 만드는 권한과 책임을 모두 현장 직원들에게 넘겨주었다. 물론 안전을 위협하는 요소를 발견하고 그것을 개선하는 직원에게는 후한 포상도 약속했다. 이 프로그램을 실시한 이후 코크에서는 해마다 사고 발생률이 35~50퍼센트 정도 줄어들었으며, 사고가 났다 하더라도 과거에 비해 경미한 부상에 그칠 뿐이었다.

업계 최고의 안전한 회사라는 명성을 갖게 된 코크 인더스트리는 이제 권한 이양과 후한 포상 제도를 환경 친화적인 기업을 만드는 데 사용하고 있다.

지속적인 혁신의 조건

혁신적인 기업문화를 갖는 것은 매우 중요한 일이지만, 그것은 결코 쉬운 일이 아니다. 그러나 지속적으로 노력하고 실행에 옮긴다면 불가능한 것도 아니다.

혁신적인 기업이 되기 위해서는 앞장 서서 솔선수범하는 리더가 반드시 필요하다. 그리고 기업의 다른 구성원들은 리더가 요구하는 능력을 감당할 수 있는 자질을 갖추고 있어야 한다. 사람들은 본래 변화를 기피하는 성향을 타고났다. 따라서 리더는 강한 추진력을 발휘해야 하며, 단기간에 가시적인 성과가 나타나지 않더라도 인내를 가지고 기다릴 줄 알아야 한다. 또, 더 이상 구태의연한 옛날 방식은 용납되지 않을 것이라는 점도 사람들에게 분명하게 알려 주어야 한다.

우리는 누구나 혁신적이고 창의적인 어린시절을 지내왔다. 그렇다면 현재 그러한 성향을 잠시 잊었다 하더라도 다시금 되새기는 데 오랜 시간이 필요하지 않을 것이다. 한 기업을 이루고 있는 모든 구성원이 혁신적인 성향을 지니게 된다면, 또 그러한 성향을 기업 경쟁력으로 전환할 수 있다면, 그 기업은 시장에서 경쟁사들이 가장 두려워하는 존재가 될 게 분명하다.

Innovation

4. 소비자를 참여시키는 혁신

대중이 어떤 생각을 가지고
있느냐는 중요한 문제이다.
그러나 그들의 생각을
그들에게 맡길 수만은 없다.
— 무명씨

"기업 활동과 관련하여 가장 중요한 사람들
은 누구입니까?" 이와 같은 질문을 던지면 마치 미리 입을 맞춰 놓
기라도 한듯 "그야 물론 소비자들이죠." 하는 대답이 나온다. 왜 그
렇게 생각하느냐고 다시 물으면, 소비자들이 있어야 제품이나 서비
스를 판매할 수 있기 때문이라고 답한다. 이처럼 이제 기업들은 소비
자를 중심에 놓고 움직인다. 고객이란 공장에서 만들어 놓은 제품을
무조건 소비하는 대상으로밖에 보지 않던 때에 비교하면 참으로 많
은 변화가 있었음을 알게 해준다.

하지만 아직도 많은 기업들은 최신의 마케팅 기법을 사용한다면,
소비자들의 마음을 자신들의 의도대로 움직일 수 있다고 생각한다.
그런 생각은 혁신의 길을 가로막는 장애가 될 뿐이다. 시장을 주도
하는 것은 더 이상 기업이 아니라 소비자들이다. 이제 소비자들은
기업이 언제 어떤 일을 해야 하는지를 결정하고 있으며, 심지어는

얼마의 가격을 받아야 하는지도 정해 주고 있다. 오늘날 정보통신 업계를 살펴보면 소비자가 시장에서 차지하는 위치에 대해 분명하게 알 수 있다.

오늘날, 시장을 움직이는 것은 기업이 아니라 소비자들이다. 따라서 기업은 소비자들이 무엇을 원하는지 소비자 자신보다 더 잘 알고 있어야 한다. 그리고 단순히 소비자의 요구를 해결해 주는 차원에서 그칠 것이 아니라, 기업 활동에 소비자들을 적극적으로 참여시켜야 한다. 사업 구조 변경, 상품 판매, 제품 개발 과정 등에 소비자들이 직접 참여하여 다양한 아이디어를 표출해낼 수 있도록 해야 한다. 극단적으로 말해, 소비자들을 기업 활동에 참여시키지 않는 기업은 결국 소비자들로부터 버림받게 될 것이다. 월마트의 창업자 샘 월튼(Sam Walton)의 말은, 그래서 더욱 되새겨 볼 만하다.

> 회사의 사장은 바로 소비자이다. 소비자는 한 회사의 모든 임직원을 단번에 해고할 수 있는 힘을 가지고 있으며, 만약 소비자가 다른 곳에서 구매하기로 결정한다면 정말로 그렇게 된다.

기업 활동에 소비자를 참여시키기 위해서는 소비자들이 가진 힘에 대해 제대로 확인해 볼 필요가 있다. 그리고 소비자들에게 가치를 제공하고 그들과 관계를 맺는 방법 등에 대해 파악해 두어야 한다. 나중에 더욱 자세히 다루겠지만, 소비자들과 관계를 맺는 가장 좋은 방법은 기업 활동에 소비자들을 직접 참여시키는 것이다.

대외적으로 뭐라고 말을 하든 아직도 많은 기업들은 자신들이 제공하는 제품이나 서비스를 중심으로 경영하는 전통적인 틀에서 벗어나지 않고 있다. 소비자나 시장은 그 다음의 문제로 미뤄 두는 것이다.

　기업의 전체적인 관심사가 제품이나 서비스에 맞춰져 있으니, 각 부서 역시 같은 관심사를 가질 수밖에 없다. 이런 기업들을 자세히 들여다보면 어떤 부서는 공장 밖으로 출고되는 제품의 개수에만 관심을 두고, 어떤 부서는 제품을 상점에 배송하는 것에만 관심을 두며, 또 다른 부서는 제품을 파는 것 자체에만 관심을 둔다.

　이런 기업들은 자신들이 내놓는 제품을 누가 사는지—몇 살인지, 결혼은 했는지, 자동차를 소유하고 있는지 등—왜 사는지—제품이 어떤 가치를 제공하는지 등—에 대해 별 관심이 없다. 그렇기 때문에 '우리의 소비자들은 누구인가? 또, 우리는 소비자들이 현재 시장에서 구할 수 있는 것보다 더 나은 것을 제공할 수 있는가?' 하는 중요한 질문에 대답하지 못한다. 이런 기업들은 새로운 제품이 나올 때마다 전체 소비자들을 일일이 붙들고 자신들의 제품에 대해 소개해야 할 것이다. 하지만 이런 주먹구구식 방법은 주 고객층을 알고 접근하는 것에 비해 몇 배나 많은 비용이 소요될 것이며, 그 효과 또한 알 수 없다.

　기업은 소비자들이 어떤 식으로 생각하고 행동하는지를 철저하게 알고 있어야 한다. 전략을 수립할 때도 기업 내부의 조건보다는 외부의 소비자들을 기준으로 삼도록 해야 한다. 새로운 제품과 서비스를 개발하고, 이렇게 개발한 것들을 소비자들에게 전달하는 새로운 방법을 찾는 과정에 소비자들이 직접 참여할 수 있도록 하라. 그래야 진정한 의미의 혁신이 이루어질 수 있다.

점점 높아지는 소비자의 요구

제2차 세계대전 이후 경제의 발전 속도가 빨라지면서 중요성이 강조되기 시작한 소비자들의 힘은, 이제는 아무리 힘있는 기업이라 하더라도 그들의 눈치를 봐야 할 정도로 커졌다. 또 교육 수준이 올라가고 경험 정도가 많아지면서, 소비자들은 기업이 제시하는 상품이 과연 그만한 값어치를 하는 것인지를 더 잘 알아볼 수 있게 되었다.

대량 생산으로 인한 가격 하락이 개인의 소득 증가와 맞물려지면서, OECD의 회원국 국민들 대부분이 자동차·텔레비전·냉장고·모피 코트 같은 제품들을 소유하고 있다는 것도 예전에 비해 달라진 점 중 하나이다. 불과 25년 전만 하더라도 이러한 제품들을 가지고 있는 사람은 선진국에도 소수를 차지했다.

이제 어지간히 필요한 것들은 거의 다 소유하고 있는 사람들에게 새로운 제품을 판매하는 일은 기업들에게 필사적인 마케팅 활동을 요구한다. 때문에, 1주일 정도라도 집을 비우면 우편함은 기업들이 보낸 광고 우편물로 가득 찬다. 또, 자동차를 사면 무료로 보험 가입을 시켜 준다거나, 신용카드 발급 신청을 하면 각종 상품권을 준다면서 소비자들을 유혹하고 있다. 하루에도 몇 번씩 집으로 걸려오는 텔레마케터들의 전화는 새삼스러운 일이 아니게 된 지 오래다.

기업들이 제품 판매에 이처럼 필사적으로 매달리는 이유 중 가장 중요한 요인은 높아진 소비자들의 위상 변화이다. 그 밖에 기업들을 변하게 만드는 주요한 원인을 세 가지로 요약하면 다음과 같다.

정부 전통적으로 정부는 소비자보다는 기업의 편에 가까웠다. 정치적 입장을 확고하게 세우기 위해서는 기업의 후원금이 절대적으로 필요했기 때문이다. 하지만 갈수록 정부는 소비자들의 입장을 반영하고 있다. 소비자들의 힘이 그만큼 커졌기 때문이다.

2000년, 세계 경제계를 달구었던 뉴스 가운데 하나는 파이어스톤(Firestone)의 타이어 리콜(recall) 조치였다. 자그마치 650만 개의 타이어를 회수한 리콜 조치에 대해『이코노미스트』지는 "선거철을 앞두고 미국의 상원과 하원은 일반 소비자들과 거대 기업과의 싸움에서 표 냄새를 맡은 것 같다." 하는 논평을 냈다.

이와 같이 정치인들은 기업의 후원금과 일반 시민, 즉 소비자들의 표 가운데 무엇이 더 자신들의 당선에 결정적인 역할을 할지를 따져보고 있으며, 후자 쪽으로 기울고 있는 것이다.

경제 상황 정치 상황만이 아니라 경제 상황도 일반 소비자들에게 유리하게 변해가고 있다. 얼마 전까지만 해도 산업화된 국가에서 사람들이 가장 두려워한 것은 인플레이션이었다. 그리고 인플레이션의 가능성이 존재하는 사회에서 제품을 구매하는 가장 큰 이유는, 필요해서가 아니라 지금 사두지 않으면 가격이 오를지도 모른다는 우려감 때문이었다.

그러나 오늘날에는 각계의 부단한 노력 덕분에 인플레이션에 대한 부담이 거의 사라졌다. 오히려 기업 간의 경쟁으로 가격이 점점 떨어지는 추세여서 소비자들은 서둘러 제품을 구매할 필요가 없어졌다. 때문에 이런 소비자들의 구매욕을 자극하기 위해 기업들은 가격을 더욱 낮추거나 부가 서비스의 수준을 크게 높이고 있다.

기술의 발전 기술이 놀라운 속도로 빠르게 발전하면서 제품의 수명이 그만큼 늘고 있다. 자동차 · 가전제품 · 의류 등 공산품 중에서 수명이 다 되어서 폐기처분되는 경우는 드물다. 그래서 오늘날의 소비 활동이란 '꼭 필요한 제품을 구입하는 것'이 아니라, 기존의 제품을 '새로운 것으로 바꾼다'는 성격이 강하다. 기업들은 이런 교체

수요를 늘리기 위해 계속해서 새로운 기능과 디자인을 가진 제품을 개발하고 있다. 음악 저장 매체도 마찬가지여서, LP에서 카세트테이프로, 다시 CD를 거쳐 DVD 등으로의 발전이 가능했던 것은 더욱 선명한 음질의 음악을 듣고자 하는 소비자들의 욕구를 알아차리고, 이를 해결하려는 기업들의 노력이 있었기 때문이다. 여기에 한 가지 더 덧붙여서, 기업들은 단순히 음질을 좋게 하는 것뿐만 아니라 음반의 디자인까지 개선하려고 한다. 이 정도의 노력과 개선이 이루어진 제품이라야 비로소 소비자들로 하여금 지갑을 열게 하기 때문이다.

최근 들어 가장 혁신적인 진보가 이루어진 분야를 꼽으라면 단연 정보통신 분야일 것이다. 정보통신 기술의 발달은 거의 모든 분야의 산업을 바꿔 놓았다. 얼마 전까지만 해도 투자를 하려면 반드시 투자회사를 통해야 했고, 여행을 하려면 여행사를 통하지 않고는 힘들었다. 하지만 이제는 이들 회사들이 하는 기능의 상당 부분을 발달된 정보통신기술을 이용해 일반 소비자들이 직접 처리한다.

소비자들의 거센 압력으로부터 자유로운 업계나 기업은 없다. 높아진 지적 수준과 인터넷이라는 정보 수단의 결합은 소비자들의 힘을 그 어느 때보다도 강력하게 만들어 놓았다. 이제 소비자들은 물건을 사러 가기 전에 인터넷을 통해 가격을 조사해 본다. 같은 제품이나 서비스라도 어떻게 하면 가장 저렴하게 구할 수 있는지 알아내는 것은 소비자들 사이에 당연한 일이 되었다. 막강해진 소비자들의 힘은 이미 돌이킬 수 없는 기정 사실이 되었다. 시장에서 경쟁력을 갖추고자 하는 기업들은 이러한 상황에 적응해야 한다.

대 소비자 전략의 수정

휴대전화기를 이용한 전자상거래 발달 역시 소비자들에게 더욱 큰 힘을 실어주는 데 한몫할 것으로 예상된다. 물론 아직은 휴대전화기를 이용한 전자상거래가 그리 활발하지는 않지만, 인터넷이 그랬듯이 이것이 확산되는 것도 순식간의 일일 것이다. 만약 인공위성을 이용한 무선 통신이 활성화된다면, 소비자가 있는 곳에 상관없이―그곳이 에베레스트 산이든 남극이든―상거래가 이루어질 수 있는데, 이는 매우 획기적인 변화가 아닐 수 없다. 이제까지 대부분의 상거래는 상품을 파는 사람이 있는 곳에서 이루어졌지만, 앞으로는 소비자가 있는 곳에서 대부분의 상거래가 이루어진다는 것을 의미하기 때문이다. 이처럼 상거래는 빠른 속도로 시간과 공간의 제약으로부터 해방되고 있다.

GE의 전 회장 잭 웰치(Jack Welch)의 표현을 빌리자면 이제 기업은 "눈과 귀는 최고경영자 쪽으로 향하고 엉덩이는 소비자 쪽으로 돌리고 있는" 모습에서 탈피해야 한다. 철저하게 소비자 중심으로 기업 활동을 전개해야 하는 것이다. 기업들은 소비자의 힘이 얼마나 강력해졌는지 이해하고 있어야 하며, 앞으로 더욱 강력해질 소비자들의 힘에 미리 대비해야 한다.

소비자들이 달라진 만큼 기업의 전략도 달라져야 한다. 지금부터 대(對) 소비자 전략을 어떤 관점에서 수정해야 하는지 네 부분으로 나누어 소개하도록 하겠다.

- 소비자에게 더 높은 가치를 제공하라.
- 소비자의 얘기에 귀를 기울이라. 주 고객층이 누구인지, 누구의 이야기를 들어야 하는지 판단하여 그들과 동반자 관계를 형

성하라. 또한 미래를 예측하라.

- 소비자를 받들라.
- 소비자를 기업 활동에 참여시키라.

이것을 구체적으로 살펴보면 다음과 같다.

소비자에게 제공할 수 있는 가치

최근 들어 고객 관계 관리, 즉 CRM에 관심을 갖는 기업들이 부쩍 늘고 있다. 하지만 이를 제대로 실행하는 기업은 많지 않다. 소비자들을 붙잡는 가장 좋은 방법은, 기꺼이 돈을 지불하고자 하는 마음이 들 만큼의 높은 가치를 그들에게 제공하는 것이다. 물론 이것이 말처럼 쉬운 일은 아니지만 실현시키지 못한다면 성공의 길도 점점 멀어진다. 소비자들에게 제공할 수 있는 가치를 세 가지 측면으로 나누면 다음과 같다.

편리함 여행 상품을 계약하러 여행사에 가면 대개 한 자리에서 여행 보험과 여행 안내 책자 등 여행과 관련된 대부분의 일들이 해결된다. 이것들은 무료로 제공되는 서비스가 아니지만, 소비자들은 자신들이 제공받는 편리함이라는 가치에 대해 기꺼이 돈을 지불한다. 비디오테이프와 DVD 대여점 체인망인 미국의 블록버스터(Block-buster)는 각 매장에서 간단한 스낵도 곁들여 팔고 있다. 소비자들이 블록버스터에서 빌린 비디오테이프나 DVD를 보는 동안 먹기 위해 따로 스낵을 사러 가는 경우가 많다는 점에서 착안한 마케팅 방법이다. 현재 블록버스터는 세계에서 가장 큰 팝콘 유통망이기도 하다.

소비자들이 제품을 고르는 기준은 무엇일까? 바로 편리함이다. 주문하기에 편리해야 하고, 사서 들고 가거나 배달이 편리해야 하고, 하자가 있을 경우 반품하기에 편리해야 한다. 세계 최대의 컴퓨터 기업이라는 명성이 반드시 최고의 성능을 가지고 있는 컴퓨터를 만든다는 것을 상징하지는 않는다. 다만 구입하기에 편리하다는 것을 뜻할 뿐이다. 이제는 '무엇을' 파느냐가 아니라, '어떻게' 파느냐가 중요한 것이다.

호감 구매하는 행위 자체로 기분이 좋아진다면 소비자들은 계속해서 제품을 구입하러 올 것이다. 화장품 회사인 바디샵(The Body Shop)은 환경을 보호한다는 긍정적인 이미지를 마케팅에 이용하는 대표적인 기업이다. 유기농 농작물로 만들어진 식품을 판매하는 기업 역시 소비자들에게 마찬가지의 만족감을 준다. 그러한 식품을 먹는 소비자는 자연도 보호하고 스스로의 건강도 지킨다는 뿌듯함을 느끼게 된다.

소비자들에게 호감을 제공하는 방법은 다양하다. 모두가 제조원가를 낮추기 위해 의류 제조 시설을 인건비가 싼 개발도상국으로 옮기는 상황에서, 역으로 선진국에서 옷을 만들고 상표에 제조국을 표시한 한 의류 회사가 더 많은 매출과 이익을 올릴 수 있었던 것은 바로 소비자들에게 호감을 제공했기 때문이다.

맞춤 상품 포드사에 의해 대량 생산이 가능해진 이후 지난 80년간 기업들은 같은 모양과 크기의 제품을 무조건 많이 만들어내는 것이 기업의 이익에 도움이 된다고 믿었고, 실제로도 그렇게 했다. 그러나 소비자에게 더 많은 가치를 제공하고자 한다면, 제품 하나하나를 개별 소비자들의 요구에 맞춰 만들겠다는 생각의 전환이 필요하다. 물론 맞춤 양복을 만들듯 소비자 한 사람 한 사람의 요구를 모두

들어줄 수는 없는 일이다. 하지만 한정된 범위 내에서도 얼마든지 소비자들에게 특별한 제품을 제공하는 일은 가능하다. 비엠더블유 (BMW)의 경우, 같은 모델의 차체를 제작한 후 세부적인 편의사항은 소비자가 직접 고르도록 하고 있다. 그렇게 완성된 자동차는 특정한 소비자를 위한 특별한 자동차가 되는 것이다.

델 컴퓨터 코퍼레이션(Dell Computer Corporation)은 소비자들이 컴퓨터 사양을 직접 고르도록 하는 서비스를 제공하고 있다. 소비자가 컴퓨터에 대해 잘 몰라서 자신이 필요로 하는 사양을 제대로 고를 수 없을 때는, 델의 전문가들이 그들의 요구에 맞춰 대신 골라주는 서비스를 실시한다. 예를 들어, 소비자가 자동차 디자인 업무에 사용할 컴퓨터를 구입하고 싶다고 말하면 그래픽 디자인 작업에 적합한 사양으로 컴퓨터를 맞춰 주는 방식이다.

기업측의 입장에서는 같은 모양의 제품을 대량 생산하는 편이 제조원가나 제품 수송 및 관리의 측면에서 편리하다. 하지만 자기만의 특별한 제품을 갖고 싶다는 소비자들의 요구는 점점 많아지고 있으며, 이는 기업에게 추가적인 비용 지출을 받아들이도록 한다. 때문에 기업들은 모든 제품을 똑같이 만드는 것과 모든 소비자에게 각자가 원하는 다양한 제품을 만들어 주는 것이라는 양극단의 사이에서 기업의 이익을 극대화할 수 있는 지점을 찾아야 한다. 이를 한마디로 '전략을 세울 때 예외 상황을 위한 전략을 우선할 수는 없지만, 예외의 상황도 고려해야 한다.' 하고 표현할 수 있다.

일반적인 병원 시스템이 양극단 사이에 있는 최적의 지점을 잘 찾는 대표적인 경우라고 할 수 있다. 사실 환자들은 모두가 예외적인 경우에 속한다. 그들 중 아무도 정확히 똑같은 병의 증세를 가진 환자는 없다. 그야말로 의료 서비스의 수요자(소비자)는 모두가 특별한 경우인 것이다. 그래서 병원은 의료 서비스를 크게 몇 가지로 분류하고, 그 안에서 한정된 맞춤 서비스를 제공한다. 예를 들면, 가벼운 병의 경우는 외래 환자, 장기간 치료를 요하는 중병의 경우는 입원 환자, 그리고 생명이 위독한 경우는 응급 환자로 분류하고, 그 안에서 의사의 개별 치료를 받도록 하는 방식이다.

소비자의 마음을 사로잡을 새로운 사업 전략의 정립

새로운 제품이나 서비스를 개발하여 소비자들에게 더 높은 가치를 제공할 수도 있다. 일단 소비자들로부터 자신들의 마음을 잘 이해하고 있다는 평가를 받는 브랜드는, 같은 브랜드로 다른 업종에 진출해도 성공할 가능성이 높다.

신용카드 회사의 경우, 별다른 노력을 기울이지 않아도 소비자들의 마음을 잘 알 수 있다. 옷은 얼마나 자주 사는지, 휴일에는 무엇을 하는지, 어떤 책을 사서 읽는지 등등, 소비자들이 어디에서 어느 정도의 돈을 쓰고 다니는지에 대한 정보를 이미 가지고 있기 때문이다. 물론 아직까지는 신용카드 회사들이 적극적으로 다른 업종에 대한 진출을 시도하고 있지 않지만 그럴 의지만 있다면 성공할 가능성은 매우 높다고 할 수 있다.

높은 인지도를 가진 기존의 브랜드를 이용하여 다른 업종을 위협하는 기업들의 사례는 많다. 영국의 센트리카(Centrica)도 그 중 하나이다. 센트리카는 원래 도시가스를 공급하던 회사였는데, 기존의 파이프라인과 자사로부터 가스를 공급받는 일반 소비자들에 대한 정보를 토대로 전력 · 신용카드 · 사설경비 등으로 사업을 확장했다. 2000년부터 2002년까지 2억 1천만 달러라는 거액을 투자해 가설한 통신망으로 매우 저렴한 가격에 통신 서비스를 제공하고 있는 센트리카는 거대 기업 브리티시 텔레콤(British Telecom, BT)을 상대로 시장 점유율을 꾸준히 늘려가는 추세이다.

센트리카가 통신업에 진입하는 동안 BT 역시 일반 가정을 대상으로 대출 및 보험 서비스를 제공하는 금융 회사로서의 입지를 넓히고 있다. 고객에 대한 상담 및 영업은 주로 전화와 인터넷을 통해 이루어지고 있는데, BT는 통신 회사로서의 이점을 살려 자사의 금융 서비스를 이용하는 고객들에게 전화 이용료를 할인해 준다. 기존의 전화 이용자들에 대한 축적된 정보를 가지고 있는 BT는 금융업에서의 위상을 점차 높여가고 있다.

자신들의 시장을 빼앗아 가는 BT의 활약을 그냥 보고만 있을 금융 회사는 없다. 그들도 자신들이 가지고 있는 브랜드 이미지를 기반으로 새로운 영역에 적극적으로 뛰어들고 있다. 영국의 바클레이스(Barclays) 은행의 경우 기존 고객사들을 대상으로 사업 기회를 서로 연결해 주는 서비스를 새로 시작했다. 바클레이스라는 강력한 브랜드, 수십 년 동안 축적해 온 고객사들에 대한 정보, 훌륭하게 갖춰놓은 전산 시스템 등을 무기로 바클레이스는 사업 파트너 중계 업무를 훌륭하게 수행해내며, 자사의 명성을 한층 높이고 있다.

이와 같이 소비자들에게 인정받는 회사는 다양하고도 혁신적인 마케팅 기법을 계속적으로 시도한다는 특징이 있다. 이에 대해 피터 드러커는 이렇게 말했다.

> 기업의 목적은 고객을 창출하는 것이다. 고객을 창출하는 두 가지 방법은 마케팅과 혁신이다. 기업 활동 가운데 진정한 투자라고 할 만한 것은 이 두 가지뿐이며, 그 나머지는 모두 비용이라고 보면 된다.

예전에는 기업 활동 가운데 가장 중요한 것이 생산이었다. 마케팅이나 연구 개발은 생산을 뒷받침하는 부수적인 활동에 불과했다. 하지만 이제는 마케팅이나 연구 개발이 생산을 이끌어 나간다. 소비자나 시장에 대해 충분히 파악하지 못한 상태에서 만들어진 제품은 아무리 튼튼하고 보기 좋아도 판매되지 않는 오늘날의 현상을 보면 피터 드러커의 말은 더욱 의미심장하게 들린다.

마케팅과 혁신을 이용해 숨겨져 있던 시장을 새로 발견한 기업들 가운데 캐터필러(Caterpillar)가 있다. 불도저나 굴착기 등의 중장비로 유명한 캐터필러는, 자사의 중장비에나 탑재하던 엔진 기술을 응용해 발전기를 개발했다. 물론 사람들은 오래 전부터 자동차 엔진에서 발생하는 전기를 이용해 불을 밝히고 간단한 전기 도구들을 움직였지만, 그건 어디까지나 비상시에나 볼 수 있는 모습이었다. 캐터필러가 개발한 발전기는 개발도상국에서 매우 유용하게 사용되고 있다. 늘어나는 전력 사용으로 전기 공급이 안정적으로 이루어지지 않는 국가들의 기업, 특히 인터넷 사업을 하는 기업들의 가장 큰 걱정 가운데 하나는, 전기가 갑자기 끊어져 자료를 잃거나 서버가 다운되지나 않을까 하는 점이었다. 캐터필러는 이들에게 엔진을 응용한 자가 발전기를 판매했고, 1999년에는 전체 매출의 10퍼센트가 발전기 관련 사업에서 발생했다.

그뿐 아니라, 캐터필러는 자사의 고객들이 굴착 공사를 할 때 많은 시행착오를 겪는다는 것을 알고, 굴착 공사에 대한 컨설팅 사업도 시작하였다. 그들이 계속해서 새로운 사업을 발굴할 수 있었던 것은, 소비자들이 무엇을 원하는지에 대해 혁신적인 시각으로 접근했기 때문이다.

소비자의 얘기에 귀를 기울이라

소비자들의 얘기에 귀를 기울이고 그들과 동반자 관계를 형성해서 위기상황을 극복한 예는 많다. 지금부터 이야기할, 하드디스크 드라이브를 제조·납품하는 회사도 그 중 하나이다. 이 회사는 업계에서 나름대로 기술력을 인정받고 있었으며, 대형 컴퓨터 회사 몇 곳을 고정 고객으로 두고 있어 안정된 수익을 올리고 있었다. 그런데 오래도록 거래를 해온 대형 고객사 하나가 거래를 중단하겠다고 갑자기 통보를 해왔다. 거래 중단의 이유는 다음의 세 가지였다. 첫째, 하드디스크 드라이브의 납품 속도가 너무 느리다. 둘째, 다른 회사가 더 낮은 가격에 하드디스크 드라이브를 공급하겠다고 제안했다. 셋째, 제품에 대한 불량률이 높아졌다. 이 세 가지 이유 중 어느 것 한 가지도 심각하지 않은 것은 없었지만, 그 중에서도 세 번째 이유는 다시 한번 생각해 볼 만하다.

이 회사는 최근 늘어나는 하드디스크 드라이브 주문량을 맞추기 위해 회사를 하나 인수했는데, 여기서 만들어진 제품의 불량률이 상당히 높았다. 이것이 전체적인 불량률 증가를 가져왔던 것이다.

고객사가 제시한 문제를 해결하고 거래를 계속 유지하기 위해 드라이브 제작 회사는 고객사와 대화를 시작했고, 이를 통해 몇 가지 중요한 사실을 발견했다. 우선 하드디스크 드라이브 회사가 수요를 감당하지 못할 정도로 주문이 늘어난 것은, 최근 새로 출시된 소프트웨어가 선풍적인 인기를 끌고 있었기 때문이었다. 그 소프트웨어의 용량이 커서 하드디스크 드라이브만 업그레이드 하려는 컴퓨터 사용자들이 많아졌던 것이다. 게다가 고객사인 컴퓨터 회사에는 충분한 크기의 창고가 없어서 주문을 급박하게 하는 경향이 있었다.

문제를 파악한 드라이브 제작 회사는 늘어난 주문량을 소화할 수 있도록 생산 라인에 일대 혁신을 가하는 동시에 경쟁사의 낮은 가격에 대응할 수 있도록 제조원가를 낮추려는 노력을 기울였다. 또, 컴퓨터 회사와 공동으로 투자하여 창고를 새로 지어 하드디스크 드라이브를 급하게 주문하는 일을 크게 줄였다. 이 모든 일을 위해 드라이브 제작 회사는 적지 않은 비용을 지출했지만 그만한 가치가 있었다. 바로 그 해에 매출이 8퍼센트나 증가했던 것이다.

컴퓨터 회사와 동반자 관계를 형성함으로써 하드디스크 드라이브 제작 회사는 대형 고객사를 잃지 않는 한편, 생산 능력을 높일 수 있었다. 뿐만 아니라, 비용을 낮춰 예전보다 큰 폭으로 이익을 늘릴 수 있었다.

가정용 공구를 주로 취급하는 한 대형 제조 회사 역시 고객과 동반자 관계를 형성하여 위기를 이겨낼 수 있었다. 당시 이 회사는 소비자들에게 자사가 만든 공구를 사용해 주거 환경을 개선할 수 있는 방법들을 알려 주면 이전보다 제품 판매량이 훨씬 증가할 거라는 야심찬 계획 아래, 잠재 소비자들에게 공구 사용법을 가르쳐 주는 프로그램을 개발하는 데에 엄청난 돈을 투자한 상태였다. 그런데 막상 프로그램을 출시하자 제품 판매량이 느는 대신 담당 부서가 감당하지 못할 만큼 고객들의 문의전화가 폭주하기 시작했다. 공구 사용법에 대한 프로그램의 내용이 일반인들에게는 너무나 어렵고 복잡했던 탓에 프로그램을 접한 사람들이 질문이나 항의를 하기 위해, 혹은 환불을 요구하기 위해 고객 지원 부서에 전화를 했던 것이다. 게다가 사용법에 대해 좀더 많은 설명을 해달라며 전화를 건 사람들의 대부분은, 자신들이 작업을 수행하는 내내 좀처럼 전화를 끊으려고 하지 않았다. 그들은 고객 지원 부서의 직원이 계속해서 자신의 질문에 답을 해주기를 원했다.

사용법 지도 프로그램에 대해 엄청난 양의 질문을 받기는 대리점 직원들도 마찬가지였다. 물론 프로그램이 출시된 이후 제품 판매량이 증가하기는 했다. 그러나 그 프로그램으로 인해 걸려오는 전화 때문에 다른 일을 못하게 된 것을 생각하면 오히려 전체 이익 규모가 줄어들었다고 해도 과언이 아니었다. 그러자 대리점 직원들은 그 공구 제조 회사의 제품이나 프로그램을 기피했고, 대리점 사장들은 아예 공급처를 바꾸겠다고 엄포를 놓기까지 했다.

문제의 심각성을 깨달은 공구 제조 회사는 대리점 사장들과 한자리에 모여 여러 번에 걸쳐 대책 회의를 가졌다. 그리고 본사 직원들을 대리점에 파견하여 소비자들을 대상으로 공구 사용법에 대한 강습회를 열기로 결정했다. 강습회의 인기는 대단했다. 아무래도 강사의 시범 조작을 직접 보면서 배우니 훨씬 이해가 빨랐던 것이다. 강습회를 실시한 바로 그 해, 공구 매출은 25퍼센트 증가했고 고객 지원 부서로 걸려오는 전화는 65퍼센트 감소했다. 그나마 걸려오는 전화의 대부분은 강습회가 언제 열리느냐는 등의 간단한 질문을 하기 위한 것이었다.

이처럼 대리점이라는 공간적 자원과 본사의 직원이라는 인적 자원을 결합시킴으로써 회사와 대리점 모두는 많은 이익을 올릴 수 있었다. 혼란 상태를 성공적으로 극복한 공구 제조 회사의 사장은 이에 대해 다음과 같이 평가했다.

우리가 사업 파트너와 구축한 관계, 그리고 사업 파트너와 함께 발견한 기회는 앞으로도 오랫동안 우리 모두의 가치를 높여 줄 것입니다. 갑이니 을이니 하는 관계 우위를 따지지 않고, 우리는 사업 파트너와 함께 성장해 나갈 것입니다.

소비자의 취향 변화에 따른 미래 예측의 필요성

기업의 입장에서 미래를 예측하기란 여간 어려운 일이 아니지만, 그렇다고 상황이 좋게 돌아가기를 바라며 가만히 앉아 있을 수만은 없는 노릇이다. 하지만 아직도 미래를 예측하기 위해 노력하기는커녕 스스로 자신의 눈을 가려 버리는 기업들이 많은 것도 사실이다. 현재의 성공에 도취한 나머지 자만에 빠진 기업들이 이 경우에 해당하는데, 이들은 주로 "다 알고 있습니다. 우리 소비자들이 무엇을 원하는지도 알고, 시장이 어떻게 변해갈지도 알고 있습니다. 지금까지 그랬듯이 말입니다." 하고 변명을 늘어놓는다. 하지만 성공을 지속시키고자 한다면 끊임없이 변화하는 상황을 감지하고 능동적으로 대처하는 능력을 가지고 있어야 한다.

지속적으로 성공하기를 원한다면, 시장 조건이 어떻게 변하는지, 신규 진입자는 누구인지, 소비자들의 인구 통계학적 분포가 어떻게 달라지고 있는지 등의 상황을 신속하고 정확하게 감지해야 한다. 그를 위한 활동들은 특정한 시기를 골라 무슨 행사처럼 이루어지는 것이 아니라 일상의 업무처럼 당연한 일이 되어야 한다. 게다가 이렇게 감지한 변동 상황을 최고경영진에 속한 소수의 사람들만 알고 있을 게 아니라 가능한 한 많은 수의 임직원들이 알도록 해야 한다. 때때로 일선에서 실무를 담당하는 직원들의 역량을 우습게 생각하고 무시하는 경우가 있는데, 그것은 정말 어리석은 생각이다. 좀더 많은 이익을 얻고 싶다면 이들에게도 충분한 정보를 제공해야 한다.

소비자에게 가치를 제공하는 네 가지 요소, 즉 속도 · 품질 · 가격 · 편리성에 대한 소비자들의 기대치는 계속해서 올라가게 마련이다. 예전에는 이들 네 가지 요소 가운데 어느 한 가지만 괜찮아도 성공한 기업이라는 소리를 들을 수 있었다. 하지만 오늘날의 소비자들은 이들 네 가지 모두를 동시에 요구하고 있으며, 기대치는 계속 상승하고 있다. 그들은 "우리가 원하는 것은 싸구려가 아니에요. 하지만 고급 제품이라 하더라도 저렴하게 나왔으면 해요." 하고 말하는데, 기업의 입장에서는 참으로 어려운 요구이다.

휴대전화기가 처음 세상에 선보였을 때, 그것의 크기와 모양은 벽돌 한 장과 비슷했다. 그래도 소비자들은 큰 불만이 없었다. 하지만 그로부터 10년 가량 지난 후, 세계 어디에서든 통화가 가능하다며 이리듐(Iridium) 휴대전화기가 소개되었을 때, 소비자들의 반응은 차갑기 그지없었다. 크기와 모양이 10년 전의 휴대전화기와 별반 다를 게 없었기 때문이다. 이리듐 사업의 실패에는 여러 가지 요인이 복합적으로 작용했지만, 휴대전화기의 크기와 모양도 실패 요인에 적지 않은 비중을 차지하고 있음은 부인할 수 없는 사실이다.

한때 이리듐 사업이 일반 이동통신 사업을 대체할 것이라는 예측이 나오기도 했다. 그러나 이동통신 및 휴대전화기 제조 회사들은 작고 예쁘고 값도 저렴한 휴대전화기를 계속해서 출시하면서 자신들의 위상을 더욱 굳혀 가고 있다. 게다가 몇몇 회사들은 소비자들의 취향을 이끌어 가고 있기까지 하다. 이처럼 앞으로는 끊임없이 변화하는 소비자들의 취향을 간파하고 선도하는 기업만이 성공이라는 기쁨을 누릴 수 있을 것이다.

유용한 정보를 주는 소비자군은 따로 있다

소비자들이 중요하게 생각하는 가치가 무엇인지 알 수 있는 방법에는 어떤 것이 있을까? 이런 질문을 던지면 많은 사람들이 시장조사를 떠올린다. 그러나 바디샵의 창업자인 애니타 로딕(Anita Roddick)의 생각은 다르다. 그는 시장조사에 대해 "시장조사라는 것은 운전할 때 백미러를 보는 것과 마찬가지입니다. 이미 지나간 일에 대해서만 알 수 있을 뿐이죠." 하고 말한다. 시장조사를 통해 알 수 있는 것은 현재 진행되고 있는 상황에 대한 것일 뿐, 앞으로의 변동 상황에 대해서는 전혀 알 수가 없다.

물론 시장에서 무슨 일이 일어나고 있는지를 아는 것은 중요하다. 백미러를 보지 않고는 운전을 할 수 없는 것과 마찬가지이다. 그러나 그것만으로는 충분하지 않다.

그렇다면 시장조사의 결과를 기업이 혁신하는 데에 어떻게 적용하면 좋을까? 앞으로는 시장조사를 통해 얻어진 결과에 대해 이런 질문을 던져 보자. "이 결과를 우리가 바꿀 수 있을까? 바꾸게 된다면 우리에게 더 큰 이익을 창출해 줄까?" 유의할 점은, 속도 · 품질 · 가격 · 편리성 등 소비자 가치를 이루는 네 가지 요소 각각에 대해 시장조사를 한 뒤, 이와 같은 질문을 던져야 한다는 것이다.

경쟁사는 전혀 뜻하지 않은 방향에서 우리를 공격해 올 수 있다. 1980년대 복사기 제조 회사인 제록스(Xerox)가 가장 두려워하던 것은 일본산 저가 복사기의 미국 시장 진출이었다. 그 당시 제록스가 세웠던 모든 경영 전략은 이에 대비하기 위한 것들이었다. 그런데 정작 제록스의 시장을 빼앗아 버린 것은 휴렛팩커드(Hewlette-Packard)가 만든 레이저 프린터였다. 사무실에 프린터 보급률이 늘어나면서 복사의 필요성이 줄어들고 있었다는 사실을 제록스는 미처 알아채지 못했던 것이다.

소비자들의 얘기를 들을 때 표본 대상을 선정하는 것은 매우 중요한 문제이다. 표본 대상을 어떻게 선정하느냐에 따라 시장조사의 결과마저 달라질 수 있기 때문에 주 고객층으로 삼고 있는 소비자 집단을 가장 잘 대표할 수 있는 사람들로 신중하게 골라야 한다. 소비자 집단의 성향에 따라 제공해 주는 정보의 수준을 그림으로 표현하자면 〈그림 4-1〉과 같다. 〈그림 4-1〉에서 보면 시장을 이끌어 나가는 선각 수용자(early adopter)들이 가장 가치있는 정보를 알려 줄 수 있다는 점이 분명하게 드러난다. 하지만 그들의 의견이 전체 소비자의 의견이라고 할 수는 없다. 몇몇 첨단기술 기업들의 경우, 새로운 제품에 대해 매우 수용적인 선각 수용자들의 의견을 듣고 그것이 전체 소비자들의 의견이라고 착각하는 경우가 있다. 하지만 선각 수용자들이 가치있는 정보를 전달해 줄 수 있는 소비자임에는 분명하지만 전체 소비자를 대변할 수는 없는 것도 사실이다.

한때 우리 회사의 제품을 사용했지만 이제는 경쟁사의 제품을 사용하는 소비자들을 조사하는 것도 유용한 정보를 많이 얻을 수 있는 좋은 방법이다. 그들은 우리의 약점이 무엇인지, 시장에서 우리가 발견하지 못한 것은 무엇인지를 알려 줄 가능성이 높다. "지난해에는 아디다스(Adidas)를 입었는데 왜 올해는 리복(Reebok)을 입으십

〈그림 4-1〉 소비자별 정보 수준

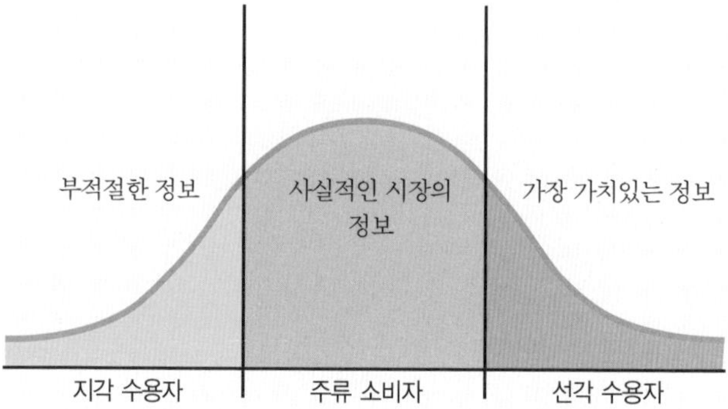

부적절한 정보   사실적인 시장의 정보   가장 가치있는 정보

지각 수용자   주류 소비자   선각 수용자

니까?" 하고 묻는다면, "그냥 새로운 상표를 입고 싶어서." 하는 답이 나올 수도 있지만 훨씬 더 가치있는 답이 나올 가능성은 얼마든지 있다.

소비자의 성향 파악

마케팅 전문가들이 소비자들을 분류하는 방식은 다양하지만, 가장 일반적으로는 '상품 자체를 중시하는 사람'들과 '부가적인 서비스나 구매의 편리함을 중시하는 사람'들로 나눌 수 있다. 이 중 상품 자체를 중시하는 소비자들은 대개 가격에 민감하다. 때문에 자신이 사려는 상품에 대해 사전정보를 구한 후, 최대한 낮은 가격에 제품을 구입할 수 있는 곳을 찾는다. 반면 부가적인 서비스나 구매의 편리함을 중시하는 소비자들은 상품 자체만이 아니라 그것과 관련된 주변의 모든 것을 함께 고려한다.

상품 자체를 중시하는 소비자들은 대출을 받을 때도, 보험에 가입할 때도, 컴퓨터를 살 때도 자신에게 가장 유리한 거래 조건을 찾기 위해 다양한 수단을 사용한다. 이들은 자신이 구매하고자 하는 제품에 대해 어느 정도의 상품 지식을 갖추고 있다. 이런 소비자들이 특히 선호하는 것은 비용이 저렴한 인터넷을 이용한 상거래—온라인 상점, 온라인 증권 거래, 인터넷 뱅킹 등—이다. 이에 비해, 부가적인 서비스를 중시하는 소비자들은 구매의 편리함을 위해 추가 비용의 지출을 감수할 용의가 있다. 이들은 전문가나 상담원에게 구매의 전권을 맡기는 일을 주저하지 않는다. 물론 상품 자체를 중시하고 가격에 민감한 소비자들도 자신이 잘 모르는 상품을 구입하려고 할 때는 전문가들의 도움을 받고 그에 따른 추가 비용을 지불하기도 한다.

상품 자체를 중시하는 소비자들을 주 고객층으로 설정한 기업의 예로 렌딩 트리(Lending Tree)가 있다. 렌딩 트리는 부동산 담보 대출, 자동차 할부 금융, 신용 대출, 중소기업 대출, 신용카드 등의 금융 상품을 취급하는 금융 회사들을 온라인상에 분류해 놓아, 일반 이용자들이 자신에게 필요한 금융 회사를 찾는 데 도움을 주는 서비스를 제공하고 있다. 이들은 단순히 금융 회사들을 분류해 놓는 데에만 그치지 않고, 렌딩 트리의 이용자가 필요로 하는 금융 상품을 지정하면 가장 좋은 조건으로 상품을 제공할 만한 회사를 찾아 연결해 주는 서비스도 제공한다. 금융 회사들 간에 경쟁 입찰을 시키는 것이다. 렌딩 트리가 더욱 승승장구할 수 있었던 데에는 서비스를 제공하면서 이용자들에게 별도의 접속료나 중개 수수료 등의 비용을 청구하지 않은 것이 크게 작용했다. 그 때문인지 처음 서비스를 개시한 지 3개월 만에 렌딩 트리가 중개한 금융 상품은 7만여 건, 금액은 5억 달러에 달했다. 이러한 렌딩 트리의 혁신적인 서비스는 상품 자체와 가격을 중시하는 소비자들의 취향에 딱 맞는 것이라고 할 수 있다.

맞춤 서비스의 제공

소비자들은 이제 제품이나 서비스 이상의 것을 원하고 있다. 특히 부가적인 서비스를 중시하는 소비자들은 제품이 주는 특정한 효용보다는 '편안한 노후 생활', '자녀들의 안정된 미래', '다른 세상을 보고자 하는 욕망' 등과 같이 포괄적인 목적을 위해 돈을 쓴다. 따라서 기업들도 변화하는 소비자들의 욕구에 발맞추는 능력이 필요하다.

소비자들의 개별적인 취향을 겨냥한 마케팅 방식은 인터넷에서 많이 찾아볼 수 있다. 마이크로소프트(Microsoft)에서 운영하는 홈 어드바이저(HomeAdvisor)라는 사이트에는, 새로 살 집을 구하고, 대출을 받고, 보험에 가입하고, 이사를 가고, 새집을 꾸미는 등 새집을 구해 이사를 가고자 하는 사람이 필요로 하는 모든 서비스가 망라되어 있다. 이것은 소비자들의 취향—생활양식 · 욕구 · 선호도 등—에 대해 잘 알고 있는 기업만이 제공할 수 있는 특별한 서비스라고 할 만하다.

소비자들에 대해 일방적으로 조사를 한다고 해서 그들의 취향을 저절로 알게 되는 것은 아니다. 소비자들과 의견을 주고받는 의사소통이 원활히 이루어져야만 가능한 일이다.

소비자 중심의 프로세스 개선

기업들은 내부적인 업무 프로세스만을 개선하려 하지 말고, 기업의 상품을 구매하기까지 소비자들이 거쳐야 하는 프로세스도 함께 개선해야 한다. 그러기 위해서는 우선 주 고객층으로 설정한 소비자들에 대해 속속들이 파악해야 한다. 다행히도 인터넷의 발달로 각종 네트워크를 구축하기가 훨씬 쉬워진 오늘날에는 기업이 사업 모델을 구상하는 단계에서부터 소비자들과 협력하는 일도 가능해졌다.

특히 일반 소비자들이 아닌 기업체들을 상대로 마케팅을 펼치는 기업이라면 고객사가 처한 상황에 대해 잘 알고 있어야 한다. 자신의 기업이 속한 업계의 변화뿐 아니라 고객사를 둘러싼 여러 가지 환경의 변화를 민감하게 파악하고 있어야 하는 것이다. 고객사가 속해 있는 업계 또한 빠르게 변하기 때문이다. 심지어 보수적이라는 평을 듣는 정유나 전력 같은 에너지 업계도 규제 완화 등의 새로운 조치로 인해 날로 경쟁이 치열해지고 있다. 때문에 에너지 회사는 생존을 위해 다양한 분야로의 진출을 모색할 수밖에 없는 상황에 직면하고 있다.

소비자의 적극적 기업 활동 참여 유도

"우리의 소비자들을 만족시킬 만한 최고의 상품을 만들려면 어떻게 해야 할까?" 이 질문에 대한 답을 찾으려면 기업 내부뿐만 아니라 외부까지도 샅샅이 살펴봐야 한다. 팀 · 부문 · 회사 등 제한적인 시각의 한계를 넘어서야 비로소 혁신의 가능성을 발견할 수 있는 것이다.

소비자들을 만족시키기 위해서는 가장 먼저 그들의 취향을 파악해야 한다. 소비자들의 취향을 가장 잘 아는 사람은 당연히 소비자들 자신이다. 이러한 사실을 깨달은 기업들은 앞다투어 소비자들을 기업 활동에 적극적으로 동참시키기 위한 계기들을 만들고 있다.

제품 개발부터 최종 서비스에 이르기까지 기업 활동에 있어서 소비자들이 참여할 수 있는 분야는 다양하다. 특히 기업체들을 상대로 사업을 하는 경우에는 고객사의 요구를 제품 개발 단계부터 상당히 구체적으로 수용하는 것도 가능하다. 이때 유용하게 사용될 수 있는 수단이 인터넷이다. 인터넷을 이용하면 실시간으로 소비자들의 참여를 이끌어낼 수 있다. 이를 위해 자사 임직원들에게만 허용하던 기업 내부 서버(server)에 대한 접근을 일반인들에게도 허용하는 기업들이 점차 늘고 있다.

여기서 한 발 더 나아가 판매와 관련된 서비스 자체를 아예 소비자들에게 맡겨 버리는 경우도 있다. 온라인 보험 회사가 대표적인 사례인데, 1885년 설립되었고 웹 사이트를 통해 보험 상품을 판매하는 시스템을 갖춘 로이드1885(Lloyd1885)도 그 중 하나이다. 로이드의 고객들은 보험 중계인을 만나는 대신 로이드의 웹 사이트에 접속하여 직접 보험 조건을 요구하고, 특별 요율에 대해 흥정하며, 계약을 마친 후에는 보험증권이 언제 집으로 배달되는지에 대한 정보를 얻는 등 원하는 모든 정보를 얻을 수 있다.

많은 경우, 소비자들은 직접 기업 활동에 참여함으로써 더 큰 만족을 얻는다. 기업 역시 그만큼 남아도는 역량을 다른 핵심적인 활동에 집중할 수 있다. 이것은 결국 소비자에게 더 큰 가치를 제공할 수 있는 계기가 된다. 기업 활동에 소비자들을 참여시키는 구체적인 방법은 다음과 같다.

셀프 서비스의 활용 차에 주유를 하고 기름 값을 내는 것 정도는 소비자들이 직접 하기에 어려운 일이 아니다.

공급과 관련된 정보 개방 현재 재고량이 얼마인지, 주문한 물품은 언제 배송되는지 등에 대한 정보를 개방하면 기업의 일손을 훨씬 덜 수 있다.

수요와 관련된 정보 개방 인기 제품의 주간 순위, 소비자들이 직접 작성한 제품 사용기 등을 공개하는 것은 마케팅 담당 사원의 업무를 대신할 수 있다.

편의성 제공 대표적으로 온라인 상점의 '장바구니' 기능을 들 수 있다.

서비스 이용자들이 가지고 있는 컴퓨터의 저장 용량과 처리 능력을 이용하는 피어 투 피어(Peer to Peer)* 방식의 컴퓨터 사용도 이러한 맥락에서 이해할 수 있다. 기업의 영업 활동과 직접적인 관련은 없지만 여러모로 되새겨볼 만한 재미있는 사례를 하나 소개하겠다.

우주에서 발생하는 전파 신호를 접시형 대형 안테나로 포착하고 분석해서, 우주에 인류 외에도 다른 지적 생명체가 존재할 가능성이 있는지의 여부를 확인하고자 하는 외계 지적 생명체 탐사(Search for Extraterrestrial Intelligence, SETI) 프로젝트라는 것이 있다. 이 프로젝트에는 전파 신호를 분석하기 위한 고성능 컴퓨터가 필요하다. 그런데 일반 가정에서 사용하고 있는 수준의 컴퓨터라도 처리 능력과 저장 용량을 한데 모을 수 있다면 굳이 고가의 고성능 컴퓨터를 사용하지 않더라도 많은 양의 전파 신호를 분석할 수 있다는 연구결과가 나왔다. 여기에 착안한 SETI 참여자들은, 일반 인터넷 사용자들에게 자신들의 연구 활동에 동참해 줄 것을 호소했다.

그들이 인터넷 사용자에게 제시한 동참 방법은 다음과 같다. 우선 뜻을 함께한 인터넷 사용자는 SETI 웹 사이트에 접속하여 소프트웨어를 전송받아 자신의 컴퓨터에 설치해야 한다. 그런 뒤 컴퓨터를 사용하지 않는 시간 동안 미리 설치한 소프트웨어를 구동시키면 일정한 양의 전파 신호를 분석하게 되는 것이다. 여기서 나온 결과는 SETI의 서버 컴퓨터로 자동 전송된다. 물론 한 대의 PC에서 분석되는 양은 매우 적지만, 그런 식으로 자료가 모이면 엄청난 양의 자료를 분석할 수 있다는 원리였다. 이것이 실현된다면 고성능 메인프레임 컴퓨터를 굳이 보유할 필요가 없어진다.

현재 이와 같은 SETI 프로젝트에 동참하고 있는 사람들은 전세계

---

* 줄여서 흔히 'p2p'라고 한다. 컴퓨터와 컴퓨터를 직접 연결해 서버 없이도 파일 등을 공유할 수 있는 기술로, 같은 랜(LAN, 근거리통신망)에서 PC끼리 파일을 공유하는 기법을 전체 인터넷으로 확장시킨 것이다.

224개 국가에 160만 명을 넘는다고 하며, 프로젝트 시행 첫해에만 일반적인 개인 컴퓨터로 16만 5,000년 동안 처리해야 할, 실로 엄청난 양의 자료가 처리되었다고 한다. 아마 단일 프로젝트로는 역사상 가장 방대한 양의 자료가 처리되었을 것이다.

구체적 사례: 선 마이크로시스템

선 마이크로시스템(Sun Microsystems)은 한때 대표전화로 일반에 알려진 전화번호만 60개가 넘었고, 여러 개의 사업 부문들이 고객상담센터를 별도로 운영하고 있었다. 그리고 서버를 구입하거나 컨설팅 업무를 의뢰하고자 하는 사람은 세 개의 서로 다른 부서에 있는 담당자들과 각각 만나서 상담을 해야만 했다. 이로 인해 작은 규모의 프로젝트를 하나 추진하려고 해도 프로젝트 의뢰인이나 선 마이크로시스템의 담당자 모두가 대단히 혼란스러워했다. 실제로 한 정부 기관에서 서버를 구입하려고 선 마이크로시스템의 대표전화로 전화를 걸었는데, 정작 전화를 받은 사람은 공공 기관의 주문을 처리하는 부서는 따로 있으며 자기는 그 담당 사업부가 어디인지 모르겠다고 답했다. 그 정부 기관의 담당자는 며칠이 지나서야 겨우 해당 사업부를 찾아 주문을 할 수 있었다.

이와 비슷한 일은 생각보다 빈번하게 일어났다. 선 마이크로시스템의 각 부서들이 어느 지역을 어떻게 담당하고 있는지 통합적으로 관리하는 시스템이 없어서 생기는 피해는 예상보다 심각했다. 그래서 선 마이크로시스템은 선 센터(Sun Centers)라는 시스템을 만들어 고객들과의 접점을 단일화하기로 했다. 우선 전세계에 있는 고객상담센터들을 선 센터로 통합했고, 웹 사이트를 구축하여 어지간한 정보는 고객들 스스로 찾아볼 수 있도록 하였다.

선 센터의 웹 사이트가 갖는 의미는 여러 가지가 있겠지만, 고객 스스로가 자신들의 문제에 대한 해결책을 찾아볼 수 있도록 한 것, 즉 선 마이크로시스템이 이제껏 해오던 고유 업무 가운데 일부를 고객들이 직접 하도록 한 조치는 주의깊게 살펴볼 필요가 있다. 직접 해결책을 찾는 데 실패했거나 새로운 시스템이 싫은 사람들은 웹 사이트를 통해 질문을 던지거나 전화를 걸어도 문제 해결이 가능했다.

이러한 시스템은 선 마이크로시스템의 고객들이나 직원들 모두에게 이로운 결과를 낳았다. 불필요하게 전화를 걸고 거기에 응대하는 시간을 아껴, 시간을 효율적으로 사용할 수 있게 된 업무 혁신이었던 것이다. 이런 식의 셀프 서비스를 통해 고객들은 더 큰 만족을 얻을 수 있었으며, 선 마이크로시스템측에서도 적지 않은 비용을 절약할 수 있었다. 고객 만족도를 높이는 일과 비용을 줄이는 일, 이 두 가지가 기업에게 얼마나 중요한 일인지는 새삼 강조할 필요가 없을 것이다.

새로운 수요의 창출

미래를 예측하는 것이 어렵다면 아예 스스로 미래를 만드는 것도 가능하다. 소비자들의 욕구를 조사하여 미래를 예측한다는 것은 애초에 불가능한 일일지도 모른다. 소비자도 자신이 무엇을 원하는지 제대로 알기 어렵기 때문이다. 소비자들은 자신들이 크라이슬러 (Chrysler)의 미니밴이나 24시간 동안 뉴스만 방송하는 씨엔엔(CNN) 을 그토록 필요로 하는지 미처 모르고 있었다. 소니(Sony)의 워크맨 (Walkman) 역시 소비자들이 조그만 카세트 플레이어가 필요하다고 요구해서 만들어진 것이 아니다. 이러한 상품들에 대한 욕구가 소비자들에게 원래부터 내재되어 있었던 것이 아니라, 기업들이 혁신을 통해 만들어낸 것이다.

워크맨이 1980년대의 음반 업계에 일대 혁신을 가져온 장본인이라면, 이제 그 뒤를 엠피쓰리(MPEG Audio Layer-3, MP3)와 냅스터(Napster)가 잇고 있다. 물론 공짜로 자신들의 음악이 퍼져 나가는 것을 막기 위한 대형 음반사들의 소송으로 냅스터의 기능은 2001년 2월 이후 실질적으로 정지된 상태지만, 그와 유사한 기능을 하는 웹 사이트들은 훨씬 많아졌다. 이런 서비스를 찾는 사람들이 많아졌기 때문이다. 그리고 이제는 대형 음반사들마저도 무료, 혹은 최소한의 가격으로 MP3 음악 파일을 전송받을 수 있는 서비스를 개시하고 있다. 시장의 흐름에 뒤처지지는 않을까 하는 우려 때문이다.

이와 유사한 일은 그 전에도 있었다. 1920년대 라디오가 한창 인기를 끌기 시작하자 대형 음반사들은 라디오 방송이 자신들의 음악을 사람들에게 공짜로 들려 준다며 배척하려고 했던 것이다. 지금 이런 얘기를 들으면 아마 음반사 관계자들마저도 실소를 금치 못할 것이다.

오늘날, 라디오 방송은 음반 매출에 있어 절대적인 영향력을 가지고 있으며, 몇몇 음반사들은 라디오 방송을 통해 자신들의 음악을 '공짜로' 들려 주기 위해 돈까지 지불하는 경우도 있을 정도이다.

이제 시장에서 소비자들의 힘은 무시하지 못할 만큼 강력해졌다. 때문에 진정 성공하는 기업이 되기 위해서는 기업 내부의 개선 사항만을 살피기보다는, 소비자들이 무엇을 바라고 있는지를 파악하는 데에 더 많은 역량을 기울여야 한다. 소비자들을 위해 더 많은 가치를 창출하여 그들을 받들어야 한다. 소비자들에게 더 가까이 다가갈 수 있는 방법을 찾고 그들을 기업 활동에 참여시키라. 소비자들을 끌어안는 것, 이것만이 소비자들이 주도하는 오늘날의 시장 상황에서 성공할 수 있는 유일한 방법이다.

5. 첨단기술과 혁신의 상관관계

못을 박는 망치나 최첨단 컴퓨터나
다 같은 도구일 뿐이다.
—무명씨

오늘날, 많은 사람들이 첨단기술을 모든
문제의 만능 해결책이라고 맹신함으로써 스스로 오류의 길로 접어드
는 경향이 있다. 물론 첨단기술은 해결에 오랜 시간이 걸리는 복잡한
문제들을 쉽게 해결해 주는 장점이 있지만, 오히려 골칫거리로 작용
하는 경우도 적지 않다.

얼마 전, 나는 런던에서 파리로 가기 위해 항공권을 구매한 적이
있다. 몇 년 전만 하더라도 출장을 가기 위해 비행기를 예약하려면
여행사에 전화를 걸어 담당 직원과 짧은 통화만 하면 모든 것이 해
결되었다. 하지만 이제는 인터넷을 이용해 직접 항공권을 예약하는
일이 보편화되어 있다. 나도 인터넷을 이용해 보기로 마음먹고 관련
사이트에 접속했는데 너무나 많은 항목과 선택 조건 때문에 무척 혼
란스러웠다.

인터넷으로 항공권을 예약하는 것과 관련된 원리는 간단하다. 여

행사 웹 사이트에 로그인을 하고, 항공편을 고르고, 항공권을 예약하고, 항공권을 받으면 된다. 내 경우도 여행사 웹 사이트를 골라 적당한 항공편을 고르는 과정까지는 비교적 순조롭게 진행되었다. 날짜나 시간 모두 마음에 들었다. 그래서 항공권을 예약하기 위해 웹 사이트에서 요구하는 신상 정보들을 입력하고 확인 버튼을 눌렀는데, 낯선 기호들과 함께 오류가 생겼다는 메시지가 나왔다. 할 수 없이 처음부터 다시 신상 정보를 입력하고 확인 버튼을 눌렀는데, 이번에는 비밀번호가 틀렸다는 메시지가 나왔다. 분명히 제대로 입력했지만 소용이 없었다. 비밀번호를 여러 번에 걸쳐 입력했는데도 계속해서 잘못된 비밀번호라는 메시지가 나오더니, 급기야는 컴퓨터가 다운되고 입력해 놓은 정보가 모두 날아가 버렸다.

나는 너무나 화가 났다. 무엇보다도 항공권이 예약된 것인지 안 된 것인지도 확인할 수 없다는 사실에 당황했다. 그래서 그 웹 사이트를 운영하는 여행사에 전화를 걸었다. 하지만 전화를 받은 상대방은 지금 자신이 있는 자리에서는 확인을 할 수 없으니 곧 예약 여부를 확인한 후 전화를 주겠다면서 대수롭지 않게 대답했다. 그렇게 30분 가량 지난 후에야 전화를 한 여행사 직원은 항공권이 예약되었다고 말해 주었다.

나는 그 직원에게 내가 항공권을 예약했다는 증명을 할 수 있게 이메일이라도 하나 보내달라고 부탁했고, 그는 곧 그렇게 하겠다고 대답했다. 그런데 한 시간이 지나도록 이메일은 오지 않았다. 나는 다시 그 직원의 전화번호로 전화를 걸었는데 이번에는 다른 사람이 전화를 받는 것이 아닌가! 그래서 그 사람에게 항공권이 예약되었다는 증명을 하나 보내달라고 했더니, 자신은 담당자가 아니라서 해줄 수 없고, 대신 원래 담당자에게 말을 전해 주겠다고 했다.

또다시 30분 가량 지난 후, 원래 담당자에게서 전화가 왔다. 하지만 이번에는 내 항공권이 예약되지 않았다는 말을 했다. 그래서 나는 항공권이 예약되지 않았다는 확인서를 하나 보내 달라고 부탁했고, 그는 그런 내용으로 이메일을 다시 보내 주겠다고 말했다. 그런데 두 시간 반이 지나도록 아무런 연락이 없었다.

결과적으로 나는 '도대체 항공권이 예약이 된 거야, 안 된 거야? 혹시 다른 여행사를 통해서 예약을 했다가 이 여행사에서도 예약이 되었다는 연락이 오면 어쩌지? 요금을 두 번 지불하게 되는 것은 아니겠지?' 하는 생각을 하면서 다섯 시간이나 헛되게 흘려보내야 했다. 차라리 공항으로 직접 차를 몰고 가 항공권을 사 가지고 돌아오는 편이 훨씬 빨랐을 거라는 후회가 밀려 왔다.

그러나 나는 첨단기술을 좋아하는 사람이다. 그래서 좀더 기다리기로 했다. '이 사람들이 얼마나 더 기다리면 일을 처리해 줄까?' 하는 호기심이 발동하기도 했다. 나는 다시 그 사이트를 관리하는 여행사에 전화를 걸었다. 그런데 비슷한 문제를 겪고 있던 사람이 나 하나만이 아니었는지, 전화가 연결된 후에도 20분이나 기다려야 했다. 20분 정도 기다리자 음성 메시지가 나왔다. 전화상으로 대기하고 있는 사람이 너무 많으니 연락처를 남기면 전화를 주겠다는 것이었다. 나는 연락처를 남기고 일단 전화를 끊었다.

한 시간도 더 지나서 여행사로부터 전화가 왔다. 나는 내 이름으로 항공권이 예약되지 않았다는 것을 전화로 확인하고 나서, 그들에게 항공권 예약을 부탁했다. 예약은 바로 처리되었다. 내가 여행사 직원에게 그날 저녁에 바로 항공권을 받을 수 있느냐고 물었더니, 그는 그렇게 해주겠다고 했다. 항공권 예약은 그렇게 마무리되는 듯 보였다. 하지만 다음 달에 날아온 신용카드 사용대금 청구서에는 내가 총 다섯 장의 항공권을 구입한 것으로 표시되어 있었다. 이 문제를 처리하느라 나는 적지 않은 시간을 또 허비해야만 했다.

인터넷과 관련하여 곤란한 일을 겪은 사람은 나만이 아닐 것이다. 액센추어에서 발표한 인터넷 전자상거래와 관련한 소비자 만족도 조사에 따르면, 2000년 성탄절 선물을 인터넷 쇼핑몰에서 구입한 사람들 가운데 무려 67퍼센트나 되는 사람들이 자신들의 주문대로 물건이 배송되지 않았으며, 12퍼센트의 사람들은 성탄절을 넘겨서 물건이 도착해 선물을 제때 전해 주지 못했다고 한다. 이 조사결과에는 좀더 유의하여 살펴볼 만한 사항이 있는데, 그것은 오래 전부터 오프라인(off-line) 유통업 내지는 전화나 우편을 이용한 통신 판매업을 해온 기업이 운영하는 인터넷 쇼핑몰의 경우, 주문한 물건이 제대로 도착하는 비율이 그렇지 않은 기업보다 7퍼센트 가량 더 높았고, 물건을 반품하는 절차 역시 훨씬 간편했다는 점이다.

첨단기술 맹신이라는 덫

첨단기술의 발달은 기업 경영이나 마케팅에 있어서 무한한 가능성을 열어 준다는 점은 분명하지만, 그것이 한계를 지니고 있다는 것도 부인할 수 없는 사실이다. 지금부터는 첨단기술의 한계에 대해 짚어 보고자 한다. 첨단기술이란 인터넷이나 컴퓨터와 관련된 분야 이외에도 존재하지만 여기서는 아래의 분야에 한정짓기로 한다.

- 컴퓨터 소프트웨어
- 기업 활동에 필요한 각종 정보 및 자료
- 컴퓨터 · PDA · 휴대전화기 등의 정보화 기기

- 네트워크 · 웹 서버 · 라우터(router)* 등과 같은 정보화 기반 시설
- 인터넷

오늘날 쏟아지는 수많은 첨단기술과, 이러한 기술을 이용해 할 수 있는 일의 범위를 보노라면 불가능한 일은 없을 것 같다는 지나친 기대감이 생기는 것도 무리는 아니다. 이러한 기술을 잘 이용하면 우리 앞에 놓인 어떠한 역경이라도 이겨낼 것 같은 환상마저 생긴다. 하지만 첨단기술 자체만으로는 아무것도 이루어지지 않는다는 점을 잊지 말아야 한다.

첨단기술은 그 기술을 도입한 조직 및 그것이 적용되는 업무 프로세스와 항상 연관지어 생각해야 한다. 다시 말하지만, 혁신을 추구할 때 중요한 것은 기업이 가지고 있는 다양한 역량을 연결하는 선이다. 특정한 기업 역량 하나만으로는 아무런 의미를 갖지 못하는 것이다. 제 아무리 최고의 전사적 자원 관리(Enterprise Resource Planning, 이하 ERP)** 시스템을 도입한다 하더라도 사람이나 프로세스가 뒷받침되지 않는다면, ERP 시스템을 도입하지 않았을 때와 별반 다를 게 없다. 타이거 우즈가 쓰는 골프채를 쓴다고 해서 누구나 타이거 우즈가 되지는 않는 것과 마찬가지 이치이다.

첨단기술은 단지 도구일 뿐이다. 따라서 그것이 적용될 조직 및 프로세스와 조화를 이루어야 한다. 많은 기업들이 새로운 하드웨어와 소프트웨어를 구입하고 있지만 정작 결산을 해보면 꽤 많은 돈이

---

* 랜을 연결해 주는 장치로, 정보에 담긴 수신처 주소를 읽고 가장 적절한 통신 통로를 이용하여 다른 통신망으로 전송하는 장치.
** 기업 활동을 위해 사용되는 기업 내의 모든 인적 · 물적 자원을 효율적으로 관리하여 궁극적으로 기업의 경쟁력을 강화시켜 주는 역할을 하는 통합 정보 시스템.

하드웨어와 소프트웨어를 구입하는 데에 지출되었는데도 생산성이 증가하거나 비용이 감소했다는 뚜렷한 증거를 찾지 못한다. 현란한 웹 사이트를 구축해 놓기만 하고 실질적인 프로세스가 뒷받침되지 못해 간판을 내린 닷컴 기업들은 또 얼마나 많은가! 어느날 갑자기 혜성처럼 나타났다가 불과 몇 달 만에 사업을 접은 부 닷컴(Boo. com), 아동용품 시장을 석권할 것만 같았던 이토이스(eToys) 유럽 지사의 예는 아직도 기억에 생생하다.

다시 한번 강조하지만, 첨단기술은 조직과 그 조직의 전략에 어울리는 것이어야 한다. 아니, 딱 들어맞아야 한다! 이와 관련해서 루체른(Lucerne) 대학의 크리스 파커(Chris Parker) 교수가 들려 주는 일화는 다시 한번 생각해 볼 만하다.

인류학을 연구하던 한 연구팀이 말레이시아 외딴 지역의 부족민 한 명을 싱가포르에 데려간 일이 있었다. 그 남자는 그 전까지 한 번도 바깥세상을 경험한 적이 없었다. 연구팀은 그 남자에게 싱가포르에서 가장 번화한 곳들을 보여 주었다. 그렇게 1주일을 보낸 후 남자에게 물었다. "가장 인상에 남는 첨단기술이 무엇입니까?" 그러자 남자는 바나나를 운반하는 데 쓰이던 수레가 가장 놀라운 첨단기술이었다고 답했다. 그렇게 많은 바나나를 단번에 운반하는 것은 본 적이 없다는 게 이유였다. 싱가포르는 전세계에서 첨단기술을 가장 먼저 도입하는 나라 가운데 하나이다. 그런 싱가포르의 컴퓨터와 휴대전화기 등도 그 남자에게 아무런 의미를 주지 못했던 것이다. 사실 그 남자와 부족민들에게 중요한 것은 단번에 많은 양의 음식과 물을 나르는 일이었고, 따라서 그에게는 수레야말로 가장 경이로운 첨단기술이었다.

첨단기술은 박스를 연결한다

첨단기술이 갖는 의미는 단순히 비용을 줄이고 생산성을 높이는 것 이상이다. 앞에서도 말했지만, 혁신이란 기업에 분포되어 있는 여러 개의 박스들을 선으로 잇는 과정이며, 인터넷으로 대표되는 첨단기술만큼 이 역할을 훌륭히 수행할 수 있는 것도 없다. 이미 인터넷은 소비자와 기업, 그리고 협력사들을 연결하기 시작했다.

첨단기술이라고 하면 인터넷과 월드 와이드 웹을 가장 먼저 떠올리기 쉽다. 기업과 그 주변과의 관계가 전혀 새로운 모습으로 형성되는 데 가장 획기적인 영향력을 미쳤기 때문이다. 게다가 인터넷과 월드 와이드 웹으로 인한 관계 형성은 이제 겨우 시작 단계일 뿐이며, 시간이 흐를수록 인터넷은 점점 더 많은 새로운 관계들을 만들어낼 것이다.

오늘날 세계화라는 것이 구체적인 모습으로 다가오는 이유도 인터넷이 전세계를 하나로 묶어 주는 기능을 하기 때문이다. 이제는 세계 어디서든 서로의 의사를 실시간으로 자유로이 전달할 수 있다. 그리고 무선 인터넷의 발달은 이러한 경향을 더욱 가속화할 것이다.

얼마 전만 하더라도 자동차를 몰고 가다가 본사로부터 중요한 자료를 무선 인터넷으로 전송받는 모습은 텔레비전에서나 볼 수 있는 광경이었다. 하지만 이제는 그렇게 일을 하는 사람들을 도처에서 볼 수 있다. 모바일 오피스(Mobile Office)의 시대가 도래한 것이다.

첨단기술을 이용한 혁신의 사례는 무수히 많이 찾아볼 수 있지만, 일단 여기서는 다음의 다섯 가지로 나누어 생각해 보도록 하겠다.

- 가상현실 조직을 만들라.
- 게임의 법칙을 바꾸라.

- 가치사슬을 형성하라.
- 직원들의 지식 수준을 높이라.
- 새로운 사업을 시작하라.

첨단기술이 불러온 변화

인터넷으로 인한 변화는 눈이 부실 정도다. 그것은 시장으로의 진입 장벽을 획기적으로 낮추었으며, 규모의 경제*를 이끌어내기 쉽게 하였다. 신설 기업들도 인터넷 덕택에 금세 대기업들을 위협할 수 있는 위치에 올라서게 되었다. 업계의 몇몇 대표 기업들끼리 독식하던 시장을 잘 알려지지도 않은 조그만 기업이 극적으로 빼앗는 장면은 몇 년 전만 하더라도 상상할 수 없던 것이었다.

인터넷 기업들이 특히 강세를 보이는 분야는 출판과 금융 서비스이다. 1999년에 포레스터 리서치 그룹(Forrester Research Group)이 발표한 자료에 따르면, 인터넷을 이용하기 시작하면서 주식시장에서 주식을 주문하는 데 들어가는 비용이 85퍼센트나 감소했다고 한다. 정말 놀라운 비용 절감이 아닐 수 없다.

그뿐 아니라, 인터넷이 연결된 컴퓨터와 단돈 1,000달러의 자본으로 창업을 했다는 얘기는 이제는 워낙 흔해서 놀랍지도 않다. 물론 이것이 그대로 성공을 의미하지는 않지만, 성공으로 가는 첫발을 내딛기가 전보다 훨씬 수월해졌다는 점에서 그 의미를 찾을 수 있다.

---

* 생산 요소 투입량의 증대, 즉 생산 규모의 확대에 따른 생산비 절약 또는 수익 향상의 이익. 일반적으로 대량 생산의 이익, 대규모 경영의 이익이라는 말로 알려져 있다.

유니버설 레븐

설립된 지 이제 3년밖에 안 되는 보험 회사가 1만 5,000건의 보험 계약 실적을 올렸고, 지금도 매주 200건의 새로운 보험 계약 실적을 올리고 있다면, 아마 믿는 사람이 많지 않을 것이다. 더구나 그 보험 회사에 소속된 정규 직원이라고는 단 두 명밖에 없다고 하면, 대부분의 사람들이 거짓말이라며 비웃음을 보낼지도 모르는 일이다. 하지만 이것은 알리안츠(Allianz)에서 분사한 유니버설 레븐이라는 보험 회사의 실제 이야기이다.

유니버설 레븐에는 정식 직원이 두 명밖에 없는데, 이 두 사람이 사업 전략을 수립하고, 네트워크를 관리하고, 보험 상품을 개발하는 일을 모두 담당한다. 그 밖에 영업·마케팅·회계 등과 같은 업무는 모두 아웃소싱을 통해 해결하고 있다. 단 두 명이 이 모든 것을 관리할 수 있는 것은 인터넷 덕분이다. 유니버설 레븐의 활약상은 온라인 보험 회사가 어떻게 수익을 창출할 수 있는지에 대한 좋은 표본이 되고 있다.

유니버설 레븐의 예에서와 마찬가지로 인터넷이라는 매개를 이용한 아웃소싱은 사업의 규모를 순식간에 대폭 늘리는 데 유용하게 사용될 수 있다. 유니버설 레븐은 자사와 계약 관계에 있는 보험 모집인들이 다양한 수단을 통해 본사와 정보를 신속하게 교환할 수 있도록 했다. 즉, 보험 모집인들은 유니버설 레븐의 웹 사이트에 접속하여 보험 상품에 대한 정보를 얻고 이메일과 전화를 이용하여 고객관리를 할 수 있다. 또한, 이들의 컴퓨터에는 보험 계약 업무와 관련된 다양한 소프트웨어가 탑재되어 있다. 이 모든 첨단기술을 이용하여 유니버설 레븐과 보험 모집인들은 서로 얼굴을 대하지 않고도 긴밀한 협조 관계를 유지하고 있는 것이다.

오래 전부터 아웃소싱은 주로 수리나 보수 업무에 적용되어 왔었다. 그러던 것이 정보통신 하드웨어 및 소프트웨어의 설치와 교육으로 범위를 넓혀 가다가 최근에는 회사 고유의 업무로까지 영역을 확대하고 있다. 유니버설 레븐의 아웃소싱 역시 일부 핵심적인 업무를 제외한 모든 사항의 권한과 책임을 전적으로 외부에 맡기는, 매우 진보적이면서도 혁신적인 형태를 띠고 있다.

이런 형태의 아웃소싱에는 갑과 을이라는 관계가 존재하지 않는다. 아웃소싱을 의뢰하는 쪽이나 의뢰받는 쪽이나 동등한 위치에서 서로에게 협력할 뿐이다. 아웃소싱으로 인해 기업 운영에 있어 일관성이 떨어질까봐 걱정할 필요도 없다. 의뢰자와 피의뢰자의 협력이 잘 이루어진다면 고객들은 마치 한 회사를 상대하고 있다는 안정감을 느끼게 될 게 분명하기 때문이다.

게임의 법칙은 바뀌고 있다

인터넷의 발달은 역사상 그 어느 때보다도 많은 수의 신설 기업들이 생겨나는 현상에 밑바탕이 되고 있다. 하버드 경영 대학원의 마이클 포터(Michael Porter) 교수는 이와 관련해 다음과 같이 말했다.

> 옛날 방식에 전혀 구애받지 않고 시장에 진입한 오늘날의 신설 기업들은, 전혀 새로운 방식을 통해 경쟁에서 승리하고 있다. 이들은 평균적인 실적에 만족하지 않고 훨씬 다각적인 전략을 구사하고 있다.

이와 같은 현상을, 오랜 역사를 자랑하는 업계의 강자들이 가만히 보고만 있을 리가 없다. 그들은 신설 기업들의 거센 도전을 되받아

치고 있을 뿐만 아니라, 탄탄한 재무 구조와 인지도 높은 브랜드, 많은 수의 충성 고객들이라는 강력한 경쟁 요소를 바탕으로 새로운 분야로 자신들의 영역을 넓혀 가고 있는 중이다.

피아트의 새로운 사업 모델

시장에서의 경쟁이 갈수록 치열해지는 오늘날의 상황에서 성공하고 싶다면, 기업에서 추진하고 있는 사업 모델을 재검토하고 게임의 법칙을 새로 만들어야 한다.

전세계 어느 곳에서든 자동차 판매는 대리점이나 전문 판매원 등 중간 유통망을 거치는 것이 일반적이다. 그런데 몇몇 자동차 회사들의 경우 일부 차종은 인터넷을 통해서만 유통시킨다. 그 대표적인 예가 이탈리아의 피아트(Fiat SpA)이다.

피아트는 현재 웹 사이트를 통해 소비자들이 자동차를 고르고 신용카드로 대금을 지불하면 직원이 직접 집으로 자동차를 배달해 주는 시스템을 시행 중이다. 물론 이제까지 많은 자동차 회사들이 전자상거래를 위한 웹 사이트를 구축하고 소비자들에게 직접 자동차를 판매하려고 시도했지만, 대부분이 기존 대리점이나 전문 판매원들의 반발에 부딪혀 실패하고 말았다. 그들의 실패 요인을 철저하게 분석한 피아트는 기존 유통망과의 충돌을 피하기 위해 전문 판매원들을 통해 판매되는 자동차와 인터넷을 통해 판매되는 자동차를 명확히 구분했다. 그 중 인터넷 판매 전용 모델로 개발된 것이 바로 바체타(Barchetta)이다. 1999년, 관련 웹 사이트와 함께 출시된 바체타는 선풍적인 인기를 끌었다.

피아트의 웹 사이트를 통해 소비자들은 바체타의 각종 옵션을 비교적 자유롭게 고를 수 있고, 자동차와 관련된 부가 서비스를 선택할 수 있다. 또 인근에 있는 렌터카 업체에 요청해 바체타를 무료로 시승하는 기회를 갖거나, 다양한 할부금 조건에 대해 살펴보는 것도 가능하다. 그 밖에, 자동차 구입 대금 방식을 고객들이 직접 선택하는 것도 가능하다. 바체타를 구입하기로 마음먹은 소비자들은 다음의 세 가지 방식 가운데 하나를 고르면 된다.

- 은행 계좌 이체, 혹은 신용카드 일시불을 통해 구입하는 방식
- 기존에 소유하고 있던 중고차를 피아트측에 넘기고 소비자는 그 돈에 추가 금액을 보태 구입하는 방식
- 다양한 할부 조건에 대해 인터넷상에서 곧바로 구체적인 계산을 해보고, 그 중 자신에게 가장 적당한 조건을 고르는 방식

바체타와 관련된 서비스는 여기서 그치지 않는다. 기존에 오프라인에서 활동 중인 판매원들과 연계해 정비 및 수리 서비스까지 제공하고 있는 것이다. 이 모든 것은 온라인 자동차 판매가 어디로 나아가야 하는지에 대한 방향을 제시해 주었을 뿐만 아니라, 소비자들에게 피아트에 대한 새로운 이미지를 심어 주었다.

가치사슬*의 구현을 통한 협력

기업은 소비자 및 협력사뿐만 아니라 그 기업이 속한 사회 전체와 협력해야 한다. 이것들은 모두 가치사슬(Value Chain)의 연장선상에

---

* 1985년 마이클 포터(Michael Porter)가 정립한 개념으로 기업의 가치창출 활동을 다섯 가지의 본원적 활동과 네 가지의 지원 활동으로 나누어 활동별 비교우위와 문제점을 분석하는 방법.

있는 중요한 단위들로, 범세계적으로 벌어지고 있는 경쟁에서 승리하기 위해서는 이들과의 협력이 무엇보다 중요하다.

이해 관계자들과의 협력에서 가장 중요한 것은 정보를 처리하고 공유하는 능력이다. 많은 기업들은 오직 정보를 모으는 것만이 중요한 일인 줄 아는데, 정보를 외부에 알리는 것도 그만큼 중요하다. 게다가 기업과 관련된 일이 어디에서 누구에 의해 언제까지 처리될지 공개하는 일은 기업의 투명성과도 관련이 있다.

경쟁사들과의 협력 가능성도 완전히 배제해서는 안 된다. 오히려 켐커넥트(ChemConnect), 어플라이언스존(ApplianceZone), 엑소스타(Exostar) 등 B2B(Business to Business)* 전자상거래 시스템에서는 경쟁사들과의 협력이 필수적이다. 이 중 1995년에 설립된 켐 커넥트는 애초에 화학 제품 제조 회사들에 대한 정보를 제공하는 회사였다. 그러다가 1997년부터 인터넷을 통해 화학 제품을 거래할 수 있는 서비스를 개시했고, 그로부터 2년이 지난 1999년부터는 월드 케미컬 익스체인지(World Chemical Exchange)라는 서비스를 추가하여 본격적인 화학 제품 B2B 거래 사이트로 입지를 굳혔다. 켐 커넥트의 관계자들은 앞으로 5년 이내에 전세계 화학 제품 거래의 15~25퍼센트가량이 인터넷을 통해 거래될 것이라고 전망한다.

우주 항공업 관련 B2B 전자상거래 시스템인 엑소스타의 경우, 현재 3만 7,000개의 회원사를 보유하고 있으며, B2B 전자상거래 시스템을 통해 1년에 1,200억 달러의 거래를 성사시키고 있다. 엑소스타를 이용하는 기업들은 오프라인 거래를 이용할 때보다 30퍼센트 가량 저렴한 가격에 부품 및 반제품을 공급받을 수 있다고 말한다.

---

* 기업 간에 이루어지는 전자상거래.

오늘날의 발달된 네트워크 시스템은 공간의 제약을 상당 부분 극복해냈다. 다른 나라에 있는 사업부와 프로젝트를 함께 진행한다든지, 산간벽지에 있는 소수의 소비자들에게 제품을 판매한다든지 하는 일도 이러한 네트워크를 통해 매우 효율적으로 이루어지고 있다.

직원의 지식 수준이 기업의 미래를 결정한다

회사 내의 직원끼리 지식을 공유하는 것 또한 박스와 박스 사이에 선을 잇는 일이다. 그렇게 공유한 지식을 실행으로 옮기는 것이 바로 기업 혁신의 핵심 내용이다. 그러나 지식의 공유를 정보의 공유 정도로 가볍게 생각해서는 안 된다. 당연한 얘기겠지만 조직이 습득한 지식을 전체 구성원들에게 분배하는 데에도 첨단기술은 유용하게 쓰일 수 있다.

인터넷이나 전자상거래에 대해 얘기하면 사람들은 대개 비용 절감 효과를 떠올리곤 한다. 하지만 이러한 것들이 중요한 진짜 이유는, 좀더 많은 부가가치를 창출할 수 있다는 데 있다. 예를 들어, 『월스트리트 저널』을 종이로 발행하는 것보다 인터넷으로 발행하는 편이 훨씬 비용이 덜 든다. 하지만 『월스트리트 저널』 인터넷 판이 주는 진정한 가치는 신문을 인쇄하고 인쇄된 신문을 배달하는 데 드는 시간과 노력을 좀더 가치있는 곳에 쓸 수 있다는 것이다.

영업 사원들에게 가장 가치있는 일은 고객을 만나 의견을 주고받는 일이다. 나는 기업체 영업 사원들이 어떤 일에 얼마의 시간을 사용하는지 살펴볼 기회가 있었는데, 결과는 상당히 실망스러웠다. 전체 업무 시간 가운데 고작 20~40퍼센트의 시간만을 핵심적인 업무를 위해 사용하고 있었으며, 그 나머지는 이동을 하거나, 서류를 처리하거나, 회의에 참석하는 데 사용하고 있었던 것이다.

직원들이 본연의 임무에 충실할 수 있는 환경을 조성해야 한다. 부수적인 업무를 전문적으로 해결해 줄 수 있는 사람을 새로 배치하든가 아웃소싱을 의뢰한다면, 직원들은 자신의 시간을 좀더 많은 부가가치를 만들어내는 일에 집중할 수 있다. 이것이 장기적으로 봤을 때 기업에게도 더 큰 이익으로 돌아온다.

소비자들을 기업 활동에 직접 참여시키는 것도 좋다. 무엇을 원하는지 소비자들이 직접 요구하도록 만들라. 그러면 기업으로서는 일손을 덜 수 있고, 소비자들은 더 많은 만족을 얻을 수 있다. 웹 사이트에 소비자들이 상품 사용 후기를 적을 수 있도록 하고, 주문서 작성, 대금 지급 방식의 결정, 배송 조회 등도 소비자들이 직접 할 수 있도록 하는 것은 모두 이러한 노력의 하나이다. 이러한 업무를 소비자들에게 맡기면 직원들은 남는 시간을 좀더 가치있는 일에 쓸 수 있다. 마케팅 전략을 구상한다든지, 협력사들과의 계약 조건에 대해 다시 검토한다든지, 더 많은 상품을 판매하기 위해 잠재 소비자들에게 전화를 한다든지 하는 모든 활동이 가능하다. 직원들이 가치있는 일을 많이 할수록 회사의 가치 역시 높아지는 것은 너무나 당연하다.

벨사우스의 온라인 교육

국제적인 통신 회사인 벨사우스(BellSouth)는 자체적으로 온라인 직원 교육 프로그램을 개발해 실시하고 있다. 최고 수준의 서비스를 요구하는 고객들을 만족시키기 위해서는 직원들의 자질이 뒷받침되어야 한다는 판단에 따른 프로그램이다.

벨사우스가 개발한 직원 교육 프로그램 BEST(Business Excellence through Simulation Training)는, 말 그대로 가상의 고객을 응대하는

시뮬레이션 기법을 통해 직원들의 비즈니스 능력을 높이기 위해 만들어진 것이다. 이 교육 프로그램에 참여하는 직원들은 16~24시간 동안 가상 고객을 응대해야 하는데, 교육 과정을 모두 마친 직원들은 고객과 관련해서 발생하는 문제를 해결할 때 이전보다 훨씬 뛰어난 판단력과 의사소통 능력을 보인다고 한다.

자신감 있는 태도를 지닌 유능한 직원들은 고객들과 좀더 긴밀한 관계를 가질 수 있다. 이는 영업 실적을 통해 그대로 드러난다. 실제로 BEST 프로그램에 참여했던 영업 사업들의 실적은 전보다 200퍼센트 가량 증가했다고 한다. 게다가 교육 시간 자체도 기존 교육 프로그램에 비해 13퍼센트 정도 짧다고 하니, 효율성을 혁신적으로 높인 경우라고 할 수 있다.

첨단기술로 더욱 다양해진 사업 기회

요 몇 년 사이에 인터넷과 관련된 분야에서 매우 혁신적이라고 할수 있는 새로운 사업들이 많이 생겨났는데, 그 중 하나가 소액 결제 시스템을 제공하는 큐패스(Qpass)이다. 큐패스가 생겨나기 전에는 웹 사이트를 구축하여 콘텐츠를 제공하는 기업들이 별다른 수익을 거두지 못했다. 그들은 콘텐츠 이용료로 큰 액수의 돈을 부과하자니 이용자들이 사용을 꺼려했고, 그렇다고 작은 액수의 돈을 부과하기에는 상대적으로 결제 과정에 들어가는 부수적인 비용이 너무 컸기 때문에 움짝달싹못하고 있었다. 이런 상황에서 큐패스가 적은 비용으로도 소액 결제가 가능한 시스템을 개발해냄으로써 인터넷 콘텐츠 제공 사업은 새로운 전기를 맞았다. 2001년, 큐패스를 통해 판매된 인터넷 콘텐츠는 190만 건에 이르며, 그 가운데는 『뉴욕타임스』

인터넷 판이나 『월스트리트저널』 인터넷 판 같은 콘텐츠도 포함되어 있다.

첨단기술을 이용해 새로운 사업을 할 수 있는 기회는 신설 기업들뿐만 아니라, 오랜 시간 동안 기업 활동을 해오던 기존의 중견 기업들에게도 똑같이 열려 있다. 이용할 수 있는 첨단기술 또한 매우 다양해져서 그 가운데 하나를 고르는 것이 가장 어려운 일이 되었을 정도이다.

글로벌 빌리지 텔레콤

브라질은 땅이 매우 넓고, 많지도 않은 인구가 여기저기 흩어져 살고 있다. 1,671개나 되는 주요 도시의 인구를 다 합쳐도 4,000만 명이 조금 넘을 뿐이기 때문에 기업 활동을 펼치기에 그다지 좋은 환경은 아니다. 따라서 브라질에서 성공하기 위해서는 적절한 목표시장을 선정하고 그 시장에 강점을 가지고 있는 파트너를 찾아 제휴하는 일이 무엇보다 중요하다.

정보통신 회사인 글로벌 빌리지 텔레콤(Global Village Telecom, GVT) 역시 그런 식으로 성공을 거둔 기업 중 하나이다. 최근 그들은 1,200만 명이 살고 있는 24개의 도시들을 주 공략 대상으로 선택하고, 각각의 시장에 대해서 함께 협력할 파트너도 선정했다. 그렇게 GVT는 단 6개월 만에 자신들이 원하는 수준으로 사업을 가동할 수 있었다.

물론 수많은 파트너들과 시스템을 통합하는 것이 쉽지만은 않았다. 박스가 많아질수록 그 박스들을 잇는 선이 복잡해지는 것처럼, 시스템 통합을 위해서만 모두 17개의 프로젝트가 실행되어야 했을 정도이다. 성공적으로 시스템을 통합하기 위해 GVT는 다음과 같은 원칙들을 세웠다.

- 구체적인 전략을 수립한다.
- 경영진은 전략에 근거해 내려진 의사결정을 적극적으로 지원한다.
- 업무 프로세스를 먼저 정립한 후, 이를 기반으로 구체적인 소프트웨어를 선정하거나 개발한다.

본격적으로 사업을 가동한 후에도 업무 프로세스에 대한 보완은 지속적으로 이루어졌다. 특히 이러한 노력은 고객에 대한 서비스 분야에 집중되었다. 현재 GVT는 고객으로부터 서비스를 의뢰받으면, 그 즉시 방문할 날짜와 시간을 예약하고, 정확히 그 날짜와 시간에 고객을 방문한다. 물론 그 정도의 고객 서비스는 당연한 것 아니냐고 되물을지 모르지만, 브라질 정보통신 업계에서 GVT만큼의 서비스를 제공하는 기업은 이제까지 없었다.

브라질 정보통신 업계의 대 고객 서비스가 이토록 낙후되어 있는 것은 엄격한 규제로 인해 오랜 세월 동안 독점 체제가 유지되어 왔기 때문이다. 불친절과 기다림이 당연하게 여겨지는 상황에서 GVT가 보여 준 서비스는 신선한 충격, 그 자체였다.

첨단기술을 이용하는 황금률

첨단기술을 이용해 업무 프로세스를 개선하고자 한다면 다음의 사항들을 염두에 두어야 한다.

고객에게 가치를 제공하는가? 새로운 첨단기술의 도입이 고객에게 더 큰 가치를 제공할 수 있는 방법인지 깊이있게 검토해 봐야 한다. 만약 그렇지 않다면 군이 새로운 기술을 도입할 필요가 없다.

어떤 논리에 근거해 프로세스를 구축했는가? 특정한 업무 프로세스가 왜 생겨났는지 근본적인 이유를 파악해야 한다. 첨단기술이란, 그것이 적용될 프로세스가 생겨난 근본적인 이유를 분명히 파악했을 때라야만 비로소 의미를 가질 수 있다. 보조적인 도구에 불과한 첨단기술이 프로세스 자체보다 더 부각되지 않도록 항상 주의해야 한다.

프로세스에 적용될 기술에 대한 실질적인 검토가 있었는가? 새로운 프로세스를 개발할 때는 처음부터 어떤 기술을 도입할 것인지도 함께 생각해 두어야 한다. 만약 프로세스를 다 만들어 놓았는데 그것에 적합한 기술을 찾을 수 없다면, 프로세스를 수정하는 데에 적지 않은 시간과 비용이 추가로 들어가게 된다.

특정한 프로세스를 위해 사용되는 첨단기술이 그 프로세스에 제약을 가하는 경우가 있다. 그것을 방지하기 위해서는 다음과 같은 질문을 끊임없이 던져야 한다.

- 첨단기술이 프로세스를 수행하는 데 실질적으로 도움이 되는가? 기술력 자체를 뽐내기 위해 적용된 것은 아닌가?
- 그 기술을 사용하기 위해서는 오랜 기간의 훈련이 필요하지 않은가?
- 프로세스에 적용될 첨단 시스템의 개발에 너무 오랜 시간이 소요되지는 않는가?
- 첨단 시스템에 문제가 생겼을 때 그것을 해결할 수 있는 능력

을 보유하고 있는가?

- 첨단기술을 적용시키느라 업계 표준의 플랫폼(platform) *을 사용하고 있지 않다면, 그로부터 얻는 이득이 필연적으로 발생할 부가적인 비용을 상쇄하고도 남는가?
- 상황에 따라 쉽게 변형할 수 있을 만큼 유연한 시스템인가?

담당자는 책임과 권한을 모두 갖추었는가? 특정한 업무 프로세스를 다시 구축해야 한다면, 그것을 주도적으로 추진하는 사람은 반드시 실무 담당자이어야 한다. 첨단기술 전문가는 같은 팀의 일원으로서 실무 담당자에게 조언을 해주는 역할 정도가 적당하다.

첨단기술에 지나치게 의존적이지 않은가? 첨단기술 자체에 지나친 기대를 걸지 않아야 한다. 오늘날 많은 기업들은 '최첨단'이라는 말을 너무나 좋아한다. 그러나 가장 최근의 기술이 가장 가치있는 기술은 아니다. 첨단기술 자체만을 추구하다 보면 정작 중요한 목표는 잊어 버리기 쉽다. 첨단기술이 고객 만족을 위한 수단임을 잊어 버리게 되는 것이다.

첨단기술은 오히려 우리에게 부담으로 작용할 수도 있다. 그러나 제대로만 사용한다면 혁신을 이루고 소비자와의 긴밀한 관계를 유지하는 데 더없이 좋은 수단이 될 수 있다. 오늘날, 기업의 미래를 보장받고 싶다면 인터넷과 전자상거래 등의 첨단기술을 익숙하게 다룰 줄 알아야 한다는 말은 지나치게 당연시되고 있다. 하지만 이러한 생각은 스스로 함정 속에 빠지는 것이나 다름없다.

---

* 다른 기술들 또는 공정들이 그 위에서 구현될 수 있는 일종의 기술 기반.

6. 혁신은 평가에서 시작된다

Innovation

> 우리는 알고 있는 것 중
> 2퍼센트만을 제대로 사용하고,
> 나머지는 방치해 버리고 있습니다.
> —어떤 고객

혁신이란 창의력을 자유로이 발휘할 수 있을 때 비로소 가능하다. 물론 혁신을 추구하는 과정에서 몇 가지 기본이 되는 원칙은 지켜져야 한다.

혁신을 추구하는 과정에서 경영진이 할 일은, 직원들에게 목표를 정해 주는 것이지 그 목표를 이루는 과정까지 지정해 주는 것은 아니다. 물론 기업의 경영진이라면 직원들을 철저히 통제하고 싶은 마음이 들기도 하겠지만, 혁신적인 성과를 바란다면 직원들이 자신의 일을 알아서 할 수 있도록 충분한 권한을 부여해야 한다.

아직도 대부분의 기업들은 직원들에게 자유로운 창의력의 발현을 허용하지 않고 있다. 직원들의 업적에 대한 평가도 주로 숫자를 근거로 삼아 이루어지고 있다. 게다가 요즘에는 직원 개개인에 대한 대차대조표와 손익계산서를 작성하는 기업이 점점 늘고 있는데, 이런 방식은 직원들을 더욱 움츠러들게 만들고 내부 지향적인 성향을 가지게 할 뿐이다.

단기적으로 봤을 때 손실을 끼치는 것 같은 직원이라도, 장기적으로 보면 회사의 이익에 크게 기여하는 경우도 많다. 그리고 무엇보다도 1개월, 혹은 1년 등 짧은 기간을 기준으로 작성된 수치들을 적용하여 직원들을 철저히 통제하는 분위기에서는 진정한 혁신이 이루어지지 않는다.

많은 기업들이 직원들의 업적에 대한 합리적인 평가 제도를 가지고 있지 않다는 점을 인정한다. 액센추어의 조사에 따르면, 전통적인 기업의 96퍼센트와 닷컴 기업의 100퍼센트가 자신들의 직원 평가 제도에 문제가 있다고 답했다.

거의 모든 기업이 평가 제도에 문제가 있다는 것을 아는데도 아무런 개선이 이루어지지 않는 것은, 무엇에 대해 평가해야 하는지 그 대상을 제대로 알기가 어렵고, 또 대상을 몇 가지 선정했다 하더라도 어떤 것에 어느 정도의 가중치를 둬야 하는지 우선순위를 정하기가 어렵기 때문이다.

> 우리는 고객들이 원하는 제품을, 고객들이 기대하는 품질 수준 이상으로 만들어, 고객들이 원하는 시간에 가장 저렴한 가격으로 제공한다.

이것은 어떤 제조 회사의 슬로건으로, 여기서는 그 회사의 역동적인 힘마저 느껴진다. 하지만 이 회사의 사장에게 고객들이 원하는 것이 무엇인지 정확히 파악하고 있느냐는 질문을 던졌을 때, 사장은 "사실 그 점이 문제입니다. 그래서 우리가 어느 정도의 성과를 올린 것인지, 과연 목표를 이루기나 한 것인지 명확히 평가할 수 있는 방법이 없습니다." 하고 대답했다.

평가의 7가지 목적

특정한 평가 방식에 대해 구체적으로 얘기하기에 앞서 무엇을 어떤 식으로 평가해야 하는지를 먼저 살펴보겠다. 그래야 올바른 평가의 필요성을 더욱 잘 이해할 수 있기 때문이다. 평가를 실시하는 목적은 다음의 일곱 가지로 정리할 수 있다.

- 업무 목표 및 성취도에 대한 의견을 나누기 위해
- 전략을 수립하는 데 도움을 주어, 더욱 효과적으로 경쟁에 임할 수 있도록 하기 위해
- 자사의 성과를 경쟁사와 비교하여 어떤 부분에 개선이 이루어져야 하는지 파악하기 위해
- 이상 징후를 파악하여 문제가 생긴 곳을 찾아내고, 그에 대한 해결책을 찾기 위해
- 관련 법규나 회사 내부 규정에 어긋나지 않도록 기준을 세우기 위해
- 특정한 프로젝트의 완료 시기나 기대이익 수준을 명확히 하여, 더욱 완전한 프로젝트를 만들어내기 위해
- 회사가 중점적으로 추진하는 것이 무엇인지 직원들에게 명확히 인식시켜 주기 위해

평가를 할 때는 가능한 한 실제 자료를 바탕으로 해야 한다. 즉, '제 시간에 출고가 이루어져 고객이 원하는 시간 내에 배송되었다.'

는 식이 아니라 '고객이 물건을 받기 원했던 시간은 언제였고, 언제 출고가 이루어졌으며, 언제 배송이 완료되었다.' 와 같이 구체적인 시간에 근거하여 평가해야 한다. 물론 숫자로 된 구체적인 자료를 구할 수 없는 상황도 있겠지만, 그런 경우가 아니라면 가능한 한 구체적인 실제 자료를 바탕으로 평가가 이루어져야 한다. 그래야만 평가가 제 기능을 다할 수 있다.

또, 평가는 다양한 측면에서 이루어져야 한다. 품질에 대해 평가할 때 그저 '튼튼하고 사용하기에 편하고 디자인이 좋다.' 정도로 끝내지 말고, 품질이 지닌 다양한 측면을 함께 고려해야 하는 것이다. 예를 들어, 품질에 대해 평가를 하려면, 신뢰성 · 내구성 · 확장성 · 생산량 · 마무리 · 생산시간 · 생산비용 · 가격 · 가치 · 사용 편이성 등도 함께 살펴봐야 한다. 이처럼 다양한 측면에서 실시한 평가 결과가 만족스럽기 위해서는 각각의 업무를 담당하는 모든 직원의 혁신이 반드시 필요하다.

평가의 기여도

평가가 혁신이 성공적으로 이루어지는 데에 어떤 식으로 기여하는지는 다음의 세 가지 측면에서 이해할 수 있다.

결과 평가를 통한 혁신 진단

많은 기업의 임직원들은 종종 "우리가 혁신을 제대로 이루어 나가고 있는지 어떻게 알 수 있죠?" 하고 의문을 제기한다. 이에 대한 나의 대답은 아주 간단하다. "혁신을 제대로 이루어 나가고 있다면 연초에 세웠던 목표에 도달할 수 있을 것입니다. 연말에 목표에 도달했는지의 여부를 보면 얼마나 혁신적이었는지 알 수 있습니다."

물론 결과만큼이나 거기까지 도달하는 과정도 중요하다. 아니, 오히려 과정이 더 중요할지도 모른다. 하지만 기업 활동과 관련해서 평가를 내릴 때는 결과만큼 상황을 올바르게 보여 주는 것도 없다.

코크 인더스트리와 관련된 얘기를 하나 더 소개해 보겠다. 이 회사의 석유정제 설비에서 일하는 직원들은 주로 반응기나 파이프 내의 압력이 일정한 수치 이상으로 올라가면 밸브를 조절해 주는 업무를 담당하고 있다. 매우 정형화되어 있어 이렇다 할 혁신의 여지가 없어 보이는 석유정제 설비 라인에서도 업무 결과에 의한 평가를 실시한 후, 생산성이 20퍼센트나 향상되었다고 한다. 석유정제 설비는 전년도에 비해 1퍼센트의 생산성만 향상되어도 대단하다는 평가가 일반적인 점에 미루어 봤을 때 코크 인더스트리가 이룬 혁신은 대단한 것이었다.

많은 기업들이 제대로 된 경영 평가의 중요성을 잘 알면서도, 무엇을 어떻게 평가해야 하는지에 관한 방식이나 기준을 만들기가 너무도 어렵다고 토로한다. 또 만든다 하더라도 임직원들로부터 공정성에 대한 문제 제기를 살 우려가 많다는 이유로 구체적인 실행을 하지 못하고 있다. 하지만 모든 이가 만족하는 완벽한 평가 방식을 만든다는 것은 거의 불가능에 가깝다. 그렇다고 경영진 자신이 어떤 목표를 향해 움직여야 하는지도 모르는 상황에서 임직원들에게 혁신을 기대할 수는 없는 노릇이다. 따라서 가능한 한 서둘러 효과적인 평가 방식을 만들어 기업 내에 도입해야 한다.

물론 결과가 나오기까지의 과정에 전혀 신경을 쓰지 않아도 좋다는 말은 아니다. 목표로 하는 결과를 주어진 시간·자원·비용의 범위 내에서 이룰 수 있으려면, 반드시 결과에 이르는 과정에 대해서도 적절한 평가가 있어야 한다.

텔레비전 방송용 프로그램을 제작하는 한 회사는, 어떤 프로그램 이든 일단 큰 성공을 거두게 되면 얼마나 많은 비용과 시간이 추가로 투입되었든지 추궁하지 않는다는 불문율이 있었다. 그런데 날이 갈수록 이 프로그램 제작 회사의 임직원들은 프로그램의 성공만을 바랄 뿐 제작비나 제작 기간 같은 것들에는 도무지 신경을 쓰지 않았고, 결국엔 통제할 수 없는 지경에 이르고 말았다. 제작비는 그렇다 치더라도 약속한 기일에 방송 프로그램을 납품하지 못한다는 것은 대단히 치명적인 일이 아닐 수 없었다. 이는 일의 결과만을 중시할 뿐, 그 과정에 대해서는 느슨하게 관리하는 기업들에서 흔히 나타나는 현상이다.

그런데 평가를 수행하다 보면 평가를 위한 평가로, 평가 자체가 왜곡되는 경우도 많이 발생한다. 변화를 이끌어내기 위해 평가를 해야 하는데, 단지 철저히 평가한 것으로 할 일이 끝났다고 생각하는 기업들이 많은 것이다. 평가를 할 때 염두에 둬야 할 것은, 평가의 양적인 측면이 아니라 질적인 측면이다. 또 평가 뒤에는 반드시 혁신이 뒤따라야 한다.

평가는 회사의 직원들에게는 '무엇을' 이뤄야 하는지를 분명하게 알려 주며, 경영진에게는 그것을 '어떻게' 이뤄야 하는지를 알려 준다. 여기에는 코크 인더스트리의 경우처럼 과감한 권한 위임이 필수적이다.

오늘날 코크 인더스트리는 비교적 안정된 기업이라 평가할 수 있는데도 지속적인 혁신의 발걸음을 멈추지 않고 있다. 물론 그들이 추진한 혁신의 결과가 앞으로 어떤 결과를 이끌어 올지는 아무도 모른다. 하지만 코크 인더스트리가 불과 30년 만에 200배 규모로 성장할 수 있었던 원동력이 바로 혁신이라는 사실에는 아무도 이의를 달지 못할 것이다.

합리적 수준의 더 높은 목표 설정으로 혁신 유도

구체적인 사업 계획을 수립하고 그것을 수행하기에 앞서 제시되는 목표는, 더 높은 성취를 위한 매우 강력한 자극제가 된다. 합리적인 수준에서 더 높은 목표를 제시하는 데 실패하는 기업은 혁신을 이루는 데 매우 중요한 수단 하나를 놓친 셈이다.

GE의 전 회장 잭 웰치는 다음과 같은 말을 했다.

> 평가와 관련되어 가장 흔하게 발생하는 오류는, 평가의 기준이 되는 목표를 달성하기 쉽도록 낮은 수준으로 정한다는 것입니다.

연말이 되면 많은 기업들이 연초에 세운 목표를 성공적으로 달성했다고 자랑스럽게 발표하지만, 그 목표가 쉽게 달성할 수 있는 수준의 것이라면 전혀 자랑할 일이 못 된다.

달성하기 까다로운 목표가 세워지면, 자연히 그것을 이루기 위해 혁신적인 방법이 동원되게 마련이다. 따라서, 목표를 세울 때는 달성 가능한 수준보다 5~10퍼센트 높은 수치를 기준으로 삼을 것이 아니라 궁극적으로 이루어야 하는 것을 기준으로 삼아야 한다.

좀더 높은 목표를 세우는 것은 혁신을 이끌어내는 또 하나의 원동력이다. 전년도에 비해 10퍼센트 높아진 목표를 세운다면, 기껏해야 2퍼센트 정도의 변화밖에는 이끌어내지 못할 것이다. 그 정도 수준의 목표 아래에서는 10퍼센트의 변화를 이끌어내는 것이 한계이다. 하지만 100퍼센트 높아진 목표를 세운다면 10~15퍼센트 정도의 변화는 아무것도 아닌 일이 된다. 여기서 한 걸음 더 나아가 50퍼센트의 변화를 이끌어내는 것도 가능하다. 한 기업이 가진 능력, 한 개인이 가진 능력은 무한하기 때문이다.

일렉트라벨의 경우, 유럽에서 추진되고 있는 각종 규제 철폐가 자사 서비스에 대한 소비자들의 기대 수준을 급격하게 올려놓을 것이라고 예상했다. 이에 일렉트라벨은 소비자들의 기대 수준에 맞출 수 있도록 한층 높아진 목표를 설정했다. 그들의 예상은 적중하여 지금 일렉트라벨은 유럽의 공공 부문 기업들 가운데 가장 뛰어난 성과를 올리고 있다고 평가받는다.

일렉트라벨의 경영진은 몇 가지 핵심 역량을 설정하고 자신들이 이루고자 하는 궁극의 목표를 달성하려면 그것들이 어떤 모습을 갖춰야 하는지에 대한 기준을 세웠다. 또, 동종 업계의 다른 기업들은 어떤지를 비교해 가며 혁신을 추구했다. 이들은 동종 업계의 경쟁 기업들만을 비교 대상으로 삼은 것이 아니라, 전세계를 통틀어 물류에 가장 뛰어나다는 기업, 고객 만족도가 가장 높다는 기업 등 최고라는 평을 듣고 있는 기업들과도 비교했고, 이를 토대로 구체적인 사업 계획을 수립했다.

혁신을 위한 일렉트라벨의 새로운 사업 방식 중 하나는 다음과 같은 방법으로 시행되었다. 겉으로 보기에 일렉트라벨은 전력 · 천연가스 · 수도 등 소비자 개개인에 대한 서비스와는 무관한 사업을 주로 하는 것 같은데도 하루 24시간 쉼없이 물류 체계를 가동하고 있다. 그래서 전날 오후 4시에 소비자가 주문한 설비가 다음날 아침 7시면 소비자에게 도착해 있다.

원래 일렉트라벨은 소비자가 의뢰한 설비를 5일 내에 전해 준다는 방침을 갖고 있었다. 하지만 업계 최고, 아니 세계 최고 수준의 소비자 만족도를 추구하는 이 회사는 24시간 가동하는 물류 체계를 개발했고, 이것은 그들에게 최고의 기업이라는 명성으로 되돌아 갔다. 뿐만 아니라, 가스배관 공사의 경우 신고받은 날로부터 1주일 이내에 공사를 해주는 것이 당시 유럽의 평균적인 업무 처리 속도였지만, 일렉트라벨은 이를 단 48시간으로 줄이는 것을 목표로 정했다. 그리고 이렇게 파격적으로 높아진 목표에 도달하는 날도 머지 않았다.

불가능을 가능으로 만든 또 하나의 예로 성탄절이나 생일 등에 주고받는 기념 카드를 주로 제작하는 회사의 경우가 있다. 이 회사가 혁신을 추구하기로 결정했을 당시에는 신상품이 개발되어 출시되기까지의 기간이 짧게는 18개월에서 보통 24개월 정도는 소요되었다. 그런데 이 기간을 12개월로 줄이자는 목표를 세웠을 때 회사의 모든 직원은 말도 안 된다는 반응을 보였다. "사장이라는 사람이 도대체 카드를 알기나 하는 거야?" 하며 직원들은 불만을 토로했다. 하지만 이 목표는 성공적으로 이루어졌고, 이제 이 회사의 신상품은 4개월이면 출시가 가능해졌다.

불가능해 보이는 목표를 설정하면 조직 구성원들은 기존의 낡은 방식을 버리고 새로운 방식을 추구하지 않으면 목표를 이룰 수 없다는 위기의식을 갖게 된다. 이것은 조직 구성원들의 반발이나 혼란을 불러오기도 하지만, 결국 혁신을 가능하게 만든다.

평가 대상의 올바른 선정으로 혁신 방향 설정

평가의 대상을 올바로 선정하라는 말은 너무나 흔해서 혁신을 이끌어내는 것과는 별 상관이 없어 보이기도 한다. 하지만 이것은 말만큼 쉬운 일이 아니다. 이제까지 올바른 평가 대상이 무엇인지 찾기 위해 무수히 많은 노력이 있어 왔고, 또 실제로도 정형화된 수많은 기법―균형성과표(Balanced Scorecard)*, 주주가치 분석, 활동기반 원가분석** 등― 이 소개되기도 했다. 하지만 이런 기법을 도입한 기업들 대부분이 만족할 만한 혁신을 이루어내지는 못했다.

이 가운데 가장 유명한 것을 꼽으라면 균형성과표를 들 수 있다. 1980년대 말까지 기업들은 평가에서 재무적인 측면만을 강조하였다. 하지만 단기 재무 실적으로 기업 활동에 대한 평가를 내리는 것이 장기적인 관점에서 그리 바람직하지 않다는 지적이 여기저기에서 제기되었다. 이러한 시점에서 균형성과표가 소개되었다.

균형성과표를 처음 소개한 사람들은 기업 활동에 대한 평가가 재무적인 측면을 포함하여 소비자 · 학습/혁신 · 조직 운영의 네 가지 측면에서 이루어져야 한다고 주장했다. 이들의 매우 논리적인 주장에 동의한 많은 경영자들이 자신의 기업에 균형성과표를 이용한 평가 방식을 앞다투어 도입하였다. 하지만 문제는 곧 드러났다. 평가 방식 자체는 훌륭했지만 이 평가 방식을 적용하는 데에서 기업 경영자들의 오해가 있었다.

사람들은 균형성과표에서 분류해 놓은 네 가지 영역에 대해 자신들이 구하기 쉬운 자료만을 평가의 기준으로 삼았다. 예를 들면, 학습/혁신 영역에 대해서는 직원들을 대상으로 실시한 교육 프로그램에서 직원들이 보인 성취도, 혹은 만족도만을 평가의 기준으로 삼는 식이었다.

---

* 과거 성과에 대한 재무적인 측정 지표를 통해서 미래 성과를 창출하는 측정 지표이다. 재무 · 소비자 · 학습/혁신 · 조직 운영 등 네 가지 분야로 구분하여 기업별 특성에 맞는 지표를 선정하고 각 지표별 가중치를 적용하여 산출한다.
** 간접부문의 원가를 제품별로 배부할 때, 생산에 이용된 활동(Activity)을 기준으로 배부하는 것으로, 획일적인 배부에 의한 전통적인 방법에 비해 원가귀속의 책임을 좀더 명확히 할 수 있는 원가관리 기법이다.

물론 회사가 실시한 교육 프로그램에 직원들이 어느 정도의 성취도와 만족도를 보이는가를 아는 것은 중요한 일이다. 하지만 한정적인 측면에서만 이루어진 평가로 전체 기업 활동을 판단하기에는 근거가 부족하다.

주주가치 분석이라는 평가 기법을 도입한 기업들도 있었지만, 이들 역시 자본 비용을 제외한 나머지 부분은 모두 무시하는 오류를 저질렀다. 또, 활동기반 원가분석이라는 평가 기법은 기업 활동의 효율성만을 강조한 나머지, 소비자나 직원들의 이익을 등한시한다는 단점이 지적되었다.

어떤 특수한 상황에서는 다른 요소들은 전혀 신경 쓰지 않고 주주가치만을 중시하는 것이 기업의 혁신을 이끌어내는 데 도움이 되기도 한다. 하지만 상황이 변하면 주주가치만을 중시하던 것이 그 기업에 좋지 않은 영향을 끼치기도 한다. 예를 들어, 어떤 기업의 경영진이 인건비를 포함한 각종 비용을 줄이고 오직 주주의 이익만을 늘리기 위해 노력한다면, 그 부작용은 몇 년 후에 심각한 문제가 되어 나타날 것이다. 이런 경우에는 균형성과표를 이용해 기업 활동의 다양한 가치를 추구하는 것이 기업의 미래를 위한 좀더 적절한 선택이다.

기업 활동을 평가하는 데 어떤 평가 기법을 사용하든 잊지 말아야할 점은, 모든 상황에 들어맞는 완벽한 기법은 없다는 점이다. 왜냐하면, 기업 활동에는 수많은 요소들이 녹아들어 있으며 상황에 따라 중심적으로 고려해야 할 요소가 각기 다르다.

그렇다면, 어떤 요소들이 기업 활동을 이루고 있는지 '기업 활동 프리즘'이라는 모형을 통해 살펴보자.

기업 활동과 관련된 다양한 이해 관계

액센추어와 크랜필드(Cranfield) 경영 대학원은 기업 활동을 평가할 때 어떤 요소들을 위주로 평가해야 하는지에 대한 이해를 돕기 위해 '기업 활동 프리즘'이라는 모형을 개발했다. 이 모형은 혁신을 위해 기업 활동의 어떤 측면에 대한 평가가 이루어져야 하는지에 관해 방향을 제시해 준다.

〈그림 6-1〉과 같이 기업 활동 프리즘은 다섯 개의 면으로 구성되어 있다. 만족도와 이해 관계자들의 역할이라는 두 개의 항목이 각각 양쪽의 삼각형 면을 이루고 있으며, 나머지 직사각형 모양의 면세 개는 전략·프로세스·역량 등의 항목으로 이루어져 있다.

기업 활동 프리즘 각각의 면은 기업이 스스로에게 다음과 같은 다섯 가지 질문을 던지도록 한다.

- 핵심적인 이해 관계자들은 누구이며, 그들이 원하는 것은 무엇인가?

〈그림 6-1〉 기업 활동 프리즘

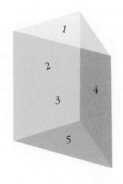

1. 이해 관계자들의 만족도
2. 경영 전략
3. 프로세스
4. 기업 역량
5. 이해 관계자들의 역할

- 이해 관계자들이 원하는 것을 이루기 위해서는 어떤 전략이 필요한가?
- 이 전략을 수행하기 위해 어떤 프로세스를 거쳐야 하는가?
- 이 프로세스의 수행을 위해서는 어떤 역량을 갖춰야 하는가?
- 기업의 역량을 꾸준히 발전시키기 위해 핵심적인 이해 관계자들이 담당할 역할은 무엇인가?

여기서 제기하는 질문의 순서는 아무렇게나 만들어진 것이 아니다. 경영 전략을 수립하기에 앞서 기업의 이해 관계자들이 반드시 심사숙고해야 할 사항들을 차례대로 열거한 것이다.

이제 기업들은 소비자와 임직원, 협력 업체, 지역 사회 등 이해 관계자들을 만족시키지 못하고는 생존을 보장받을 수 없게 되었다. 그리고 이러한 경향은 갈수록 심화되고 있다.

기업과 관련된 이해 관계자들의 중요성은 갈수록 강조되고 있다. 특히, 비핵심적인 기업 활동을 기업 자체적으로 해결하는 대신 아웃소싱으로 해결하는 경우가 많아질수록 협력 업체와의 관계는 더욱 중요해지고 있다.

보잉(Boeing)사의 경우 자체적으로 생산하는 부품은 세 종류밖에 없다. 나머지는 모두 외부의 협력 업체들로부터 납품받아서 조립하고 있는데, 만약 이들 협력 업체들이 제 역할을 다해 주지 않는다면 보잉사는 더 이상 기업 활동을 할 수 없을 것이다.

기업의 이해 관계자들 가운데 협력 업체가 제 역할을 다해 주지 못하면 어떤 위험이 발생할 수 있는지를 극명하게 보여 주는 사례가 있다. 설립된 지 얼마 되지 않은 한 통신 회사가 위성 발사에 실패하여 1억 달러의 손실을 본 일이 그것이다. 수사 당국은 로켓 발사를 담당한 회사에 과실이 있을 것으로 추정했지만 뚜렷한 혐의점을 찾지 못했다. 다음엔 로켓 제작 회사를 조사했지만, 역시 과실을 밝혀내지 못했다.

결국, 문제는 전혀 엉뚱한 곳에서 발견되었다. 로켓 내부의 작은 전자 장치를 제어하는 소프트웨어에 결함이 있었던 것이다. 이 통신 회사에 투자한 투자자들은 조사가 이루어지는 내내 회사를 비난했고, 나중에 보험 회사가 손실의 일부를 책임져 주기로 결정한 후에야 분노를 누그러뜨렸다.

전자상거래 또한 기업의 이해 관계자들이 밀접하게 얽혀 있는 분야 중 하나이다. 제품이나 서비스가 최종 소비자에게 전달되기까지의 과정에 매우 많은 기업 및 사람들이 복합적으로 관여하기 때문이다.

전자상거래 사이트나 포털 사이트(portal site)를 운영하는 기업들은 수십, 수백 개나 되는 기업들과 제휴 관계를 맺어 사이트를 운영해 나간다. 전통적인 기업들이 많아야 서너 개의 기업들과 제휴를 맺던 것에 비하면 놀라운 변화라 할 수 있다. 물론, 오늘날에는 전통적인 기업들 역시 점점 복잡한 제휴 관계를 만들어 가고 있다. 이와 같은 기업 환경의 변화 속에서는 제휴 관계에 있는 기업들의 욕구를 어떤 식으로 충족시켜 주느냐가 사업 성공의 관건이 되었다.

정부 역시 중요한 이해 관계자들 가운데 하나이다. 컴퓨터 소프트웨어 업계나 제약 업계의 절대 강자들이 독점 금지법 위반으로 많은 규제를 받고 있다는 것은 널리 알려진 사실이다. 이전보다는 정부에 의한 규제가 많이 완화되기는 했지만, 여전히 정부는 기업 활동에서 절대 무시할 수 없는 존재이다.

이윤을 추구하는 기업으로서는 좀처럼 요구를 충족시키기가 어려운 이해 관계자들도 있다. 바로 '그린피스'(Greenpeace)나 '지구의

친구들'(Friends of the Earth) 같은 압력단체들이다. 게다가 이들의 영향력은 날이 갈수록 커지고 있다. 하지만 들어주기가 까다롭다고 해서 이들의 목소리를 무시했다가는 매우 곤란한 상황에 빠질 가능성이 높다.

기업의 이해 관계자들이 기업에 대해 무언가를 요구하는 것처럼, 기업 역시 주변의 이해 관계자들에게 요구하는 것이 있다. 그리고 이로 인해 이들 사이에는 팽팽한 긴장감이 형성되게 마련이다. 이런 긴장감을 완화시키는 데에 기업 활동 프리즘을 이용할 수 있다. 기업 활동 프리즘을 활용한다면, 기업이 어떤 이해 관계자들과 관련이 있는지 한눈에 파악할 수 있으며, 이들을 중요도에 따라 분류할 수도 있다. 또, 각 이해 관계자들이 무엇을 요구하는지도 쉽게 알 수 있다. 예를 들면, 소비자들은 기업에게 '빠르고, 정확하고, 싸고, 사용하기 쉬운' 등의 요구를 할 것이고, 정부는 '안전하고, 합법적이고, 공정한' 등의 요구를 할 것이다.

〈그림 6-2〉에서 표현된 것과 같이, 기업 활동 프리즘에서 직사각형 부분의 두 면을 이루고 있는 경영 전략과 프로세스라는 말은 우리에게 매우 친숙한 용어지만 딱히 정의를 내리기는 어렵다. 정형화된 형식을 갖추고 있지 않기 때문이다. 그런 만큼 전략과 프로세스에 대해 평가를 내리기란 여간 힘든 일이 아니다. 다만 최종 제품의 품질·생산량·비용·공장 가동률 등의 요소들로 미루어 추정할 수 있을 뿐이다.

직사각형 부분의 나머지 면인 기업 역량은 그동안의 경영 평가에서 별로 고려되지 않던 요소이다. 여기서 역량이란 직원의 능력, 업무방식, 기업의 기술, 각종 설비 등 기업 활동을 하는 데 필요한 다양한 요소들을 포괄하고 있는 개념인데, 이것들은 모두 한 기업이

〈그림 6-2〉 기업 활동 프리즘의 구성 주체들

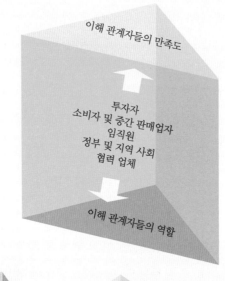

이해 관계자들의 만족도

투자자
소비자 및 중간 판매업자
임직원
정부 및 지역 사회
협력 업체

이해 관계자들의 역할

경영 전략

프로세스

기업 역량

· 전체 기업 규모의 전략
· 사업 단위 규모의 전략
· 각각의 브랜드/제품/서
　비스에 대한 전략
· 영업 측면에서의 전략

· 제품 및 서비스의 개발
· 수요 창출
· 수요 충족
· 경영 관리

· 인력
· 제반 설비
· 기술력

시장에서 경쟁하는 데 가장 기본이 되는 요소들이다.

기업 활동 프리즘의 아랫면 삼각형은 이해 관계자들의 역할을 나타내고 있다. 이해 관계자들이 각자 올바른 역할을 할 수 있도록 하기 위해서는 그들의 욕구를 찾아내어 충족시켜 주어야 한다. 마찬가지로, 기업의 입장에서 이해 관계자들에게 어떤 역할을 기대해야 하는지를 결정하기 전에 기업이 현재 가지고 있는 역량은 무엇인지, 목표를 이루기 위해 추가적으로 어떤 역량을 갖춰야 하는지를 미리 알고 있어야 한다.

이제까지 대부분의 기업들은 자사의 활동에 대해 평가할 때 기업 활동 프리즘에서 제시하는 다섯 가지 질문을 거의 고려하지 않았다. 하지만 이해 관계자들의 욕구와 기업 활동을 연관짓지 못한다면, 기업 활동에 대한 평가는 단편적인 부분에 대해 이루어질 수밖에 없다. 아니, 평가만이 아니라 전략을 수립하고 그것을 수행하는 기업 활동의 시작 단계부터 잘못된 방향으로 나아가기 쉽다.

평가의 대상을 정하고 그것에 대한 평가를 마쳤다면, 평가의 결과를 조직 전체에 알리는 것 또한 잊어서는 안 된다. 기업 활동에 대한 평가 결과를 직원들이 즉시 아는 것은 반드시 거쳐야 할 매우 중요한 일이다.

미국의 어느 기업의 사장이 부장급 간부들을 모아놓고 회의를 주관하였다. 사장은 50명의 회의 참석자들에게 이대로 나간다면 연초에 세웠던 목표 매출액에 수천만 달러나 부족하게 될 거라면서, 이렇게 급박한 상황에서도 일부 부서는 여전히 태평하다면서 화를 냈다. 그런데 정작 그 얘기를 전해들은 대부분의 부장들은 어리둥절해하는 표정을 지었다. 회사의 실적에 대한 중간평가 결과를 전혀 모르고 있었기 때문이다.

그 회의에서 사장은 회사의 상황에 대한 정보가 직원들에게 신속하게 전달되는 것이 절실하다는 사실을 알아차렸고, 그때부터 회사가 현재 '무엇을 필요로 하는지'에 대한 정보가 전체 부서장들에게 신속하게 전달되었다. 이렇게 해서 더욱 많은 직원들이 적극적으로 회사의 요구에 부응할 수 있었고, 회사의 실적은 날이 갈수록 좋아졌다.

혁신 정책의 작용과 반작용

고무공을 세게 누르면 한쪽은 크게 부풀지만 눌린 부분은 찌그러지게 마련이다. 그런데 수많은 기업에서 이와 비슷한 일이 공공연하게 벌어지고 있다. 기업 활동의 한쪽 측면, 즉 품질을 너무 강조하다 보면 기업 활동의 다른 측면, 다시 말해 시간이 부족하게 되는 식이다. 또, 전체 프로세스 내에서 시간을 맞춘다 하더라도 어느 특정한 프로세스에만 집중한다면 나머지 프로세스는 대충대충 해내는 수밖에 없게 된다.

구체적인 예를 들어보자. 한 대형 음료 회사가 비용을 줄이겠다며 이미 사용 연한이 지난 자동판매기를 계속해서 사용한 적이 있었다. 감가상각 기간이 이미 지나 버린 자동판매기들은 당연히 고장도 잦았다. 겉으로 보기에 많이 낡았을 뿐만 아니라, 돈만 삼켜 버리기 일쑤인 이 회사의 자동판매기를 소비자들은 외면하기 시작했다. 이 음료 회사의 서류상 재무 상태는 좋았을지도 모르지만, 그것은 미래의 성장 잠재력을 희생하고 얻은 대가였다.

기업 활동의 한 가지 측면에만 집중해 결국 다른 부분을 망치는 가장 좋은 예는, 매출액과 관련해서 쉽게 찾아볼 수 있다. 지금부터 이야기할, 미국의 유명한 자동차 정비 체인 업체의 사장 역시 그런 오류를 저지른 인물 중 한 사람이다.

그는 몇 년 전부터 매출액을 경영 평가의 유일한 기준으로 삼았다. 그러자 많은 체인점 책임자들이 자동차 수리비를 부풀려 청구하거나, 심지어는 수리도 하지 않고 수리비를 청구하는 일이 빈번하게 벌어졌다. 이 일은 결국 사장과 몇몇 체인점 책임자들이 서로를 사기죄로 고소하는 법정 싸움으로까지 번지게 되었다. 매출액만을 강조하다 협력 업체들과의 신뢰 관계를 잃게 된 경우라고 할 수 있다.

지나치게 매출액만을 추구하다가 더 큰 것을 잃게 된 경우도 있다. 한 컴퓨터 회사는 소비자들에게 다섯 가지 이상의 상품—컴퓨터 본체, 그래픽 카드, 모뎀 등—을 한꺼번에 판매하는 직원들에게는 매거래마다 포상을 내리기로 했다. 그러자 포상금에 욕심이 생긴 판매원들은 상대적으로 판매하기 어려운 제품은 외면하고 마우스 등과 같이 값싼 제품들을 소비자들에게 팔아 치웠다. 이로 인해 회사는 매출액의 대부분을 포상금으로 지급해야 했다.

기업 활동의 어느 한 측면을 성공적으로 수행하기 위해 다른 한 측면, 혹은 전체 기업 활동을 희생하는 어처구니없는 일을 피하려면 기업은 기업 활동을 이루고 있는 각각의 요소들이 서로에 대해 어떤 상관관계를 가지고 있는지 알고 있어야 한다.

한 대형 병원은 의사와 환자가 직접 만나 환자의 증상에 대해 간단히 상담하는 기존의 1차 진료 방식을 전화를 통해서도 할 수 있도록 시스템을 바꿨다. 그들은 이를 위해 전화 상담소를 따로 설치했지만, 효율성이라는 이름 아래 전화 상담소의 인력과 업무를 '최적화' 시키지는 않았다. 대신 전화를 건 환자가 원하는 만큼 충분히 상담에 응할 수 있도록 인력과 업무에 많은 여유를 두었다.

사실 그 병원의 경영진은 간호사가 전화로 1차 진료 상담을 해주는 데 드는 비용이, 의사가 진료실에서 직접 환자에게 상담을 해주는 비용의 10퍼센트 정도밖에 되지 않는다는 사실을 간파하고 있었다. 때문에 환자 한 명을 상담하는 데 아무리 오랜 시간이 걸리더라도 생각만큼 크게 손해 보는 일이 아니었던 것이다. 이러한 진료 상담 방식은 예상 밖의 긍정적인 효과를 가져왔는데, 친절하고도 세심한 전화 상담소에 1차 진료를 원하는 환자들이 많아질수록, 의사들은 다른 고급 의료 서비스에 좀더 많은 시간을 집중할 수 있었다. 병원 운영을 다양한 측면에서 볼 줄 알았던 경영진은 전화 상담소를 다소 비효율적(!)으로 구성함으로써 병원 전체의 효율성을 비약적으로 높일 수 있었던 것이다.

과거에서 미래로

기업 활동에 대한 평가는 과거의 일에 대한 평가에서 그치지 말고, 미래의 경영 방식을 위한 지침으로도 활용되어야 한다. 경영 평가를 할 때 저지르는 가장 흔한 실수 가운데 하나가 과거의 일—매출은 얼마나 발생했는지, 비용은 얼마나 들었는지 등—을 돌아보기만 하고 평가를 끝낸다는 것이다. 물론 과거를 반성하는 일도 대단히 중요하지만 미래를 바라보는 것과 균형을 이루어야 한다는 점을 잊지 말아야 한다. 예를 들면, 앞으로 얼마의 매출이 발생할지, 줄여야 할—혹은 늘려야 할—예산은 무엇인지, 현재의 고객들 가운데 얼마나 많은 고객들이 앞으로도 계속해서 거래 관계를 유지할지 등을 고려해야 한다.

평가를 통해 미래를 계획하는 것은, 문제가 심각해지기 전에 미리 예방하게 해주기 때문에 더욱 중요하다. 문제라는 것은, 미리 찾아서 해결하지 않으면 시간이 흐른 뒤 감당하기 힘든 피해와 함께 모습을 드러내게 마련이다.

또, 평가는 우리로 하여금 앞으로 다가올 기회를 더 잘 포착할 수 있도록 해준다. 물론 평가를 통해 미래의 모습을 정확히 짚어낼 수는 없지만, 적어도 시장이 돌아가는 경향은 파악할 수 있기 때문이다. 세단형 자동차에서 SUV(Sports Utility Vehicle) 형의 자동차로, 쇠고기에서 닭고기로, 국내여행에서 해외여행으로 소비자들의 성향이 변하는 것을 파악함으로써 새로운 사업 기회를 발견할 가능성이 더욱 커진다. 이러한 사업 기회를 경쟁사들보다 빨리 발견하는 것이 성공하는 기업들의 두드러진 특징이다.

성과급의 명암

성과급은 임직원들이 기업의 목표를 더욱 적극적으로 추구하고픈 마음이 들도록 하는 데에 적용되어야 한다. 또한 성과급은 일의 분명한 결과에 근거해야 한다. 무척 당연하고도 간단한 얘기처럼 들리지만, 이것을 지키는 것이 그리 쉽지만은 않다.

한 컴퓨터용 소프트웨어 제작 회사는 계약을 성사시킨 영업 사원들에게 일정 정도의 성과급을 지급하고 있었다. 그러자 좀더 많은 성과급을 받으려는 영업 사원들은 일단 계약을 성사시키면 곧바로 새로운 고객을 찾는 일에만 신경을 쓸 뿐, 기존 고객에 대한 서비스에는 전혀 관심이 없었다. 이로 인해 기존 고객들이 이탈하는 일이 많았다. 문제의 심각성을 깨달은 소프트웨어 제작 회사는 새로운 고객과의 계약을 성사시켰을 때 약속한 성과급의 50퍼센트를 지급하고 나머지 50퍼센트는 그 고객이 지속적으로 계약을 유지해야만 지급하는 것으로 성과급 지급 방식을 바꿨다. 그러자 영업 사원들은 기존의 고객에 대한 서비스를 강화하기 시작했고, 회사는 수많은 단골 고객들을 확보할 수 있었다.

성과급을 주는 기준을 정할 때 또 하나 유의해야 할 점은, 임직원들이 자신들의 능력으로 통제할 수 있는 것들을 기준으로 삼아야 한다는 점이다. 임직원들이 아무리 노력해도 변화시킬 수 없는 결과들을 성과급의 기준으로 삼는다면 그들에게 아무런 동기의식도 불어넣을 수가 없다.

일반적으로는 성과급을 개인별로 주는 것이 동기의식을 불러일으킬 가능성이 높지만, 항상 그렇지는 않다. 비교적 간단한 신제품을 하나 내놓는 데도 2년이라는 긴 시간이 소요되는 회사가 있었다. 그 회사는 신제품을 하나 출시하기로 결정하면, 한 명의 부장급 인사를 해당 신제품의 개발 담당자로 임명하고 신제품이 출시되기까지의 모든 과정을 책임지도록 하는 방식을 택하고 있었는데, 문제는 바로 여기에 있었다. 신제품 개발 담당자가 재무·영업·법무 등의 업무를 담당하는 다른 부서에 지원을 요청하면, 요청받은 부서들은 자신들과 직접적인 연관성을 느끼지 못했기 때문에 곧바로 일을 처리해주는 일이 드물었던 것이다. 그래서 해당 신제품의 개발 담당자는 여러 부서를 일일이 돌아다니며 일처리를 서둘러 달라고 부탁하기에 바빴다.

문제가 점점 심각해지자 회사에서는 신제품 개발 업무에 관련된 부분에 혁신을 꾀하기로 했다. 신제품 개발이 결정되면 가장 먼저 다양한 기능을 담당하는 여러 사람들을 하나로 묶어 팀을 만들고, 이렇게 구성된 팀원 전체가 신제품 개발을 책임지도록 했다. 그러자 신제품 개발을 위한 부서들 간의 협조가 원활해졌고, 신제품이 출시되기까지의 기간 역시 매우 짧아졌다.

팀 단위로 일을 할 때 중요한 것은, 구성원들의 협동 정신이다. 어떤 컴퓨터 회사에서 고객상담센터를 만들면서 성과급의 80퍼센트를 팀 단위로 지급하기로 했다. 그러자 팀원들은 서로를 적극적으로 도와주기도 하고, 누군가가 잘못을 저지르면 팀원들끼리 지적을 해줘가며 문제점을 개선시켰다. 이런 식으로 고객상담센터의 직원들은 상사의 규제가 거의 없는 자유로운 분위기에서 높은 실적을 올릴 수 있었다.

성과급과 관련하여 마지막으로 당부하고 싶은 말은, 성과급을 이용하여 직원들의 서열을 가르지 말라는 것이다. 어떤 직원이 가장 좋은 실적을 내서 회사로부터 많은 돈을 받고 경영진으로부터 승진을 보장받았다는 사실이 알려지면, 다른 직원들 역시 최고의 실적을 내기 위해 갖가지 수단을 사용하려고 할 것이다. 그러다 보면 뜻하지 않은 문제들이 생겨날 수밖에 없다. 또, 이와 같은 문제들은 고스란히 회사의 손실로 이어지게 될 것이다. 성과급은 직원들이 회사의 목표를 함께 추구할 수 있는 성취동기로서 작용해야지, 직원들의 서열을 가르고 부정적 의미의 경쟁을 부추기는 수단이 되어서는 곤란하다.

INNOVATION

3부
변화를 넘어 변혁으로

Innovation

7. 핵심 부분에 대한 혁신

Innovation

> 대장이 화살을 쏘면 부하들이 달려나가
> 화살이 꽂힌 곳에 빨간 점을
> 그리고 나머지 과녁을 마저 그린다.
> 지금 많은 기업에서 이와 같은 일이 벌어지고 있다.
> ─위렌 버펫(Warren Buffett)

예전에 나는 화물 배송 회사인 유피에스 (UPS)의 중간 물류 기지가 있는 루이스빌(Louisville)에서 근무했었는데, 그곳에서는 하루에도 수십만 개의 소화물이 바쁘게 처리되었다. 소화물을 항공기에 싣기 위해 분류하는 작업에는 컨베이어 벨트가 이용되었기 때문에, 그 물류 기지에서 컨베이어 벨트가 갖는 중요성은 매우 컸다. 만약 컨베이어 벨트의 작동이 멈춰 버린다면, 그것은 곧 엄청난 비용과 신뢰의 손실을 의미했다.

그러던 어느날, 컨베이어 벨트가 멈춰 버리는 사고가 발생했다. UPS의 엔지니어들이 달려가 컨베이어 벨트를 수리하려고 했지만 어디가 잘못된 것인지 알아내지 못했다. 현장 책임자는 가까운 곳에 사무실을 두고 있는 컨베이어 벨트 전문가에게 수리를 의뢰했다.

사고 현장에 도착한 컨베이어 벨트 전문가는 3분 가량을 이곳저곳 만져 보더니 건물 끝 쪽에 설치된 제어판으로 다가가 덮개를 열고 나사 하나를 조이기 시작했다. 그러자 컨베이어 벨트가 다시 돌아가기 시작했다! 매우 기분이 좋아진 현장 책임자는 유쾌한 목소리로 컨베이어 벨트 전문가에게 이렇게 물었다. "수리 비용으로 얼마를 드려야 합니까?" 그러자 수리 전문가는 이렇게 답했다. "1만 달러입니다." 현장 책임자는 자신의 귀를 의심했다. "1만 달러요? 5분밖에 일하지 않았는데 1만 달러를 달라는 말입니까? 도대체 그 내역이 어떻게 되는 거죠?" 이 말에 대해 컨베이어 벨트 전문가는 다음과 같이 답했고, 책임자는 순순히 1만 달러를 지불했다. "나사를 조이는 값은 얼마 되지 않지만 어떤 나사를 조여야 하는지를 아는 것은 충분히 그만한 가치가 있습니다."

그렇다. 정말 중요한 점은 어떤 나사를 조여야 컨베이어 벨트가 가동되는지를 아는 것이다. 혁신도 마찬가지이다. 어떤 부분을 고쳐야 그 기업이 가진 잠재력을 혁신으로 이끌어낼 수 있는지를 안다면, 혁신은 좀더 쉽게 이루어질 수 있다.

미국 중서부에 위치한 한 공작 기계 제조 회사는 전체 프로세스 중 병목 현상이 일어나는 프로세스 부분을 재배치하면 생산량을 혁신적으로 늘릴 수 있을 거라고 생각했다. 하지만 혁신 프로젝트를 시행한 지 한 달 가량이 지나자 전혀 의외의 결과가 나타났다. 전에는 전체의 생산 속도를 늦추곤 했던 공정에서, 지나치게 많은 양의 제품을 생산하기 시작한 것이다. 그것은 다음 프로세스가 감당하지 못할 정도의 양이었다. 그래서 회사는 많은 돈을 들여 추가로 창고 시설을 만들어야만 했다. 하지만 얼마 지나지 않아 새로 지은 창고도 완전히 포화 상태가 되기에 이르렀다. 회사는 결국 해당 부서의 직원 모두를 연수라는 이름으로 3주간 하와이에서 지내도록 했다. 새로운 설비를 짓는 것보다 이 편이 훨씬 돈이 적게 들었기 때문이다. 3주가 지나 재고가 거의 바닥났을 무렵에 돌아온 직원들은 다시 업무에 복귀했지만, 과도한 재고량 문제는 여전히 남아 있었다.

이 회사가 추진한 혁신이 결국 실패로 돌아간 원인은 혁신의 대상을 선정하고 혁신을 추구하는 일을 너무나 단편적으로 생각했던 데에 있다. 당장 문제가 되는 프로세스만 고치면 모든 일이 해결될 거라고 예상했던 것이다.

모든 면에서 한꺼번에 혁신을 추구할 수는 없다. 인력이나 자금이 한정되어 있기 때문이다. 그렇다고 해서 다른 부분들과의 연관성을 고려하지 않은 근시안적인 혁신은 오히려 더 큰 문제를 일으킬 가능성이 많다. 현시점에서 올바른 혁신, 바람직한 혁신은 무엇일까? 이 질문에 대한 답으로, 한정된 기업의 역량을 언제 어디에 어떻게 투입해야 하는지부터 알아보도록 하자.

혁신 우선순위의 결정

보험 회사에서는 보험 상품 개발, 고객 서비스, 자산 운용, 영업망 관리, 마케팅, 보험 계약, 보험금 지급 등의 다양한 업무들을 취급한다. 이 중 가장 중요하게 취급될 업무가 무엇이라고 생각하느냐고 묻는다면, 보험금 지급이라고 대답하는 사람도 있을 테고, 자산 운용, 영업망 관리 등이라고 대답하는 사람들도 있을 것이다. 이 모든 대답들은 하나같이 정답이라고 할 만하다. 이 업무들은 모두 상황에 따라 우선순위를 다르게 매길 수 있기 때문이다.

다음에 소개할, 비슷한 시장을 두고 경쟁하고 있는 네 개의 보험 회사가 가지고 있는 전략은, 변화와 혁신을 추구할 때 어떤 식으로 가치의 우선순위를 정해야 하는지에 대해서 시사해 주는 바가 크다.

유넘 인슈어런스(Unum Insurance) 상해 보험 분야의 선두 기업인 유넘 인슈어런스는, 수없이 다양한 보험 업무 중에서 위험을 산정하고 보험료를 책정하는 부문을 특화한 기업이다. 예를 들면, 같은 소아과 의사라도 어떤 차종의 자가용을 가지고 있는지, 어느 곳에 사는지, 왼손잡이인지 오른손잡이인지에 따라 보험료를 다르게 책정한다.

프로그레시브 인슈어런스(Progressive Insurance) 신속한 보험금 지급으로 정평이 나 있는 프로그레시브 인슈어런스는 2002년 현재 이익을 가장 많이 내고 있는 보험 회사 가운데 하나이다. 프로그레시브가 빠른 업무 처리 능력을 보일 수 있는 이유는 손해 사정인들이 휴대전화기와 노트북 컴퓨터를 들고 다니며 자신의 차 안에서 업무를 처리한다는 점에서 단적으로 알 수 있다. 이들은 자신이 담당하고 있는 구역에서 피보험자가 교통사고라도 당하면 경찰보다 먼저 현장에 출동하여 사고를 처리해 주는 것으로 유명하다. 고객이 원하면 사고 현장에서 직접 보험금을 건네주는 일도 많다.

스테이트 팜(State Farm) 스테이트 팜은 그 어떤 보험 회사보다도 발달된 영업망과 보상 처리망이라는 경쟁력으로 시장을 넓혀 나가고 있다. 스테이트 팜이 영업망과 보상 처리망 관리에 얼마나 신경을 쓰는지는 "스테이트 팜은 항상 당신 곁에 있습니다." 하는 회사 모토에서도 드러난다. 넓은 영업 범위는 스테이트 팜을 다른 회사들에 비해 단연 돋보이게 한다.

USAA USAA가 다른 보험 회사에 비해 돋보이는 점은 고객 서비스 관련 부분이다. USAA의 고객 가운데는 유난히 군인들이 많다. 근무지 이동이 잦은 이들을 위해 USAA는 무료 전화 회선을 이용한 고객상담센터를 운영하고 있으며, 한때는 세계에서 가장 많은 무료

전화 회선을 보유했던 적도 있다. USAA의 고객들은 대부분의 보험 관련 업무를 전화 한 통으로 끝낼 수 있다.

유넘 인슈어런스가 가장 중요하게 여기는 보험 업무는 보험 계약이다. 이에 비해, 프로그레시브는 보험금 지급 업무, 스테이트 팜은 영업망 관리 업무, USAA는 고객 서비스 관련 업무 등을 각각 가장 중요한 업무라고 생각한다. 다시 말해, 같은 업계에서 경쟁하고 있으면서도 회사마다 중요하게 생각하거나 덜 중요하게 생각하는 업무가 각기 다르다. 이들 네 보험 회사는 저마다 가장 중요하다고 생각하는 업무를 특화함으로써, 경쟁력을 높이고 시장에서의 차별화를 꾀하고 있다.

변화와 혁신을 추구하고자 한다면, 그것이 과연 어떤 가치를 창출할지에 대해서 먼저 분석해야 한다. 또, 변화와 혁신을 추구하는 과정에서 우선순위를 정하기 위해서는 우선 다음의 사항들을 염두에 두어야 한다.

전체적인 그림　회사 내의 업무라는 것은 톱니바퀴처럼 서로 밀접한 연관이 있게 마련이어서, 하나의 업무에 변화를 주게 되면 그 변화는 다른 업무에도 영향을 미친다. 따라서 어떤 업무에 변화를 추구하기로 결정하기 전에, 다른 업무들과의 관계는 어떻게 될 것인지 전체적으로 분석하는 단계를 거쳐야 한다.

전체적인 전략　어느 부분에 혁신을 가할 것인가를 결정하기 위해서는, 우선 기업 전체의 전략상 무엇을 중시해야 하는지부터 살펴봐야 한다. 기업 전략상 가장 중요하다고 평가되는 업무를 차별화할 수 있는 방법에는 어떤 것이 있는지부터 생각해 보아야 하는 것이다.

가치 평가 현재 회사에서 행해지고 있는 각각의 업무가 어느 정도의 가치를 창출하고 있는지 평가하고, 회사 내의 업무를 지식업무와 단순업무로 나누도록 하자. 이를 토대로 낮은 가치의 업무 및 단순업무는 회사 외부에서 처리하도록 하고—외부 용역 회사, 소비자, 사무 자동화 소프트웨어 등을 이용하여—더 높은 부가가치를 올릴 수 있는 지식 기반 업무에 회사의 역량을 집중해야 한다.

기회 포착 기업이 가지고 있는 현재의 역량을 얼마나 잘 이용하느냐에 따라 미래에 어떤 역량을 갖춘 기업이 되느냐가 결정된다. 지금 이 순간도 앞으로 성공할 가능성이 높은 기업은 그렇지 못한 기업과 전혀 다른 식으로 스스로의 역량을 이용하고 있을 게 분명하다.

어떤 부분부터 혁신을 추진해야 하는지를 정하는 문제는 무척 까다로운 일이지만 의외로 쉽게 정해질 수도 있다.

벨기에의 통신 회사인 벨가콤(Belgacom)이 뭔가 새로운 변화를 추구해야 할 필요성을 느낀 때는 1990년대 초였다. 이는 소비자들의 요구뿐만이 아니라, 시장을 개방하고 각종 규제를 철폐하는 국가 정책에 부응하기 위해서라도 반드시 필요한 일이었다. 무엇보다 가장 시급히 해결해야 할 문제는, 벨가콤이 오랫동안 독점적인 지위를 누리는 사이에 형성된 권위적이고 낡았다는 이미지를 바꾸는 일이었다.

사실 그것은 근거없이 형성된 이미지가 아니었다. 소비자들이 벨가콤의 전화번호 안내 서비스를 받기 위해서는 전화기를 붙잡고 최소한 1분 이상은 기다려야 했고, 전화선 설치를 신청하면 한 달 이상은 보통이었다. 심하면 1년이나 기다려야 했다.

벨가콤은 전화선 설치 및 고장 수리 서비스 시간을 획기적으로 줄이는 일을 가장 먼저 혁신해야 할 목표로 정했다. 그들의 혁신은 성공적으로 이루어져, 1992년 벨가콤의 평균 전화선 설치 기간은 신청일로부터 약 40일이었지만, 1998년에는 5일이면 충분했다. 또 1992년에는 고장 수리 신청자의 55퍼센트가 48시간 이내에 서비스를 받았지만, 1998년에는 95퍼센트가 48시간 이내에 서비스를 받을 수 있었다.

기업 역량의 강점과 약점 파악

어디서부터 혁신을 추구해야 하는지 혼란스러워하는 기업들에게는 다음에 소개될 '혁신 우선순위 매트릭스*'가 도움이 될 것이다. 이를 이용하면 기업 내의 다양한 업무 및 역량 가운데 무엇에 우선순위를 두고 혁신을 추구해야 하는지를 좀더 쉽게 파악할 수 있다.

〈그림 7-1〉에 표현된 혁신 우선순위 매트릭스의 세로축은 기업의 업무 및 역량의 상반되는 성격을 나타내는 것으로, 지식 기반 업무(역량)와 단순 반복 업무(역량)를 뜻한다. 말 그대로 단순 반복 업무(역량)는 똑같은 일을 계속해서 반복하는 것으로, 굳이 사람이 하지 않아도 되는 업무(역량)라 할 수 있다. 이에 비해 지식 기반 업무(역량)는 상황에 따라 여러 가지 요소들을 고려해야 하기 때문에 사람의 통찰력이 필요한 업무(역량)이다.

가로축에는 기업의 업무 및 역량이 차지하는 전략적인 중요도가 나타나 있는데, 차별화를 위한 업무(역량), 핵심적인 업무(역량), 그리고 보조적인 업무(역량)로 나뉜다. 여기서 주의해야 할 점은, 핵심

---

* 두 개 또는 그 이상의 특성·기능·아이디어 등의 집합에 대한 관련 정도를 행렬(matrix) 형태로 표현하는 기법이다.

적인 업무(역량)라고 해서 기업마다 다 똑같은 것은 아니다. 보험금 지급 업무는 분명 모든 보험 회사에 있어서 핵심적인 업무임에 틀림없지만, 앞의 예에서 볼 수 있듯이, 모든 보험 회사가 보험금 지급 업무를 통해 차별화를 꾀하지는 않는다. 보조적인 업무의 예로는 인사나 전산 업무 등을 들 수 있다.

이 매트릭스를 이용하면 한 기업의 업무와 역량을 객관적인 시각에서 볼 수 있다. 뿐만 아니라, 경쟁사의 현재 위치 · 강점 · 약점 등을 쉽게 파악할 수 있다. 같은 업종에서 같은 시장을 두고 경쟁하는 기업들 간에도 이 매트릭스는 매우 다르게 그려질 수 있는데, 예를 들어 어떤 제약 회사는 신약 개발을 통해 차별화를 꾀하는 반면, 또 다른 제약 회사에서는 신약 개발을 외부의 연구소나 기업에 맡기는 대신 강한 영업력을 이용하여 차별화를 꾀할 수 있다.

혁신 우선순위 매트릭스 위에 기업의 업무나 역량이 제대로 표시된다면 그 기업에서 현재 추진하고 있는 전략이 훤히 드러나게 된다.

〈그림 7-1〉 혁신 우선순위 매트릭스

차별화를 위한 업무(역량)

단순 반복 업무(역량)

지식 기반 업무(역량)

핵심적인 업무(역량)

보조적인 업무(역량)

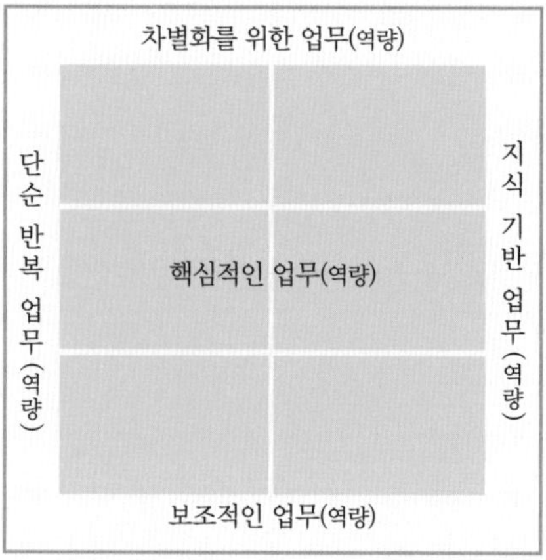

A와 B라는 가상의 제약 회사를 이용하여 이를 살펴보도록 하겠다.

A기업은 역사가 오래된 세계적인 규모의 대기업이다. 신약 개발에 대한 투자 규모도 세계 최고 수준이고, 거의 모든 질병에 대한 약을 생산·판매하고 있다. 역사가 오래된 만큼 영업 조직도 거대하고, 각종 의사회와 긴밀한 관계를 유지하고 있다. B기업은 그리 크지 않은 규모이지만 몇몇 질병에 대해서는 세계 최고의 전문지식을 가지고 있다. 투자 여력이 그리 많지 않은 관계로 다른 제약 회사들과의 제휴를 추진해 자신들의 단점을 극복해 나가는 중이다.

A와 B기업은 현재 서로 같은 시장을 놓고 경쟁하고 있지만 추구하는 전략은 너무나 다르다. 〈그림 7-2〉는 A와 B기업의 혁신 우선순위 매트릭스를 구성해 본 것으로서, 이것을 이용해 이들 두 기업의 전략을 이해해 보겠다.

A기업은 자체적인 신약 개발을 통해 차별화를 꾀하는 동시에 세계 최고의 제약 회사라는 위상을 지키려고 한다. 그런 반면, B기업은 다른 기업들과의 제휴를 통해 신약을 출시하고 있다. 대신 B기업은 전문지식을 갖춘 영업 인력을 이용해 자사의 영역을 넓혀 가고 있는데, 이들이 갖춘 영업 인력은 B기업이 제휴 협상을 하는 데 매우 유리하게 작용하고 있다.

정부의 규제 법안에 대해 두 기업이 대응하는 방식도 서로 다르다. A기업은 이를 어쩔 수 없이 지켜야만 하는 필요악으로 보고 소극적으로 대응하는 반면, B기업은 규제를 만들거나 수정하는 과정에 적극적으로 참여하여 자사에 유리한 쪽으로 규제 법안을 몰아가려 한다. 그리고 신약 판매에 대한 허가를 받는 것도 B기업이 A기업에 비해 훨씬 빠르다.

제조와 물류 기능의 경우, A기업은 자체적으로 보유하고 있는 생

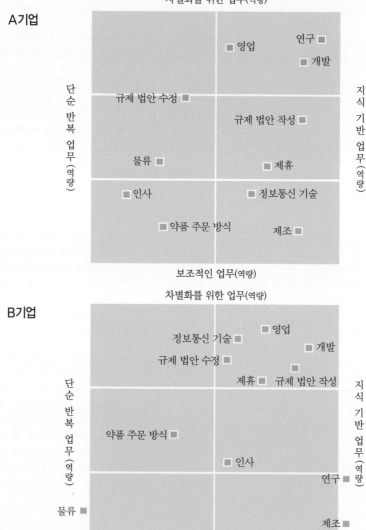

〈그림 7-2〉 혁신 우선순위 매트릭스의 응용

A기업

차별화를 위한 업무(역량)

단순 반복 업무(역량)

지식 기반 업무(역량)

영업
연구
개발
규제 법안 수정
규제 법안 작성
물류
제휴
인사
정보통신 기술
약품 주문 방식
제조

보조적인 업무(역량)

B기업

차별화를 위한 업무(역량)

단순 반복 업무(역량)

지식 기반 업무(역량)

정보통신 기술
영업
개발
규제 법안 수정
제휴
규제 법안 작성
약품 주문 방식
인사
연구
물류
제조
인사
정보통신 기술

보조적인 업무(역량)

산 시설과 배송 시스템을 이용하고 있지만, B기업은 아웃소싱으로 물류 기능을 전적으로 해결하고 있으며 생산 설비도 가장 핵심적인 것으로 최소 규모만을 보유하고 있다. 한정된 자금을 가지고 있는 B기업으로서는 이렇게 해야만 고정 비용의 지출을 줄일 수 있기 때문이다.

인사 업무 역시 A기업은 자체적으로 대규모의 인사 부서를 운영하고 있지만, B기업은 소규모 인사 전문가 그룹만을 자체적으로 운영하고 나머지는 전부 아웃소싱을 통해 해결하고 있다. A기업은 단순한 비용적 요소 정도로 생각하는 정보통신 기술에 대해서, B기업 역시 단순한 업무는 아웃소싱을 통해 해결하고 있지만, 어떻게 하면 정보통신 기술을 이용해 부가가치를 높일 수 있을지 그 방법을 찾고 있다.

정리하자면, 이들 두 기업은 같은 시장을 두고 경쟁하고 있지만, 혁신 우선순위 매트릭스에 나타난 것처럼 서로 다른 전략을 추구하여 나름대로 자신들의 영역을 성공적으로 구축하고 있다.

전략적 혁신의 추구

한 기업이 추구하는 전략이 혁신 우선순위 매트릭스 내에서 어떤 모양을 갖추고 있는지를 읽어내는 것은 매트릭스를 이용하는 첫걸음에 불과하다. 이 매트릭스를 작성하는 진짜 목적은, 기업이 원하는 변화를 추구하는 데 있다.

〈그림 7-3〉은 매트릭스를 이용하여 어떤 식의 변화를 추구할 수 있는지를 한눈에 보여 준다. 예를 들어, 필요하다면 높은 능력이 요구되는 복잡한 업무를 누구나 할 수 있는 단순한 업무로 바꾸어 효

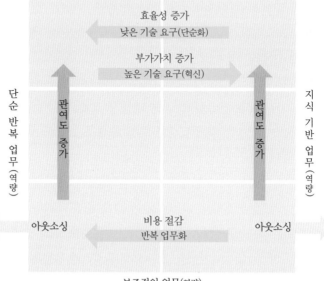

〈그림 7-3〉 혁신 우선순위 매트릭스의 이용

차별화를 위한 업무(역량)

효율성 증가
낮은 기술 요구(단순화)

부가가치 증가
높은 기술 요구(혁신)

단순 반복 업무(역량)

관여도 증가

관여도 증가

지식 기반 업무(역량)

아웃소싱

비용 절감
반복 업무화

아웃소싱

보조적인 업무(역량)

율성을 추구할 수 있다. 오늘날 전자 제품을 만드는 일부 기업들이 소비자가 직접 자신이 원하는 전자 제품의 사양을 결정하도록 주문 방식을 바꾸는 것이 구체적인 예 중 하나이다. 소비자들이 원하는 사양이 무엇인지를 알기 위해 복잡한 시장조사 과정을 거치는 대신 소비자 누구나 쉽게 원하는 사양을 선택하도록 함으로써, 기업은 노력을 아낄 수 있게 된 것이다.

단순하게 이루어지던 업무에 지식이라는 요소를 첨가하여 부가가치를 좀더 높이도록 변화를 추구하는 것도 가능하다. 공무원·간호사·엔지니어 등의 직업을 가지고 있는 사람들에게는 업무를 수행하는 정형화된 방식이 있지만 여기에 혁신을 추구하여 지식 근로자라는 호칭을 듣는 이들은 점점 많아지고 있다.

　사람들의 일반적인 생각과는 정반대의 방향으로 변화를 추구하는 것도 가능하다. 앞에서 소개한 B기업의 경우, 신약 개발 연구소가 가장 중요할 것 같은 제약 회사이지만 자체 연구소를 가지고 있지 않았다. 흔히 핵심 역량이라고 생각하는 부분을 아웃소싱했던 것이다. 이 밖에도 혁신 우선순위 매트릭스를 이용하여 변화를 추구하는 방법은 무궁무진하다. 하지만 어떤 식의 변화를 추구하든 항상 다음의 사항들을 기억해야 한다.

　혁신의 대상　차별화하기로 한 업무나 역량을 최우선적인 혁신의 대상으로 삼아야 한다. 무엇보다도 이러한 업무나 역량은 지식 기반 쪽에 가까워야 한다는 점을 잊지 말아야 한다.

　자동화의 대상　차별화를 위한 것 이외의 핵심적인 업무나 역량은 단순 반복적으로 만들어 자동화할수록 좋다. 예를 들어, A기업의 물류, B기업의 약품 주문 방식 같은 것들을 그런 식으로 해결하고 있다.

　아웃소싱의 대상　보조적인 업무나 역량은 최소한의 것만 남기고 아웃소싱하는 것이 좋다. 물론 이러한 업무나 역량도 관심을 가지고 특화하면 얼마든지 차별화 요소로 성장시킬 수 있다. 하지만, 차별화 요소로 성장시킬 생각이 아니라면 아예 아웃소싱하는 편이 더 합리적이다.

우선순위를 정할 때 빠지기 쉬운 함정

　혁신을 말하는 기업들이 뜻한 바를 이루지 못하는 데에는 여러 가지 이유가 있다. 그 중에 하나가 어디에서부터 혁신할지 우선순위를 정하는 문제이다. 혁신의 우선순위를 정하는 데에서 저질러지기 쉬운 실수 가운데 가장 흔한 것이 다음의 두 가지이다.

첫째는, 너무나 소극적이고 조심스럽게 혁신을 추구한다. 다시 말해, 혁신은 다른 기업과 차별화를 할 수 있는 부분에 초점이 맞춰져야 한다. 그런데 많은 기업들이 혁신의 대상을 정하면서, 기업이 처한 상황에 비추어 최선의 선택을 하는 것이 아니라 실패를 했을 경우에도 피해가 크지 않을 차선을 택한다. 하지만 차선의 혁신을 추구해봐야 그 효과는 너무나 작아서 기업의 이해 관계자 중 아무도 변화를 알아차리기가 어려울 정도이다.

둘째는, 다수결의 원칙 등을 통해 혁신의 우선순위를 정한다는 점이다. 즉, 기업의 이해 관계자들 가운데 가장 많은 사람들이 원하는 것, 혹은 잡음의 주요 원인이 되는 부분을 혁신의 최우선 순위로 생각한다. 하지만 자동차 바퀴에서 삐걱대는 소리가 심하게 난다고 해서 한 통밖에 없는 기름을 바퀴에 뿌린다면, 정작 자동차는 달리지 못하게 될 게 뻔하다. 혁신의 우선순위를 정할 때는 아무리 신중에 신중을 거듭해도 부족하다.

혁신의 우선순위를 잘못 정하게 되면 막대한 비용 손실이라는 결과가 빚어지기 쉽다. 미국의 한 보험 회사가 비즈니스 리엔지니어링을 실시하면서 너무나 획기적인 방법을 채택한 탓에 세간의 주목을 받은 적이 있었다.

그 보험 회사는 리엔지니어링의 일환으로 많은 인력을 서로 다른 부서에 재배치했는데, 자산 운용팀 역시 예외가 아니었다. 하지만 자산 운용팀의 담당자가 바뀌면서 부동산 투자에서 큰 손해를 봤고, 결국 그 일이 계기가 되어 법정 관리를 신청해야 할 만큼이나 경영 상태가 나빠져 버렸다. 혁신을 추구해야 할 업무나 역량이 무엇인지,

또 어떤 식으로 해야 하는지에 대해 좀더 많은 주의를 기울였다면 이와 같은 일은 일어나지 않았을 것이다.

혁신에 의한 기업 가치 창출

새로운 전략을 수립할 때는 그 전략이 어느 정도의 새로운 가치를 창출할 것인지 따져봐야 한다. 여기에는 회계 장부에 구체적으로 드러나는 정량(定量)적인 가치 외에도, 당장에는 드러나지 않지만 미래 성장의 잠재력이 되는 정성(定性)적인 가치도 포함되어야 한다. 물론 후자의 가치는 그 크기가 얼마나 되는지 파악하기 매우 어렵지만, 많은 기업들이 이를 위해 노력하고 있다.

스웨덴의 투자 자문 회사인 스칸디아(Skandia)는 근시안적인 혁신을 추구하기보다 미래의 성장 잠재력을 고려한 혁신을 추구하려는 선구자들 가운데 하나로, 투자 대상 기업에 대한 평가를 내릴 때는 반드시 인적 자본 및 자신들이 '구조적인 자본'이라 부르는 기업 내의 다양한 요소들을 포함시키고자 한다.

한 기업이 가지고 있는 진정한 가치를 당기매출액과 당기순이익만으로 판단할 수는 없다는 사실은 너무나 자명하다. 기업의 혁신적인 성향, 최고경영진의 역량, 새로운 기술에 대한 수용성 등 수많은 요소들이 함께 고려되어야 하는 것이다.

기업 구성 요소들 간의 연관성 파악

혁신의 우선순위와 대상을 정할 때는 그것들이 기업의 나머지 요소들과 어떤 관계를 맺고 있으며, 혁신 과정에서 어떤 영향을 주게 될지를 전체적인 시각에서 생각해야 한다. 그런 때 다음의 질문들을 던져 본다면 도움이 될 것이다.

이 업무의 변화가 다른 업무에 미칠 영향은 무엇인가? 기업의 업무 중 독립적으로 이루어지는 것은 하나도 없다. 때문에 한 업무의 변화는 나머지 모든 업무의 변화를 의미한다. 1장에서 소개한 '브라이스의 역설'을 다시 떠올려 본다면, 전체적인 그림을 보지 못한 채 그저 한 개의 업무만을 보고 혁신을 추구하면 성공할 확률은 25퍼센트밖에 되지 않는다. 다시 말해, 아무리 많은 비용을 들이고 혁신을 추구해봐야 아무런 효과를 보지 못하거나, 오히려 역효과를 볼 확률이 75퍼센트라는 것이다.

비용과 노력을 투자한 만큼 가치있는 결과가 나오겠는가? 혁신의 대상을 선정했다 하더라도 투입하는 비용과 노력만큼 결과가 나오지 않는다면 군이 혁신을 추구할 필요가 없다. 따라서 현재 추구하는 혁신이 거기에 투입될 비용과 노력을 고려해 볼 때 가치있는지를 항상 따져봐야 한다.

혁신을 계획대로 추진할 수 있는 능력을 가지고 있는가? 의욕을 가지고 혁신을 추구했지만 필요한 자원을 구하지 못해 결국 실패하고 마는 기업의 사례를 발견하기란 어렵지 않다. 아무리 좋은 계획이라 하더라도 기업의 현재 능력에 어울리지 않으면 아무런 의미가 없다.

주로 전자 제품을 제조하는 회사가 생산 공정을 혁신하여 기존에 일주일 걸리던 제조 시간을 단 네 시간으로 줄였다. 이는 매우 놀라운 혁신임에는 분명하지만 실효성 있는 혁신이라고 하기에는 곤란하다. 소비자들의 수요나 배송 시간 등이 함께 획기적으로 변하지 않는 한 빨리 생산된 제품은 창고를 채우는 애물단지로 전락해 버릴 가능성이 크다. 급기야 생산 라인을 일시 정지시켜야 하는 상황에까지 이르게 될지도 모른다. 다른 요소들과의 연관성을 전체적인 시각으로 파악하지 않는 혁신은 이렇듯 불필요한 비용의 낭비만을 초래할 뿐이다.

혁신 포트폴리오

혁신은 점진적인 혁신과 급진적인 혁신으로 구분할 수 있다. 그리고 혁신을 추구하려는 기업은 이들 두 가지 가운데 자신들이 처한 상황에 맞는 적절한 방법을 택해야 한다.

어떤 기업들은 충분한 역량을 갖추고 있지도 못하면서 모두가 놀랄 만한 혁신을 이루겠다고 호언장담을 한다. 그러나 (당연하게도) 참담하게 실패하고 마는 경우가 대부분이다. 문제는 여기에서 끝나지 않는다. 이렇듯 허황한 계획을 세우고 추진하다 실패한 기업이 직면하게 되는 더 큰 문제는, 직원들 사이에 경영진에 대한 냉소주의가 만연하게 된다는 것이다. 그래서 다음부터는 합리적인 수준의 혁신을 추구하려고 해도 직원들의 참여를 이끌어내기가 어렵다.

미국의 한 공공 부문 기업이 시설물의 유지 및 보수 업무에서만 한 해에 2,600만 달러―그 기업으로서는 상당히 큰 액수였다―의 비용을 줄이겠다고 발표한 적이 있었다. 하지만 이 기업은 이와 같은 발표가 있기 얼마 전에 이미 기업의 업무 효율성을 높이기 위해 첨단 장비를 도입하고 파격적인 성과급 제도를 실시하겠다고 발표한 바가 있었다. 그들의 호언장담의 결과는 겨우 100만 달러의 비용 절감에 그쳤으며, 직원들이 경영진에 대해 어떤 생각을 갖게 되었을

지는 미루어 짐작할 만하다.

그저 목표만을 바라보고 계획을 세운다면 계획을 위한 계획으로 그치고 말 가능성이 크다. 때문에 계획을 세울 때는 주변 상황을 반드시 고려해야 한다. 주변 상황을 고려하지 않은 계획은 혁신이 아니라 조직 구성원 모두에게 재앙으로 다가올 뿐이다. 미국의 사상가인 랠프 월도 에머슨(Ralph Waldo Emerson)은 이런 말을 했다.

> 앞뒤 가리지 않고 나아가는 자신을 발견했다면 잡귀에 홀린 것은 아닌지 되돌아 보라.

혁신을 추구하는 것은 미래를 위한 투자이다. 때문에 여기에도 다른 투자와 마찬가지로 위험성이 존재한다. 따라서 혁신 역시 자산을 투자할 때와 같은 신중한 접근 방식이 필요하다. 현명한 투자가는 자신의 소중한 자산을 직접 주식 투자, 간접 주식 투자, 채권 투자 등 여러 가지 투자 방법으로 나누어 투자한다. 흔히 '포트폴리오 투자'라고 하는 방식이다. 기업 역시 혁신 우선순위 매트릭스상의 위치를 기준으로 각 부분에 서로 다른 수준의 혁신을 추구해야 한다.

카탈로그를 이용해 의류 제품을 파는 통신 판매 기업의 경우, 고객상담센터를 아웃소싱하는 파격적인 혁신을 추구할 수 있다. 잊지 말아야 할 점은, 한 가지 업무나 역량에 대해 파격적인 혁신을 추구했다면 다른 업무나 역량, 예를 들어 소비자가 이미 구입한 제품을 반품하는 방식 및 절차에는 약간의 변화만을 추구하는 것이 적절하다. 이상은 하나의 사례일 뿐이며, 각각의 기업은 저마다의 상황에 맞는 혁신 포트폴리오를 설계해야 한다.

〈표 7-1〉은 혁신을 세 가지로 나누고 각각의 특징을 정리한 것이

<표 7-1> 혁신의 분류

	점진적 혁신	급진적 혁신	혁명적 혁신
변화의 규모	개별 기능, 개별 부서, 개별 사업 단위에 대한 혁신	전체 기업에 영향을 미치는 핵심 업무 프로세스에 대한 혁신	협력사, 제휴 기업, 소비자 등을 포함한 가치 사슬 전반에 대한 혁신
변화에 대한 관심도	낮음	높음: 기업 내부에 정치적·문화적 문제를 불러올 가능성 있음	매우 높음: 기업 내부뿐만 아니라 기업 외부에 정치적·문화적 문제를 불러올 수 있음
위험성	낮거나 중간 수준	높은 수준	매우 높은 수준
가치 창출의 기회	낮음: 시장에서 차별화의 수단이 되기 어려움	중간 이상: 상당한 정도의 새로운 가치가 창출됨	매우 높음: 상당 기간 동안 시장 내에서 차별적인 지위를 유지할 수 있음

다. 이 세 가지 분류를 우리가 속한 조직이나 기업에 그대로 적용할 수는 없을 것이다. 기업이 처해 있는 상황과 미래의 기회는 무한히 다양하기 때문이다. 하지만 혁신 포트폴리오를 짜는 데에 도움을 주기에는 충분하다.

물론 어떤 가치에 우선순위를 두고 혁신을 추구해야 하는지는 획일적으로 규정할 수 없다. 하지만 몇 가지 원칙만은 지켜져야 한다. 우선 다른 기업들과의 경쟁에서 경쟁우위가 될 가능성이 가장 높은 것, 주주가치를 높일 가능성이 가장 큰 것을 혁신의 대상으로 삼아야 한다. 그리고 혁신을 추구해 나가는 동안에도 혁신의 과정을 항상 확인하고, 상황의 변화에 따라 혁신 포트폴리오 또한 조금씩 변화시켜 줘야 한다. 기업 환경이 변하고 경쟁 상황이 변함에 따라 현재의 핵심 역량이 미래에는 아무것도 아닌 것이 될 수 있기 때문이다.

혁신 우선순위 매트릭스를 이용하면 한 기업의 업무와 역량의 위치가 어떤 식으로 변해 가는지를 확인할 수 있다. 혁신의 대상을 올바르게 선정했는지, 기업의 내부 및 외부 요소들을 고려하며 혁신을 추구했는지는, 그저 그런 기업과 최고의 기업을 결정짓는 중요한 기준이 될 것이다.

8. 혁신 시뮬레이션

Innovation

성과요? 당연히 있었습니다.
어떻게 하면 실패하는지 수천 가지는
가르쳐 드릴 수 있으니까요.
―토머스 에디슨(Thomas Edison)

음악 공연을 준비하는 음악가들은 수없이
많은 연습을 하고도 공연 하루 전날에는 리허설을 통해 실제 공연에
대비한다. 혁신을 추구하는 기업도 리허설이 필요하다. 아무런 리허
설 없이 혁신을 추구하다가 계획이 잘못되었다는 사실을 아는 것은
그동안 쏟아 부은 시간과 노력과 비용이 모두 물거품이 되는 것을 막
기에는 너무 늦다. 시간과 노력과 비용의 낭비보다 더 두려운 것은,
한번 실패한 이후로는 조직 내에 혁신에 대한 냉소주의가 만연하게
되어 다시는 변화를 시도하지 않게 되기 쉽다는 사실이다.

물론 실제로 일어날 일을 그대로 예측하고 반영할 수는 없겠지만,
혁신을 실행으로 옮기기 전에 컴퓨터를 통해 시뮬레이션을 해보는
것은 혁신의 주체가 저지르기 쉬운 오류들을 줄이고 자신감을 갖도
록 한다. 게다가 컴퓨터 시뮬레이션을 통하면 아무런 위험 부담 없
이 '만약'의 상황을 가정할 수 있기 때문에, 혁신을 추구하는 도중

219

에 발생할 수 있는 예상치 못한 상황에 좀더 효과적으로 대처할 수 있다.

1분에 평균 20통의 전화가 걸려오고 전화 한 통당 평균 5분의 상담 시간이 소요되는 고객상담센터가 있다. 전화를 거는 고객들이 전화기를 붙잡고 기다리지 않게 하려면 이 고객상담센터는 몇 명의 상담원을 고용하고 있어야 할까? 산술적으로 100명이라고 대답하기 쉽지만, 그것은 정답이 아니다. 여기서 1분 평균 20통, 한 통당 평균 5분이라는 것은 평균치일 뿐 실제로 걸려오는 전화 및 상담 시간에는 최고치와 최저치가 있게 마련이다.

이 경우 전화를 거는 고객들이 단 1초도 기다리지 않게 하려면 몇 천 명의 상담원을 고용해도 충분하지 않을지도 모른다. 따라서 현실에서는 '고객의 평균 대기 시간을 30초 이내로 하겠다, 2분 이내로 하겠다, 혹은 전화를 건 고객이 8분 이내에 만족할 만한 결과를 얻을 수 있도록 하겠다.' 등과 같은 구체적인 목표가 필요하다. 이런 목표를 세웠다면 그것이 과연 실현 가능한 목표인지 알아볼 수 있는 방법이 바로 컴퓨터 시뮬레이션이다.

〈그림 8-1〉은 전화 상담원이 100명일 경우와 120명일 경우의 컴퓨터 시뮬레이션 결과이다. 상담원이 100명일 경우 전화를 건 고객의 평균 대기 시간은 2분을 훌쩍 넘어가는 반면, 120명일 경우 평균 대기 시간은 거의 무시할 만한 수준이다. 그리고 통화 완료까지의 시간은 상담원 100명일 경우 거의 8분에 가까웠지만 120명일 경우에는 5분으로 수렴해 가는 것을 볼 수 있다. 이러한 시뮬레이션을 계속해서 실행하다 보면 가장 효율적인 상담원의 수—100명과 120명 사이에 있는—를 예측할 수 있다.

이처럼 컴퓨터 시뮬레이션을 실행하면 혁신을 추구해 나가기에

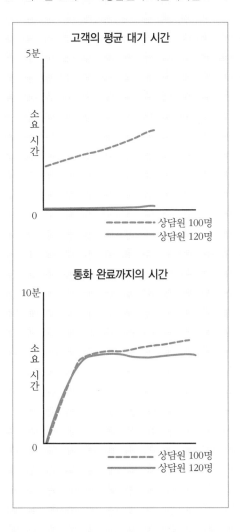

〈그림 8-1〉 고객상담센터 시뮬레이션

고객의 평균 대기 시간

5분

소요시간

0

------ 상담원 100명
——— 상담원 120명

통화 완료까지의 시간

10분

소요시간

0

------ 상담원 100명
——— 상담원 120명

앞서 혁신의 대상과 그 이외의 것들 사이의 상관관계를 비교적 정밀하게 파악할 수 있다. 또한 기업에 생길 변화에 대해서도 상당히 정확하게 정량적 분석을 할 수 있다.

전략적 도구로서의 시뮬레이션

혁신이란 과학이라기보다는 예술에 가깝다. 완벽한 논리와 계획은 혁신을 추구해 나가는 데 큰 의미가 없다. 혁신의 대상을 둘러싼 주변 상황—첨단기술의 발전, 새로운 시장의 생성 등—이 계속해서 변하기 때문에 더욱 그렇다. 기존의 계획대로 혁신을 추구하다 보면 오류가 발생하는 지점이 생기는 것은 너무나 당연하다. 그럴 경우에는 계획을 새로운 상황에 맞게 계속해서 수정해 주어야 한다. 이것은 에디슨의 말과도 통한다.

> 성과요? 당연히 있었습니다. 어떻게 하면 실패하는지 수천 가지는 가르쳐 드릴 수 있으니까요.

기업 세계에서 큰 실수는 용납될 수 없다. 기업이 사활을 걸고 추진하던 급진적인 혁신에 생각지도 못한 큰 오류가 있었다면, 단 한 번의 실수만으로도 해당 기업은 시장에서 퇴출되는 신세가 될 수도 있다. 혁신을 추구하기에 앞서 시뮬레이션을 실행해야 하는 이유가 바로 여기에 있다. 그전에는 발견하지 못했던 여러 가지 고려 사항들을 새로이 발견할 수 있다는 점도 시뮬레이션이 가진 장점 중 하나이다.

하지만 시뮬레이션은 어디까지나 실제 상황에 대한 추측을 토대로 만들어진 것일 뿐이다. 따라서 시뮬레이션에서 성공적인 결과를 얻었다고 해서 안심하고 계획대로만 밀고 나가서는 곤란하다. 시뮬레이션은 혁신에 대한 계획을 수립하기 위한 도구이지 혁신 자체는 아니라는 점을 잊지 말아야 한다.

혁신 과정의 초기 20퍼센트가 갖는 중요성

새로운 상품의 개발 과정에서 초기 20퍼센트의 기간은 상품을 위한 아이디어를 계발해내는 데에 주로 쓰인다. 그리고 나머지 80퍼센트의 시간이 상품을 시장에 내놓는 등의 물리적인 일을 해결하는 데에 사용된다. 다시 말해, 신제품의 개발 과정에서 초기 20퍼센트의 시간이 성공 여부를 결정짓는 것이다.

혁신에서도 이와 같은 비율이 그대로 적용된다. 수많은 기업들의 혁신 과정에서 가치있는 '의사결정' 의 80퍼센트가 혁신을 추진하는

〈그림 8-2〉 시간에 따른 혁신의 가치와 비용의 80:20 법칙

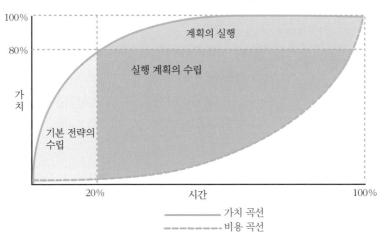

초기 20퍼센트의 기간 이내에서 주로 이루어지는 것이다. 그도 그럴 것이 혁신을 위한 전략 및 기본 골격이 만들어지는 시기가 바로 초기 20퍼센트 기간 이내이기 때문이다.

혁신의 과정에서 시간에 따라 노력의 가치가 어떻게 변해 가는지는 〈그림 8-2〉에 나와 있다. 〈그림 8-2〉의 점선은 혁신의 진행 정도에 따라 발생되는 비용의 크기를 나타내고 있는데, 쉽게 예상할 수 있듯이 처음 20퍼센트까지는 비용이 별로 발생하지 않는다.

〈그림 8-2〉와 같은 그래프 결과는 조금만 생각해 봐도 쉽게 짐작할 수 있는 내용이다. 하지만 혁신을 추구하는 수많은 기업들에게서 쉽게 잊혀지곤 하는 것도 사실이다. 그들은 혁신이 추진되는 처음 20퍼센트의 기간에는 그다지 큰 관심이나 노력을 기울이지 않다가 나중 80퍼센트의 기간에 뭔가를 하려고 애쓴다. 그러니 투입하는 비용에 비해 만족할 만한 성과를 거두기 어려울 수밖에 없다. 아니면 충분한 계획 없이 혁신을 진행하다가 생각지도 못한 많은 초과 비용이 발생하여 중도에 포기하게 되는 경우도 많다. 가장 최악의 경우라면, 혁신을 진행하는 도중에 그것이 기업 활동에 악영향을 미친다는 사실을 발견하고는 즉시 중지시키는 때이다.

새로이 추진하려는 혁신이 얼마나 좋은 결과를 이끌어낼지는 혁신의 과정 중 초기 20퍼센트에서 결정된다. 이런 사실을 알고 있는 '성공하는 기업'들은 이 기간 동안에 가급적 많은 직원들의 참여를 이끌어낸다. 그리고 컴퓨터 시뮬레이션은 혁신을 추진하는 기간 동안에 매우 유용하게 활용—미래의 상황을 예측할 수 있도록 해주는 등—될 수 있다.

AT&T의 시뮬레이션을 통한 혁신 사례

미국의 전신전화 회사인 에이티앤티(American Telephone & Tele-graph Co., AT&T)의 사례는 새로운 변화를 추구하는 과정에서 시뮬레이션이 어떻게 쓰일 수 있는지를 분명하게 보여 준다. 몇 년 전 AT&T는 몇몇 시장에서 새로운 서비스를 실시하려는 준비에 한창이었다. 그런데 그 서비스를 실시하기 위해서는 많은 비용을 투입해야 했고, 실패할 경우 엄청난 손실을 볼 수도 있었다. AT&T는 새로운 서비스를 실시하기 이전에 자신들이 올바른 선택을 하고 있는 것인지를 확인하고 싶었다. 서비스 접수, 서비스 공급, 서비스 이용료의 청구, 고객 상담 등과 같은 변수들을 이용하여 시뮬레이션을 실시해 보기로 했다.

처음 시뮬레이션을 시작할 때만 해도 AT&T는 새로운 서비스를 위해 투입하는 노력과 비용, 그리고 이해 관계자들 사이에 어떤 상관관계가 있는지 미처 파악하지 못하고 있었다. 그들은 서비스를 준비하면서 합리적인 예측을 하려고 노력했지만, 그것은 예측일 뿐이었다. 막상 시뮬레이션을 실시하자, 예산이 부족하게 책정되었다는 것을 포함하여 서비스 내외의 다양한 요소들의 상관관계가 분명하게 드러났고, 이는 새로운 계획의 성공으로 이어졌다.

새로운 혁신을 추구할 때 가장 우려가 되는 것은 우선순위의 문제이다. 비용 측면에서 가장 중요한 것은 무엇일까? 프로세스 측면에서는 무엇이 가장 중요할까? 그리고 처음의 계획이 순조롭게 진행되지 않을 때를 대비하여 마련해 놓은 비상 계획은 얼마나 효과적일까? 이러한 질문에 대해 계획의 실행에 앞서 답을 해줄 유일한 수단이 바로 시뮬레이션이다.

AT&T의 시뮬레이션은 고객과 접하는 방식 네 가지와 업무 절차

네 가지를 기준으로 설계되었다.

■ 고객과 접하는 방식 ■

① 고객에게 직접 전화: 영업 담당자가 고객에게 직접 전화를 걸어 새로운 서비스에 대한 소개를 해준다.

② 마케팅을 통한 고객의 전화 유도: 고객 성향에 대한 사전 정보를 바탕으로 마케팅 자료를 배포하고, 그것을 본 고객이 전화한다.

③ 고객 스스로 전화: 새로운 서비스에 대한 정보를 다른 경로를 통해 입수한 고객이 스스로 전화를 한다.

④ 추가 서비스 요청: AT&T의 기존 고객이 추가적으로 새로운 서비스를 신청한다.

■ 관련 업무 절차 ■

① 서비스 접수: 고객들로부터 서비스 신청을 접수한다.

② 고객 상담: 새로운 서비스에 대한 고객들의 문의에 응답한다.

〈그림 8-3〉 AT&T 시뮬레이션의 변수들

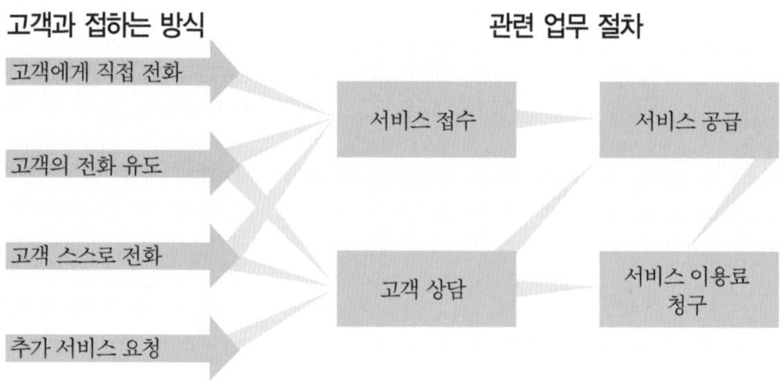

고객과 접하는 방식   **관련 업무 절차**

고객에게 직접 전화

고객의 전화 유도

고객 스스로 전화

추가 서비스 요청

서비스 접수   서비스 공급

고객 상담   서비스 이용료 청구

이 과정에서 신규 서비스 신청의 20퍼센트를 이끌어낸다.

③ 서비스 공급: 고객이 요구하는 내용의 서비스를 이용할 수 있도록 하드웨어와 소프트웨어를 설치해 준다.

④ 서비스 이용료의 청구: 서비스 이용료의 청구 및 수납 업무를 한다.

시뮬레이션이 갖는 장점 중 하나는 발생할 수 있는 다양한 상황을 예측해 볼 수 있다는 것이다. AT&T 역시 기술적 한계나 관련 법규 등을 포함한 다양한 상황을 가정했는데, 예를 들면, 전화가 아닌 인터넷을 이용하여 서비스 접수 및 고객 상담을 실시할 경우 어떤 결과가 나타날지, 혹은 서비스의 내용에 변화를 줄 경우 어떤 결과가 나타날지 짐작해 볼 수 있도록 시뮬레이션을 설계했다.

시뮬레이션의 실행 결과가 처음의 예상과 다르게 나올 수가 있는데, 그럴 때는 원인을 찾아야 한다. 그리고 필요하다면 시뮬레이션의 결과를 참조하여 계획을 수정해야 한다. 물론 시뮬레이션의 결과가 항상 정확하다고는 단정할 수 없지만, 주어진 정보를 바탕으로 사람이 예측하는 것보다는 실제에 가까울 가능성이 더 높다는 사실을 염두에 두어야 한다. 이처럼 새로운 혁신 프로젝트가 목표로 하는 결과를 이끌어올 때까지는 다양한 시나리오를 가정하고 계획을 수정하는 과정에만 보통 2~4주가 소요된다.

혁신 시뮬레이션의 결과에 따른 계획 수정

병원에 가서 혈액 검사를 해보면 몸의 상태를 상당히 정확하게 알 수 있다. 시뮬레이션도 기업 전체를 해부해 보지 않고도 현재 상황을 알 수 있게 해주는 매우 효과적인 수단이다.

AT&T 역시 시뮬레이션을 통해 중요한 사실들을 알아낼 수 있었다. 그 중 하나가 고객들의 전화에 응답하는 시간이었다.

미국의 한 지역을 담당하던 AT&T의 지역 사업부 경영진은, 자사의 고객상담센터로 전화를 거는 고객의 95퍼센트가 30초 이내에 상담원과 연결되어야 한다는 목표를 세워 놓았다. 하지만 이는 상당히 높은 수준의 서비스 기준이었다. 이러한 기준치를 만족시키려면 아무리 전화가 몰리는 시간대라 하더라도 전화벨이 울린 지 5초 이내에 상담원이 고객의 전화를 받아야만 했다.

시뮬레이션을 통해 예측해 본 결과 이 정도의 높은 서비스를 제공하기에는 지역 사업부가 갖추고 있던 인력과 장비가 턱없이 부족하다는 결과가 나왔다. 목표한 대로 높은 수준의 서비스를 제공하려면 인력과 장비를 보충하고 고객이 지불하는 서비스 이용료를 늘리는 수밖에 없었다. 따라서 AT&T의 경영진은 서비스 이용료를 올리고 서비스 수준을 높이든가, 갖추고 있는 인력과 장비에 맞는 서비스 수준―경쟁사들의 서비스 수준에 못 미쳤다―을 그대로 유지하든가 선택을 내려야만 했다.

그들은 서비스 수준을 높이기로 했던 처음의 계획대로 혁신을 추진하기로 했다. 하지만 무작정 높은 수준의 목표를 세우고 그것을 밀고 나가는 오류를 저지르지는 않았다. 현재 보유하고 있는 역량이나 사용 가능한 예산, 그리고 이를 통해 이룰 수 있는 결과에 대한 기대치 등 중요한 정보를 갖게 되었기 때문이다.

〈그림 8-4〉는 고객상담센터에서 고객과의 전화를 통해 새로운 통신 상품을 판매하기까지의 과정을 시뮬레이션으로 예측해 본 결과이다. 여기서 고객과의 상담 시간의 기준을 15분으로 정한 것은, 15

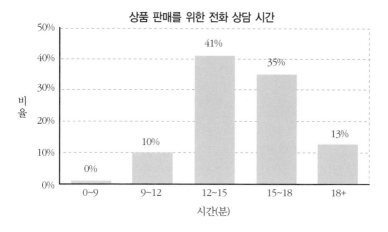

〈그림 8-4〉 상품 판매 과정에 대한 시뮬레이션

상품 판매를 위한 전화 상담 시간

비율

시간(분)	비율
0~9	0%
9~12	10%
12~15	41%
15~18	35%
18+	13%

결론

48퍼센트의 전화 상담이 목표 시간인 15분을 초과했음
인력 및 장비 가동률: 73퍼센트
전화를 받기까지의 평균 시간: 5초

	목표	시뮬레이션
30초 이내에 상담을 시작하는 비율	95%	95.4%
평균 통화 시간	15분	14.8분

분이 상품 구매를 유도하는 데에 최적의 상담 시간이라는 마케팅팀의 의견에 따랐기 때문이다. 그런데 일단 시뮬레이션을 실행하자 예상 밖에 결과가 나왔다. 48퍼센트의 전화 상담이 15분을 초과했으며, 이는 비용의 초과 지출을 뜻했다.

AT&T는 곧바로 상담 시간이 길어진 원인을 찾기 위한 분석에 들어갔고, 원인을 발견한 후 다시 계획을 수정하여 시뮬레이션을 실행

했다. 이런 식의 과정은 여러 번에 걸쳐 반복되었고, AT&T는 오류가 심각한 문제가 되어 겉으로 드러나기 전에 훨씬 적은 비용을 들여 비교적 쉽게 해결할 수 있었다.

시뮬레이션은 새로운 사업을 추진하는 초기 단계부터 그 사업의 실현 가능성, 상업성 등을 확인할 수 있도록 해주는 매우 유용한 도구이다. 그리고 시행착오를 겪지 않고도 많은 문제점들을 해결할 수 있도록 해준다. 뿐만 아니라, 시뮬레이션을 통해 새로이 추진하려는 사업을 객관적이고도 종합적으로 파악함으로써 사업과 관련된 다양한 요소들의 상관관계를 훨씬 더 폭넓게 이해할 수 있다. 이것들은 모두 그 사업을 추진하는 내내 값진 무형의 자산으로 작용하게 된다.

비정형적인 프로세스의 혁신

정형화되어 있고 반복적으로 되풀이되는 프로세스의 경우 시뮬레이션을 이용하면 상당히 정확하게 미래를 예측할 수 있다.

1999년, BGL(Banque Generale de Luxembourg)은 두 개의 핵심 업무 프로세스에 대해 혁신을 추구하기로 결정하고 시뮬레이션을 통해 자신들이 세운 계획을 미리 검증해 보기로 했다. 그 두 개의 업무 가운데 하나는 대출 업무―대체로 정형화되어 있다―였고, 다른 하나는 신입 직원을 선발하는 업무―정형화되어 있지 않다―였다.

이 중에서 대출 업무는 시뮬레이션의 대상이 되기에 매우 적합한 성격을 갖췄다. 대출을 어떤 사람에게 해줄 것인지에 대한 기준은 이미 자세하게 세워져 있으며, 대출금이 고객의 계좌에 입금되는 시기와 고객이 이자와 원금을 갚아야 하는 시기 등도 미리 정해져 있기 때문이다.

BGL은 대출 업무에 대한 시뮬레이션을 통해 두 가지 중요한 사항을 예측할 수 있었다. 첫째는 대출 신청서가 신청자에 대한 정보를 자세히 수록하고 있을수록 전체 대출 업무를 신속하게 처리할 수 있다는 것이었고, 둘째는 대출 신청자에 대한 정보의 양이 현재보다 3퍼센트 늘어날 때 대출 업무가 가장 효율적일 수 있다는 것이었다.

하지만 신입 직원을 선발하는 업무에 대한 시뮬레이션은 그렇게 간단하지 않았다. 여기에는 일정한 규칙이 없기 때문이다. 대부분의 기업들이 그렇듯 BGL 역시 신입 직원을 선발하는 데 특정한 기준을 세우기는 어려웠다. 어떤 업무에 배치할 것인지, 상사나 동료는 누구인지, 현재 회사가 중점적으로 추진하는 전략은 무엇인지 등 인력을 선발하는 기준은 매번 변하기 때문이다. 하지만 당시 BGL은 유능한 인재를 확보하는 것이야말로 경쟁력을 유지하는 핵심 전략이라는 방침을 세워두고 있었다. 이를 위해 그들은 직원 선발의 새로운 방식을 필요로 했고, 그렇게 만들어진 선발 방식이 얼마나 회사에 유익한 결과를 가져올지 미리 확인해야만 했다.

조직 구성원들 사이에서 직원 선발의 새로운 방식에 대한 다양한 제안들이 나왔고, BGL은 시뮬레이션을 통해 제안들의 결과를 예측했다. 그 가운데 직원 선발 업무에 소요되는 시간을 줄일 수 있는 제안 몇 가지의 시뮬레이션 결과를 소개하면 다음과 같다.

1. **인사부와의 긴밀한 협조** 직원 선발을 담당하는 인사부와 새로운 직원을 필요로 하는 일선 부서들 간에 긴밀한 협조가 이루어지면ㅡ인사부에서 미리 직원 선발 일정에 대한 자료를 일선 부서에 배포하는 등ㅡ 직원 선발에 소요되는 시간이 30퍼센트 가량 줄어든다.

2. **인사부에 모든 권한 위임** 새로 선발한 직원을 일선 부서에 배치

하는 권한을 인사부에 전격 이양한다. 전에는 인사부에서 새로 선발한 직원을 일선 부서에 추천하면 해당 부서의 책임자가 그 직원을 받아들이거나 거부하는 절차를 거쳤다―여기서 인사부의 추천은 90퍼센트 가량 받아들여졌다. 하지만 새로 선발한 직원을 배치하는 권한을 인사부에서 갖게 되면 직원 선발에 소요되는 시간이 2.8주 정도 줄어든다.

3. 데이터베이스 구축 공석이 생기고 새로운 인력이 필요한 상황이 되어서야 해당 업무에 맞는 인재를 구하려고 하지 않고, 미리 인력 시장에 적극적으로 접근하여 다양한 능력의 인재에 대한 정보를 수집해 놓으면 훨씬 더 빠르게 직원 선발 업무를 수행해 나가는 것이 가능하다.

4. 상시 지원 제도 일정한 시기를 정해 입사 지원서를 받는 것이 아니라 상시 지원 제도를 이용하여 지속적으로 입사 지원서를 받아 놓으면, 공석이 된 업무에 적합한 지원자를 찾기까지의 시간이 35퍼센트 가량 줄어든다.

시뮬레이션을 통한 미래 예측

혁신은 보석에 비유할 수 있다. 보석이 만들어지려면 그에 알맞은 지질이 형성되어야 하듯이, 혁신도 성공적으로 이루어지려면 그에 알맞은 기업 환경이 형성되어야 하기 때문이다. 둘 다 발견하거나 성공적으로 실현하기 어렵다는 점과, 충분히 갈고 닦아야 세상에 그 가치를 드러낼 수 있다는 점 역시 혁신과 보석의 공통점이다.

이처럼 값지고 발견하기도 어려운 것을 찾는 일은 우리에게 큰 도전으로 다가온다. 하지만 이렇게 어려운 도전에 성공하면 그만큼 만족스러운 결과를 얻을 수 있다는 사실은 분명하다. 진정 가치있는 뭔가를 찾을 때는 요행을 바라서는 안 된다. 항상 구체적인 근거를 지닌 방법을 이용해야 하는데, 우리는 그것을 시뮬레이션을 통해 마련할 수 있다.

앞에서도 말했지만 시뮬레이션의 장점은 조직 전체가 새로운 혁신에 대해 좀더 수용적인 태도를 지닐 수 있다는 것이다. 이는 혁신이 지니고 있는 가치를 일부나마 보여 주기 때문이다. 시뮬레이션이 보여 주는 혁신의 가치는 새로운 변화에 대한 우려를 덜어 준다.

한 기업의 현재 모습과 미래의 비전 사이에는 항상 괴리가 있게 마련이다. 기업은 늘 이 간격을 줄이기 위해 노력해야 하며, 시뮬레이션은 이러한 기업에게 길을 보여 준다. 비록 앞으로 뻗어 있는 길을 구체적으로 제시해 주지는 못하지만 그 길이 비전으로 가는 길인지, 그렇지 않은지는 분명하게 나타내 준다.

Innovation

9. 진화하는 기업

실패는 첫걸음부터 고통스럽지.
—호머 심슨(Homer Simpson)

기업 세계에서 제자리를 지키고 있는다는 것은 있을 수 없는 일이다. 기업 세계를 구성하는 원동력이 바로 변화이기 때문이다.

오늘날 성공적인 기업을 떠올리면 거의 동시에 혁신이라는 단어가 뒤따라 나온다. 여기서 혁신이란 조직에 충격을 가할 만큼 급작스러운 변화가 아니라, 조직의 모든 구성원이 무리없이 받아들일 수 있을 만큼 점진적이면서도 지속적인 변화를 의미한다.

급작스러운 혁신에는 충격에서 회복하기 위한 적응 기간이 반드시 필요하다. 하지만 점진적으로 이루어져 조직문화로 자리 잡은 혁신에는 적응 과정이나 기간이 필요하지 않다. 즉, 점진적인 혁신을 추진한 기업들은 급진적인 혁신을 추진한 기업들이 변화의 충격에서 회복하기 위해 머뭇거리는 동안에도 지속적으로 앞으로 나아갈 수 있는 것이다.

같은 시장에서 경쟁하는 두 기업이 같은 식의 변화를 추진한다고 해서 똑같은 속도로 변화할 수는 없다. 마찬가지로, 같은 기업 내의 서로 다른 부문들 역시 똑같은 속도로 변화해 나갈 수는 없다. 어떤 기업이나 부문은 예상한 대로 순조롭게 변화를 추진해 나가는가 하면, 또 다른 기업이나 부문은 내외부의 저항을 극복하느라 더 오랜 시간이 걸리기도 한다. 특히 조직 내외부의 저항은 혁신이 이루어지는 속도에도 영향을 끼치지만, 애초에 혁신의 대상을 정하는 우선순위의 문제에서도 심각한 고려 사항이 되곤 한다.

많은 기업들이 혁신의 우선순위를 정할 때, 그것이 기업 전체적으로 얼마나 큰 파급 효과를 끼칠 것인가 하는 것보다는 얼마나 많은 저항을 극복해야 하는가를 더 중요하게 생각한다. 기업이나 업무의

〈그림 9-1〉 혁신의 속도와 가치

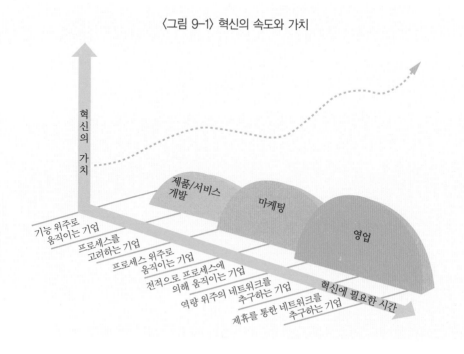

성격에 따른 혁신의 속도와 가치를 그림으로 표현한 〈그림 9-1〉은 많은 기업들이 인사·재무·유통 등과 같이 업무의 성격이 분명한 부분에 우선적으로 혁신을 추구하는지에 대해 설명해 준다. 마케팅이나 영업처럼 업무의 경계가 모호한, 하지만 매우 중요한 부문은 혁신 우선순위에서 뒤로 밀리곤 하는데, 최근 실시한 한 조사 결과에 따르면, 70퍼센트의 기업들이 인사·재무·유통 등과 같은 지원 업무에서 만족할 만한 혁신을 이루었다고 답한 반면, 제품 개발 과정 등에서 만족할 만한 혁신을 이루었다고 답한 기업은 40퍼센트에 불과했다. 그나마 40퍼센트의 기업들도 지원 업무 이외의 업무에는 혁신을 위한 시도를 전혀 하지 않았다고 답했다. 이와 같은 결과만 보더라도 기업들은 반드시 혁신해야 하는 부문에 혁신을 가하는 것이 아니라 저항이 가장 적을 것 같은 부문을 혁신의 대상으로 선택하는 것을 알 수 있다.

기업 진화의 6단계

시간의 흐름에 따라 조직의 구조가 변하면 혁신의 근간도 변하게 마련이다. 물론 혁신을 추구하는 초기에는 한두 개의 기능을 골라 새로운 상황에 적응하는 단계를 거칠 수도 있는데, 이처럼 시험 및 적응 단계에서는 혁신의 범위를 전체 기업으로 확장할 게 아니라 일부 기능으로 축소하는 것도 좋은 방법이다.

적응 단계에서 혁신의 결과가 매우 유익한 것으로 판명나면, 혁신을 주도하던 일부 기능의 책임자들에게 더 많은 권한이 주어지고 기업의 하위 조직들 간에 업무 영역을 가르던 경계가 허물어지기 시작한다. 이러한 경향이 심화되면 특정한 기능으로 하위 조직을 구분하

〈그림 9-2〉 기업 진화의 6단계

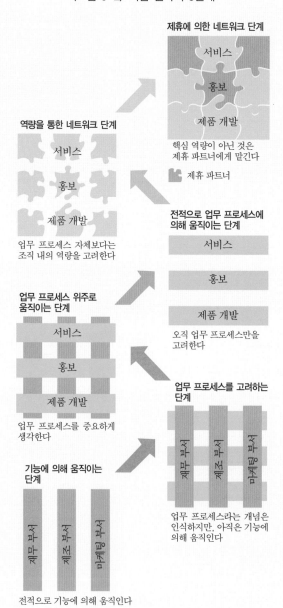

제휴에 의한 네트워크 단계

서비스

홍보

제품 개발

핵심 역량이 아닌 것은
제휴 파트너에게 맡긴다

제휴 파트너

역량을 통한 네트워크 단계

서비스

홍보

제품 개발

업무 프로세스 자체보다는
조직 내의 역량을 고려한다

**전적으로 업무 프로세스에
의해 움직이는 단계**

서비스

홍보

제품 개발

오직 업무 프로세스만을
고려한다

**업무 프로세스 위주로
움직이는 단계**

서비스

홍보

제품 개발

업무 프로세스를 중요하게
생각한다

**업무 프로세스를 고려하는
단계**

재무 부서

제조 부서

마케팅 부서

업무 프로세스라는 개념은
인식하지만, 아직은 기능에
의해 움직인다

**기능에 의해 움직이는
단계**

재무 부서

제조 부서

마케팅 부서

전적으로 기능에 의해 움직인다

는 방식은 사라지고, 업무 프로세스에서 역량 위주로, 그리고 최선의 결과를 위한 역량들 간의 네트워크 형성으로 기업은 진화하게 된다.

기업은 혁신을 이루어 나가면서 〈그림 9-2〉에 나와 있는 것과 같은 여섯 단계를 거쳐 진화한다. 물론 어떤 기업들은 일부 단계를 뛰어넘기도 한다. 혁신의 과정에서 기업이 진화하는 6단계를 구체적으로 설명하면 다음과 같다.

1단계: 기능에 의해 움직이는 단계 기업은 전적으로 기능에 의해 움직이고 있다. 비즈니스 리엔지니어링이라는 기법이 열병처럼 번지기 전에는 대부분의 기업들이 이 단계에 머물렀다. 기능에 의해 움직이는 단계의 기업들은 기업을 이루고 있는 다양한 요소들을 통합적으로 생각하지 못하고, 고객이나 이해 관계자들에 대한 이해도 부족하다. 혁신을 위한 노력 역시 기업 활동의 일부분에 대해서만 이루어지기 때문에, 대부분의 직원들은 혁신의 결과가 어떻게 나타나고 있는지 알지 못한다.

2단계: 업무 프로세스를 고려하는 단계 업무 프로세스 전체에 대한 이해가 높아지지만 기능에 의해 기업이 움직이는 것은 여전하다. 하지만 업무 프로세스를 이해하기 시작했다는 것만으로도 훌륭한 발전이라고 할 수 있다.

3단계: 업무 프로세스 위주로 움직이는 단계 기업은 이제 업무 프로세스 위주로 움직인다. 물론 기능에 의한 경계가 완전히 사라진 것은 아니지만, 이제부터 기능은 부차적인 역할을 담당하게 된다.

4단계: 전적으로 업무 프로세스에 의해 움직이는 단계 기업을 움직이는 것은 전적으로 업무 프로세스이며, 기능의 구분은 기능을 더욱 효율적인 것으로 만들기 위한 수단으로써만 존재한다.

5단계: 역량을 통한 네트워크 단계 첨단기술·조직문화·프로세스 등 한 기업이 지니고 있는 역량은 기업을 움직이는 원동력이 된다.

6단계: 제휴에 의한 네트워크 단계 핵심 역량을 키우기 위해 집중 하면서 다른 기업들과의 제휴를 통해 경영 합리화를 추구한다. 6단계에 접어든 기업들에게는 국경 등과 같은 전통적인 의미의 경계선은 의미를 잃는다.

기업 진화의 여섯 단계 중에서 지금 우리가 속한 조직의 위치를 아는 것은 매우 중요하다. 현재 어디에 위치해 있는지를 알아야 미래에 어디로 가야 할지 판단을 내릴 수 있기 때문이다. 그리고 높은 수준의 혁신을 원한다면 기업도 그만큼 진화해 있어야 한다.

기능 위주로 움직이는 기업

고전적인 의미의 기업들은 기능 위주로 움직인다. 이러한 기업의 직원들은 기업의 프로세스나 역량에 대해 잘 알지 못하며, 고객을 위한 가치 창출이라는 말보다는 '주어진 임무의 완수'라는 말에 훨씬 더 익숙하다. 특정한 부서는 특정한 기능만을 담당하며, 부서 책임자 역시 그 외의 기능에는 관심을 두지 않는다. 예를 들면, 영업 부장은 영업 실적에만, 마케팅 부장은 소비자들의 인지도에만 관심을 집중하고, 자신들이 담당하는 기능이 기업의 다른 부분에 어떤 영향을 미칠지에 대해서는 관심이 없다. 조직의 서열 체계가 복잡하고 연공(年功)을 중시하는 것 또한 이러한 기업들의 특징이다.

특히 부서 이기주의의 경향이 두드러지는데, 경우에 따라서는 타 부서를 같은 조직 내에서 하나의 목적을 갖고 함께 일하는 동료가 아닌, 실적이나 영향력을 놓고 경쟁하는 적으로 간주하기도 한다. 하지만 시장에서 다른 기업들과 경쟁하기도 전에 내부의 다른 부서들과 다툼부터 벌이는 기업은 시장에서 오래 존재하기 힘들다. 가치를 창출하지 못하는 것과 관련이 없는 일에 많은 비용을 지출하고, 업무방식이 명확하게 문서화되어 있지 않다는 것도 이들 기업의 특징이다.

프로세스를 고려하는 기업

시장 경쟁력이라는 말의 중요성이 강조된 이후, 많은 기업들이 기능 위주로 움직이던 단계에서 프로세스를 고려하는 단계로 한 단계 진화했다. 물론 그렇지 않은 기업들도 많은데, 새로운 변화를 추구하는 대신 예전의 방식을 고수하는 기업들은 왜 매출과 이익이 점점 줄고 있는지 의아해하며 자신들의 미래를 걱정하고 있을 것이다.

이 단계에서 기업들은 프로세스를 의식하며 혁신이라는 것을 처음 맛보게 된다. 물론 아직은 기능 위주로 움직이고 있지만, 기업들은 프로세스에 대한 정의를 새로이 내리는 등 변화를 시도한다. 하지만 이 단계의 기업들이 시도하는 혁신은 '겉치장'에 불과한 경우가 많다. 겉으로는 혁신을 추구한다고 하지만 한 꺼풀 벗기고 보면 전 단계와 별로 달라진 점이 없기 때문이다. 그렇다 해도 혁신을 시도한다는 것만으로도 충분한 의미가 있다.

프로세스를 고려하는 단계에 접어든 기업들은 한 개의 팀이 여러 가지의 기능을 복합적으로 담당하는 등 기존의 업무 방식과는 다른, 다양한 변화를 추구하게 된다. 여러 가지 기능을 복합적으로 담당하게 될 팀에 배치된 영업 담당자는 입사 이후 처음으로 마케팅 담당자나 물류 담당자와 업무에 대해 대화를 나누게 된다. 하지만 아직 대부분의 직원들은 새로운 환경에 적응하지 못해, 자꾸만 특정한 기능에 자신을 귀속시키려고 한다. 사실 새로운 변화에 거부감을 나타내는 구성원들도 적지 않은 수를 차지한다. 하지만 만약 이 단계에서 필연적으로 생기는 조직적인 거부감을 극복하지 못하면 상당 기간 동안 변화를 추구하지 못하게 될 게 분명하다.

프로세스 위주로 움직이는 기업

프로세스를 고려하던 단계에서 프로세스 위주로 움직이는 단계로 한 단계 더 진화한 기업들은 프로세스를 새로이 정비하기 시작한다. 하지만 개별 기능과 프로세스가 복합적으로 구성되어 있기 때문에 프로세스를 정비하기란 매우 어렵고 위험하며, 많은 기업들이 이와 같은 혼란 속에서 더 이상의 발전을 이끌어내지 못하고 정체되어 버리곤 한다.

이 단계부터는 새로운 업무를 수행할 능력이 직원들에게 요구되고, 그에 따라 새로운 고과(考課) 시스템이 필요하다. 아직 기업의 자원을 운용하는 책임은 기능 단위로 부여되기 때문에, 프로세스 담당자는 각각의 기능으로부터 필요로 하는 자원을 빌려다 써야 하는 입장에 있다. 따라서 협상력 및 외교력이 매우 중요한 능력으로 떠오른다.

프로세스 위주의 기업 활동을 주도하며 초기에 성공을 거둔 사람들은 내부적으로 자신들의 업적을 알리기 위해 노력한다. 자원의 운용에 대한 책임을 지고 있는 사람들과 프로세스를 운영하는 사람들 간에 긴장 관계가 형성되는 것도 이 단계의 특징이다. 하지만 이와 같은 알력을 극복하는 과정에서 혁신은 이루어진다.

전적으로 프로세스에 의해 움직이는 기업

프로세스 위주로 움직이는 기업의 단계에서 뛰어난 성과를 보였던 몇몇 프로세스들이 지속적인 경쟁력을 보유하게 되면, 기업들은 전적으로 프로세스에 의해 움직이는 단계로 진화한다. 이제부터는 기업 스스로 자신의 정체성에 대해 끊임없이 질문을 던지고 문제점을 수정하며, 더 나은 상태로의 발전을 추구하는 것이 하나의 기업 문화가 된다. 경영진 역시 기업이 가지고 있는 강점을 파악하여 더욱 중점적으로 전략 프로세스들을 개발하기 시작한다.

해체된 고전적인 의미의 기능은 각 프로세스 속으로 녹아들어가 프로세스를 더욱 효율적으로 만드는 역할을 한다. 예를 들면 물류팀에 근무하던 물류 전문가는 특정한 프로젝트에 배치되어 자신이 가진 전문지식을 해당 프로젝트의 성공을 위해 사용하는 식이다. 이제부터 직원들 스스로의 자기 계발이 하나의 규범으로 자리 잡는다.

기업이 가지고 있는 자원은 최선의 효과를 낼 수 있는 곳에 합리적으로 투자되며, 기업의 다양한 자원 가운데 인적 자원이 가장 소중한 것으로 강조된다. 전적으로 프로세스에 의해 움직이는 단계에 이른 기업의 모든 구성 요소는 하나의 목표를 향해 유기적으로 움직이며, 프로세스들 간의 상관관계를 이해하는 것이 직원들의 가장 중요한 업무로 인식된다.

역량 위주의 네트워크를 추구하는 기업

프로세스 위주로 기업 활동을 하면서 계속 진화하다 보면 역량 위주의 네트워크 단계에 이르게 된다. 하나의 프로세스는 첨단기술 · 조직문화 · 조직구조 · 자원 등 다양한 요소들로 구성되어 있는데, 목표를 이루기 위해 이들을 통합하는 과정이 쉽지만은 않다. 따라서 이러한 요소들을 얼마나 조화롭게 통합하느냐가 기업의 시장 경쟁력을 결정하게 된다.

영국의 전력 회사인 이스턴 일렉트리시티(Eastern Electricity)는 3년 만에 간접비를 반으로 줄이는 데 성공했다. 이것은 처음에 세웠던 목표를 훨씬 능가하는 수치였는데, 업무 프로세스를 이루고 있는 다양한 역량들을 조화롭게 통합했기 때문에 가능한 결과였다. 이들이 추구했던, 지속적으로 고객의 욕구가 변하는 상황에서 항상 최고의 성과를 이룰 수 있는 경영은 이제 경쟁사들을 포함한 다른 기업들의 벤치마킹 대상이 되었다. 다시 말해, 혁신을 이루기 위해서는 한 기업이 가지고 있는 역량을 유기적으로 통합하여 사용할 수 있어야 한다.

제휴를 통한 네트워크를 추구하는 기업

이 단계에서도 유기적으로 통합된 역량이라는 개념이 여전히 유효하다. 기업 내부의 역량만을 이용하던 단계에서 한 단계 더 진화한 기업들은 외부의 역량도 이용하게 된다. 이 단계의 기업들은 역량을 통합할 때 외부의 것이든 내부의 것이든 상관없이 더 효율적인 것을 자유롭게 사용한다. 그렇기 때문에 가치를 창출하지 못하는 것은 언제든지 다른 역량으로 교체될 수 있다.

다른 기업들과 제휴를 하게 되면, 이전까지만 해도 역량이 부족해 어찌해 볼 수 없었던 시장 기회에 접근할 수 있다. 미국 캘리포니아 주에 전기를 공급하는 뉴 에너지(New Energy)라는 전력 회사는, 전력 수요가 가장 높은 낮 시간에도 전력 부족 사태를 일으키지 않고 안정적으로 고객에게 전기를 공급하고자 했다. 그를 위해 뉴 에너지는 전력 사용량이 많은 고객에게 실비로 자가 발전기를 공급하기로 했다. 전력 수요가 집중되는 낮 시간에 자가 발전기들을 가동시킨다면 전력 부족 문제를 상당 부분 해결할 수 있을 거라고 기대했던 것이다.

자가 발전기의 원격 제어는 에너지 설비의 원격 제어에 뛰어난 역량을 갖고 있던 존슨 컨트롤(Johnson Controls)이라는 기업에게 맡겨졌다. 존슨 컨트롤의 역할은 전력 공급량이 부족해지기 시작하면 뉴 에너지로부터 송출되는 전력을 차단하고 자가 발전기를 가동하는 것이었는데, 이와 같은 방식을 통해 뉴 에너지는 현재 보유하고 있는 설비의 가동률을 극대화할 수 있었다.

이와 같이 핵심 역량을 집중적으로 발전시키고 그 나머지 역량은 다른 기업들과의 제휴를 통해 보충하는 방법을 통해 기업은 전혀 새로운 방식으로 시장에 접근할 수 있다.

유니레버의 사례

기업의 진화라는 표현을 쓰긴 했지만 모든 기업이 마지막 단계까지 이를 필요는 없다. 기능도 기능 나름대로의 가치와 역할이 있기 때문에, 각각의 기업은 자사에게 가장 적합한 단계를 추구해야 한다. 브랜드 이미지를 높이는 마케팅 프로세스를 가장 중요하게 생각하는 식품 회사는, 프로세스 위주로 움직이는 단계를 넘어서지 않는 편이 더 좋을 수도 있다. 반면, 전자제품 제조 회사의 경우 빠르게 변하는 소비자들의 취향을 따라잡기 위해 제품 개발이나 생산 같은 핵심 역량마저도 아웃소싱하는 것을 고려해 볼 수 있다.

1991년 점진적인 변화를 추구하기로 결정한 유니레버(Unilever)는, 가장 먼저 유통과 관련된 업무 프로세스의 개선에 착수했다. 당시 유니레버에서 유통을 책임지고 있던 사람은 스튜어트 블라인더(Stuart Blinder)로서, GE · 펩시(Pepsi) · 이엠아이(Electric Musical

Industries Ltd., EMI) 등을 거쳐 유니레버에 합류한 지 1년 정도 된, 매우 개혁적인 성향의 인물이었다.

그는 유니레버의 기능적 구조와 이로 인한 비효율성이 변화와 혁신을 가로막는 가장 큰 장애물이라고 생각했다. 누군가 새로운 아이디어를 제안하면, 그 아이디어는 여러 단계의 명령 체계를 오르내리며 한참이 지난 후에야 최고경영진에 보고되었다. 이런 구조에서 빠른 의사결정은 거의 불가능했다. 게다가 최고경영진에 도달하기도 전에 중간에서 불합격 판정을 받고 사라지는 아이디어도 많았다. 유니레버의 경직된 조직 구조가 비효율성의 주요 원인이라고 판단한 블라인더는 기능별로 나뉘어진 부서의 한계를 뛰어넘는 팀 제도의 도입이 필수적이라고 믿었다. 그것은 곧 유니레버에 적용되었다.

다양한 기능을 포함하고 그에 걸맞은 권한도 부여된 팀 제도의 효과는 금방 드러났다. 도입 첫해에 유통 비용에서 3,000만 달러의 절감이라는 뛰어난 성과를 이끌어냈던 것이다. 유니레버의 이사진은 팀 제도를 회사 전체로 확장할 것을 고려했다.

1993년, 새로 출시한 세제 관련 제품들이 연달아 실패하자 유니레버는 뭔가 새로운 돌파구를 필요로 했다. 그들은 전년도에 성공을 거둔 바 있는 팀 제도의 도입을 적극적으로 추진하기 시작했다. 유니레버가 미국 시장에서 매우 힘겨운 시간을 보내고 있을 당시, 강력한 경쟁사인 P&G는 유니레버와 직접적으로 경쟁하던 제품들의 가격을 평균 14퍼센트 인하하여 유니레버를 더욱 궁지로 몰아넣었다. 유니레버의 시장 점유율과 순이익 규모는 급격히 하락했다.

유니레버가 지난 한 세기 동안 기업 활동을 펼치면서 신제품이 실패하거나 가격 경쟁을 벌인 적이 전혀 없었던 것은 아니다. 하지만 이번에는 전과는 전혀 다른 양상이었다. 생활용품 산업에서 브랜드가 소비자에게 가장 중요한 선택 요소로 작용하던 지난 날과는 달리 가격이 가장 중요한 경쟁 요소로 부각되기 시작한 것이다. 솝 오페라(Soap Opera)*라는 드라마 장르를 탄생시키며 주 소비자 층인 가정 주부들의 브랜드 충성도를 최고조로 만들던 때도 있었지만, 가정 주부들의 경제 활동 참여가 증가하고 여가 활동에서 선택의 폭이 늘어나면서, 이제는 솝 오페라도 많이 쇠퇴한 상태였다.

소비자들의 상품 선호도 역시 많은 변화가 있었다. 게다가 1990년대 이후 부쩍 강력해진 힘을 갖게 된 소비자들은 전과는 전혀 다른 식으로 구매 활동을 하고 있다. 굳이 브랜드를 고집하지 않아도 질 좋은 상품이 많은 상황에서, 가격으로 상품의 구매 여부를 판단하게 된 것이다. 심지어는 수십 년 동안이나 소비자들로부터 절대적인 신뢰를 받아온 최고의 브랜드조차 가격 앞에서는 무명 브랜드에게 맥없이 밀리는 경우가 많아졌다.

유니레버로서는 충성 고객들만을 믿고 P&G의 가격 인하를 무시하고 있을 수만은 없었다. 하지만 당시 P&G의 시장 지배력—미국 시장에서의—과 재무 구조를 감안할 때, 무턱대고 가격 전쟁을 벌일 수도 없는 상황이었다. 게다가 P&G는 최근 유통 시스템의 정비와 새로운 제조 기법의 도입을 성공적으로 마쳐, 14퍼센트나 가격을 할인하고도 전과 다름 없는 수익률을 유지할 수 있었으며 가격 전쟁을 벌일 만반의 준비가 갖춰진 상태였다.

발등에 불이 떨어진 격이 된 유니레버는 뭔가 발빠른 대응을 취해야 했지만, 관료적인 기업문화 때문에 쉽지만은 않았다. 의사결정을

---

* 한때 미국에서는 주부 취향의 라디오·텔레비전 드라마의 후원자가 주로 비누 회사들이었다.

하는 데 소요되는 시간이 많다는 것은 둘째로 치더라도 변화를 필사적으로 거부하는 조직 내 분위기가 더 큰 문제였다. 이러한 유니레버의 난관을 극복하기 위해 1993년, 새로운 최고경영자로 임명된 찰스 스트라우스(Charles Strauss)는 취임하자마자 본격적으로 개혁에 착수했다.

스트라우스는 무너지고 있는 유니레버를 제자리로 돌려놓기 위해서는 당장에 급진적인 혁신이 필요하다고 생각했다. 유니레버가 지난 수십 년에 걸쳐 유지해 온 전략·조직구조·업무방식·기업문화·인력 등 그야말로 모든 것을 전면적으로 바꿔야 한다는 스트라우스의 주장에, 이사진도 크게 반대하지 못했다. 유니레버의 상황이 워낙 위급했기 때문이다.

스트라우스가 제시한 유니레버의 비전은 고객을 중시하는 기업, 빠르고 유연한 기업이었고, 이를 위해 직원들에게 훨씬 많은 권한을 부여하기로 했다. 유니레버의 새로운 비전을 선포하면서, 그는 다음과 같이 말했다.

> 우리는 우리의 경쟁자들보다 시장을 더 잘 알고, 다른 어떤 기업보다 고객 및 협력사들과 긴밀한 협력 관계를 갖고, 그것들을 기반으로 고객의 욕구를 충족시켜야 합니다. 그렇게 하기 위해서는, 팀 기반의 조직 구조 아래 유니레버의 직원들에게 더 많은 권한을 주어 빠른 의사결정이 가능하도록 해야 합니다. 이렇게 함으로써 우리는 가장 빠르고도 성공적으로 신제품을 출시할 수 있으며, 그러한 성공을 지속적으로 유지할 수 있습니다.

스트라우스의 말대로라면 유니레버는 기업 진화의 6단계 중 세 번째 단계인 '업무 프로세스 위주로 움직이는 단계'로 진화하는 순간이었다.

유니레버는 겉모습부터 달라지기 시작했다. 특정한 기능만을 담당하는 부서들로 이루어진 수직 구조에서 탈피하여 상품 군으로 분류된 사업 단위의 집합체로 새롭게 구성되었다. 각각의 사업 단위는 고객 관리, 유통, 재무, IT, 인사 등의 다섯 가지 핵심 역량을 각각 보유하게 되었다. 물론 같은 사업 단위 내에 있는 다섯 가지 핵심 역량에는 구조적인 경계가 사라졌다.

스트라우스가 주도한 유니레버의 혁신은 1996년 중반 무렵이 되어서야 거의 완성되었고, 그 효과는 서서히 드러나기 시작했다. 유니레버는 이제, 자신들이 좋다고 생각하는 제품이 아닌, 소비자들이 원하는 제품을 빠르게 개발하여 시장에 내놓는 수준에까지 이르렀다.

무엇보다도, 유니레버의 혁신에서 가장 핵심적인 부분은, 변화의 정도를 파악하고 그것을 평가할 수 있는 장치를 마련했다는 점이다. 이것이 그토록 핵심적이라고 말하는 이유는, 변화에는 늘 변수가 있게 마련이어서 올바른 방향으로 가고 있는지 항상 확인해야 할 필요성이 있기 때문이다.

그 밖에, 새로운 시스템 아래에서는 그에 걸맞는 새로운 능력이 필요하다고 생각한 유니레버는 직원들에 대한 교육 시스템도 새로이 정비했다. 정비된 교육 시스템의 목표는 직원들이 팀에서 요구하는 다양한 업무를 수행할 수 있도록 하는 것이었다. 기업이 진화하기 위해서는 높은 수준의 능력을 갖춘 직원들이 반드시 필요하다는 사실을 유니레버는 잊지 않았던 것이다.

유니레버가 추진한 혁신의 결과는 1996년의 재무 보고서에 그대로 나타났다. 그해에 유니레버는 창사 이래 최고의 실적을 올렸고,

이와 같은 성공은 그때 이후로 죽 이어지고 있다.

혁신을 위한 10가지 조언

기능 위주로 움직이는 조직에서 한층 발전된 형태의 조직으로 진화하고자 하는 기업들은 다음에 소개할 혁신을 위한 열 가지 조언을 기억해야 한다.

1. **위기의식** 기업이 혁신에 필요한 원동력을 얻기 위해서는 현재 위기 상황에 처해 있다는 사실을 모든 임직원이 분명하게 인식하고 있어야 한다. 조직 내에 위기의식이 형성되어 있지 않으면 변화를 이끌어내는 것은 그만큼 어려워진다. 왜냐하면, 기업이 위기에 처해 있다는 것을 알지 못하는 상태에서는 직원들이 굳이 변화에 참여할 필요성을 느끼지 못할 것이며, 변화에 참여한다 하더라도 그저 경영진이 새로운 경영 이론을 시험하고 있다는 식의 냉소적인 시각을 갖는 경우가 많기 때문이다.

기업의 임직원들은 본격적으로 변화를 추구하기 전에 변화의 필요성을 분명히 인식하고 있어야 한다. 혁신이 성공하느냐의 여부는 위기의식에 따른 변화의 필요성을 절감하고 있느냐 그렇지 못하느냐에 달려 있다고 해도 과언이 아니다.

2. **혁신에 의한 비전** 거의 대부분의 기업들이 혁신을 추구하면서 아쉬웠던 점 중 하나로 혁신을 통해 원하는 미래에 이룰 수 있다는 비전을 임직원들에게 충분히 보여 주지 못했다는 것을 꼽는다.

혁신을 본격적으로 추진하기에 앞서 조직의 구성원들 모두가 그 비전에 대해 알고 공감대를 형성하는 것은 매우 중요하다. 혁신을 추진해 나가다 보면 반드시 예상치 못한 곤란한 상황을 겪게 마련인데, 이때 조직 구성원들 모두의 협조를 이끌어내려면 그들이 비전을 인식하고 있어야 하기 때문이다. 왜 변해야 하는지, 변함으로써 자신들에게 어떤 이로움이 생기는지를 알지 못하는 상황에서는 변화에 참여하지 않는 것이 당연한 일이다.

3. **고객과의 직접적인 접촉** 변화와 혁신을 성공적으로 추진하는 많은 기업들에는 몇 가지 공통점이 있는데, 그 중 하나가 혁신적인 아이디어의 대부분이 실무를 담당하는 직원들에게서 나온다는 점이다. 다시 말해, 중간 관리자들은 변화에 대해 대체로 거부감을 드러내는 데 반해, 실무자들은 적극적으로 변화를 수용한다.

변화를 추구하지만 매번 실패를 거듭하고 마는 한 기업이 실패의 요인을 분석하였다. 그들은 자신들의 기업 구조상 중간 관리자들과 고객들이 직접적으로 접촉하지 못하는 데 문제가 있다고 판단하고 한동안 중간 관리자들을 고객들과 직접 만나도록 하였다. 그렇게 얼마 지나지 않아 그들은 목표로 했던 혁신을 이룰 수 있었다. 이는 고객과의 거리가 가까울수록 더욱 혁신적일 수 있다는 점을 시사한다.

4. **최고경영진의 리더십** 성공적으로 혁신을 이룬 기업에는 거의 예외 없이 경영진의 뛰어난 리더십이 크게 작용했음을 알 수 있다. 반면 비전을 제시하지 못하는 무능한 경영진은 항상 문제를 일으킬 뿐이다. 기업을 이끌어 나가야 할 최고경영진이라면 혁신을 통해 어떤 변화가 생기게 될지, 그리고 어느 정도의 구체적인 추가 수익이 발생할지 등 혁신의 비전을 제시할 수 있어야 한다. 미국의 전력 회사 듀크 파워(Duke Power)의 로빈 매닝(Robin Manning)은 다음과 같이 말했다.

지난 3년간 우리 회사는 고강도의 혁신을 추구해 왔습니다. 후퇴란 절대 있을 수 없었죠. 그러한 혁신의 과정에서 우리 회사의 경영진은 업무 시간의 75퍼센트를 현장에서 직원들과 함께 보냈습니다. 이는 지난 3년간의 혁신이 그토록 성공적일 수 있었던 가장 중요한 요인 가운데 하나입니다.

5. 외부 전문지식의 이용 혁신이란 이제까지 가본 적 없는 새로운 길을 걷는 것이나 다름없다. 따라서 혁신을 성공적으로 추진하기 위한 충분한 지식을 보유하고 있을 가능성이 매우 낮다. 이런 경우에는 필요한 지식을 기업 외부에서 찾아야 한다.

아무리 세계 최고의 기업이라 하더라도 자체적으로 보유하고 있는 지식만으로 혁신을 성공적으로 이끈 사례는 거의 찾아볼 수가 없다. 기업 내부에서 매우 자신있어하는 분야라 하더라도 자신들이 보유하고 있는 지식이 충분한지 아닌지는 한발 물러서서 따져볼 필요가 있다. 정유 회사인 셸 오일 프로덕트(Shell Oil Products)의 폴 구드럼(Paul Goodrum)은 다음과 같은 말을 했다.

우리는 우리 회사의 시스템을 잘 이해하고 있는 협력사들 덕분에 많은 전략적 이득을 취하고 있습니다. 저마다 해당 분야에서 해박한 지식을 갖추고 있는 우리 협력사들은 우리에게 신뢰와 안정감을 줍니다.

6. 분명하고도 지속적인 의사 전달 현재 추진하고 있는 변화에 대한 정보를 조직 구성원들과 나누고, 많은 사람들로부터 다양한 의견을 듣는 과정을 지속적으로 반복해야 한다. 아직도 분명하고도 지속

적인 의사 전달의 필요성을 느끼지 못했다면, 다음의 말을 깊이 생각해 보라.

> 처음 50번까지 말할 때는 사람들이 듣지도 않는다. 다음 50번까지 말할 때는 듣기는 하지만 믿지 않는다. 그 다음에 50번을 더 말해야 사람들은 믿기 시작한다.

7. 후퇴에 대한 안전장치 어떤 경영자들은 오히려 옛날로 돌아가는 것이 새로운 혁신이라고 주장하며, 기업을 구성하는 모두에게 동참해 줄 것을 요구하기도 한다. 이런 일은 새로운 경영자가 부임했을 때 종종 일어나는데, 3단계, 4단계까지 진화한 기업이 단 한 사람의 경영자에 의해 원래의 단계로 되돌아가는 일도 비일비재하다. 그것은 분명 어리석은 일이다.

이러한 위험을 줄이기 위해서는 현재 조직을 책임지고 있는 사람의 후임은 같은 조직 내에서 선발하는 것이 좋다. 회사 차원에서 차세대 리더를 육성해야 할 필요성이 여기에 있다. 그래야 단 한 사람때문에 다른 이의 노력이 물거품이 되는 것을 막을 수 있다.

8. 순차적 접근 기업 내에 있는 다양한 프로세스에 대해 혁신을 추구할 때, 차례대로 차근차근 실시해야 한다. 아무리 혁신의 비전이 장밋빛이라 하더라도 단번에 큰 충격을 주면 부작용이 생기게 마련이다. 심지어는 직원들의 집단 반발을 불러올 수도 있다. 그리고 서로 다른 프로세스들이 서로 다른 단계의 발전을 밟아나가는 중이라면, 그것을 효과적으로 관리할 수 있는 평가 시스템 등도 마련되어야 한다.

9. 독자적 방식의 추구 다른 기업들의 성공 사례를 그대로 자신의

기업에 적용시키려 해서는 안 된다. 각각의 기업은 혁신을 추구해야 하는 저마다의 이유를 가지고 있으며, 또 각각의 상황에 맞는 저마다의 방식이 있게 마련이다. 따라서 다른 기업의 사례를 보고 참고는 하되, 그것을 그대로 베끼려 해서는 안 된다. 상황을 고려하지 않은, 무조건적인 모방은 실패로 가는 지름길일 뿐이다.

10. 책임자의 선정 큰 기대를 갖고 혁신을 추진한 지 얼마 지나지 않아 추진력을 잃는 기업들을 많이 볼 수 있다. 이런 기업에는 공통적으로 혁신의 과정을 책임질 사람이 명확하지 않다는 특징이 있다. 누가 혁신의 과정을 전체적으로 책임질 것인지, 누가 지원 업무를 맡게 될 것인지 명확한 구분이 없기 때문에 혼란이 생기고, 결국 실패하는 것이다. 혁신을 계획하는 순간부터 그것을 책임질 사람을 선정하는 것은, 혁신의 전체 과정을 순조롭게 만드는 데 반드시 필요한 작업이다.

경쟁력을 갖춘 기업만이 살아남는다

지금까지 우리는 혁신을 통해 기업의 미래를 어떻게 바꿀 수 있는지에 대해 알아보았다. 그리고 계획을 수립하고 혁신이라는 궁극적인 목표에 다다르는 구체적인 방법에 대해서도 알아보았다. 다시 한번 강조하건대, 빠르게 변하는 오늘날의 기업 환경 속에서 혁신을 핵심 역량으로 끌어안는 기업만이 시장에서 경쟁력을 유지할 수 있다.

앞에서 역량이란 기업 활동을 하는 데 필요한 다양한 요소들을 포괄적으로 의미한다고 했다. 이러한 역량들이 경쟁력을 갖추도록 하려면 상당히 오랜 시간이 걸린다. 하지만 일단 경쟁력을 제대로 갖추게 되면, 남들이 쉽게 모방할 수 없는 강력한 경쟁 요소가 된다.

물론 하나의 역량이 제대로 기능하기 위해서는 제반 시스템이나 그것을 운용하는 담당자의 능력 등이 뒷받침되어야 한다.

　매우 성공적으로 경쟁력 있는 역량을 갖추게 된 기업의 예를 들자면 야시미엔토스 페트롤리페로스 피스칼레스(YPF)를 떠올릴 수 있다. 세계에서 여덟 번째로 큰 석유 회사인 아르헨티나의 YPF는 매우 독창적인 전산 네트워크를 구축한 것으로 유명하다. YPF는 자사 소속의 1,500여 개에 달하는 주유소를 연결하는 방대한 네트워크를 구성하였는데, 이 네트워크를 통해 YPF 소속의 주유소에서 판매되고 있는 석유 및 가스 관련 제품의 현시가뿐이 아니라, 1,700여 개의 경쟁 주유소에서 판매되고 있는 제품 가격에 대한 정보를 취합할 수 있다. 이렇게 모아진 정보를 바탕으로 본사에서는 가장 경쟁력 있는 가격을 수시로 책정하여 다시 자사 소속의 주유소로 내려 보내는 것이다.

　전산 네트워크, 이를 위한 시스템, 그리고 담당 직원의 능력, 이 세 가지가 합쳐져서 YPF는 시장에서 강력한 경쟁력을 확보하게 되었으며, 이와 같은 역량을 이용해 하루에 네 번, 각각의 주유소에 가장 적절한 가격을 통보할 수 있게 되었다.

　그 누구도 미처 생각지 못한 혁신적인 네트워크를 구축하는 과정에서 YPF는 외부 협력사의 전문지식을 이용했으며, 협력사를 자사의 네트워크에 끌어들여 주유소에서 음·식료를 판매하거나 정비 서비스를 제공하는 등의 부수적인 사업을 추진하게 했다. YPF의 사례에서 주의 깊게 살펴봐야 할 점은, 자신들의 역량을 본격적으로 가동하여 어느 정도 궤도에 올려놓은 지금도 YPF는 새로운 역량에 무슨 결점은 없는지 항상 확인하고 있다는 사실이다. 새롭게 형성된 기업 역량에 작은 결점이라도 있다면 경쟁사는 그것을 보완하여 더욱 완벽한 역량을 만들어서 공격해 오리라는 사실을 잘 알고 있기 때문에, 그들은 경계심을 늦추지 않고 있다.

에필로그
미래로 눈을 돌리라

한 기업에서 가장 중요한 역량 세 가지를 들라
고 하면, 사람·프로세스·첨단기술을 꼽을 수 있다. 이들 세 가지
의 역량은 서로 밀접한 상관관계를 가지고 있으며, 서로 유기적으로
작용해야 온전한 능력을 발휘할 수 있다. 하지만 변화의 필요성을
절감한 우리들 대부분은 이들 세 가지 역량을 개별적으로 분석하고
파악하기에만 바쁘다. 박스만을 보고 그것을 연결하는 선은 보지 못
하는 것이다. 하지만 정작 중요한 것은 이들 세 가지 요소를 전략적
으로 묶어 한꺼번에 볼 수 있는 능력이다.

〈그림 E-1〉에서 보여 주는 것처럼, 기업을 구성하는 모든 역량은
서로 간의 조화를 염두에 두고 전략적으로 연결되어야 한다. 그리고
이러한 과정에서 각각의 기업이 처해 있는 저마다의 기업 환경도 고
려되어야 한다.

좀더 구체적으로 이야기하자면, 하나의 사업을 계획하려면 우선

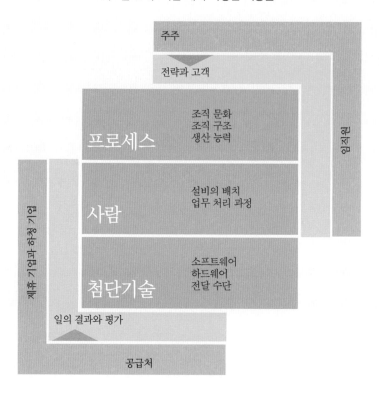

〈그림 E-1〉 기업 내의 다양한 역량들

주주

전략과 고객

조직 문화
조직 구조
생산 능력

프로세스

임직원

설비의 배치
업무 처리 과정

사람

제휴 기업과 하청 기업

소프트웨어
하드웨어
전달 수단

첨단기술

일의 결과와 평가

공급처

은 그 사업을 작은 부분으로 나누어 생각해야 한다. 그렇다고 해서 큰 그림을 놓쳐서도 안 된다. 이를 이해하는 데에는 '프랙탈'(fractal)이라는 개념이 매우 유용할 것이다.

먼저 프랙탈이 무엇인지 그 개념부터 정리해 보자. 사전을 보면 '언제나 부분이 전체를 닮는 자기 유사성(self-similarity)과 소수(小數) 차원을 특징으로 갖는 형상'이라고 정의하고 있다. 쉽게 말하면 프랙탈 도형이란, 전체를 보나 작은 일부분을 보나 같은 모양이 반복적으로 나타나는 도형을 의미한다. 우리 주변에서 프랙탈 도형의

〈그림 E-2〉 우리 주변에서의 프랙탈 예

예를 찾자면, 비디오카메라로 텔레비전을 찍고 바로 그 텔레비전에 비디오카메라에 담긴 영상이 나타나는 경우를 생각하면 된다. 그러면 〈그림 E-2〉에서와 같이 텔레비전에는 텔레비전 안에 더 작은 텔레비전이 들어 있는 영상이 끝없이 반복적으로 나타날 것이다. 물론 이 예가 프랙탈에 대한 정확한 비유는 아니지만, 에필로그를 통해 내가 말하고자 하는 바를 이해하기에는 충분하다. 진정한 의미의 프랙탈 도형은 〈그림 E-3〉에 나와 있다.

한 기업을 이루고 있는 모든 하위 요소가 하나의 목표를 향해 전

〈그림 E-3〉 같은 형태의 도형이 반복되는 프랙탈 구조

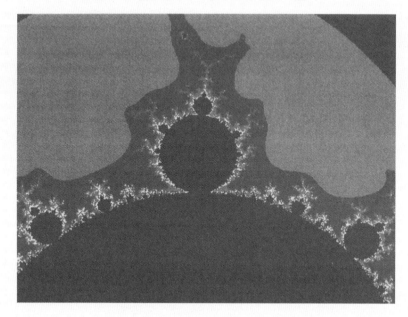

략적으로 상호작용하고 있다면, 그 기업의 구조가 바로 프랙탈 도형의 형태를 띠고 있다고 말할 수 있다. 이를 구체적으로 설명하기 전에 한 기업을 이루고 있는 역량에는 무엇이 있는지부터 알아보자.

- 제품이나 서비스, 유통 경로 등에 대한 전략
- 목표를 기준으로 어느 정도의 성과를 이루었는지를 알기 위한 평가 방식
- 제반 설비의 배치나 구체적인 업무 방식
- 조직구조나 기업문화 등 사람과 관련된 것들
- 소프트웨어와 하드웨어를 이용하는 첨단기술

이러한 역량은 해당 기업의 이해 관계자들과 밀접하게 연관되어야 한다. 이해 관계자들이 원하는 것은 무엇인지, 어떻게 하면 그들을 기업 활동에 적극적으로 참여시키고, 회사의 이익에 기여하도록 할 수 있는지 등과 관련지을 수 있어야 한다. 회사의 이해 관계자들이라면 대체로 다음과 같다.

- 임직원
- 고객
- 주주
- 공급처
- 제휴 기업
- 하청 기업
- 행정 당국

기업이 성공하기 위해서는 해당 기업의 모든 역량과 이해 관계자가 전 영역에서 같은 방향으로 나아가야 한다. 어떤 기업이든 저마다의 비전과 전략을 가지고 있을 것이다. 또한, 부서든 팀이든 한 기업을 이루고 있는 각각의 하위 단위 역시 나름대로 비전과 전략을 가지고 있을 것이며, 부서나 팀을 이루고 있는 개인 역시 비전과 전략을 가지고 있을 것이다. 이때 기업이든 부서든 개인이든 최고의 힘을 발휘하려면 각각의 비전과 전략이 같은 방향으로 향해 가야 하며, 이를 도식화하면 〈그림 E-4〉와 같다.

따지고 보면 기업 내의 모든 프로세스에는 고객이 있다고 할 수 있다. 타 부서, 상사, 동료 직원 등이 바로 기업 내의 고객이며, 이들에 대해서도 외부 시장에 존재하는 최종 구매 고객의 경우와 마찬가

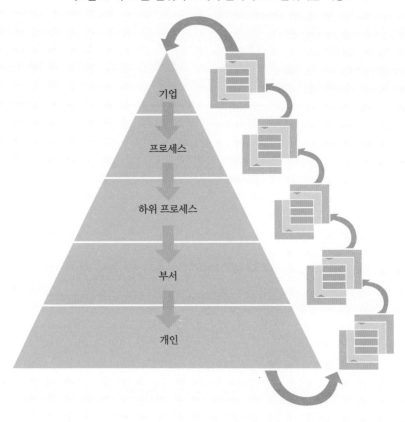

〈그림 E-4〉 모든 단위 구조에서 반복적으로 발휘되는 역량

기업

프로세스

하위 프로세스

부서

개인

지로 최고의 중간 제품과 서비스를 제공해야 한다. 이때 주의할 점은 바로 다음 단계의 프로세스를 취급하는 부서 · 상사 · 동료들만을 고객으로 생각해서는 안 된다는 것이다. 그 다음, 또 그 다음 단계의 내부―혹은 외부―고객을 모두 자신의 고객으로 생각해야 하는 것이다. 프랙탈 개념에 빗대어 생각하면, 기업과 관련된 전체 조직 구조의 모든 부분이 고객이 된다.

이번에는 프랙탈 개념을 기업의 비전과 목표에 적용해 보자. 기업에는 최고경영진에서 제시하는 비전과 목표가 있게 마련이지만, 대부분의 경우 그것들은 조직 전체로 퍼지지 못한다. 최고경영진이 제시하는 기업 비전과 목표에 조직 전체가 공감하지 못한다면, 그것이 이루어질 리가 없다. 기업을 이루고 있는 부서나 개인 역시 프랙탈 구조처럼 최고경영진이 제시하는 것과 유사한 내용의 비전과 목표를 가지고 있어야 한다. 그래야 혁신을 성공적으로 이룰 수 있다.

어떻게 하면 조직을 이루고 있는 모든 부분이 같은 방향성의 비전과 목표를 갖도록 할 수 있을까? 분명, 회사 차원에서 주도하는 획일화된 비전은 비효율적이며 바람직하지 못하다. 그렇다고 해서 개인적인 비전을 우선해야 한다는 뜻도 아니다. 해결 방법은 간단하다. 회사 차원의 비전과 개인적인 비전을 같이 수립하면 되는 것이다. 즉, 최고경영진에서는 회사의 비전을 제시하는 동시에, 직원들 스스로가 저마다의 비전을 수립할 수 있도록 해야 한다. 회사 경영진에서 조직 전체를 위한 비전을 제시하면, 조직의 구성원인 개인은 이를 토대로 자신만의 비전을 수립하면 되는 것이다. 이런 식으로 개인·부서·사업 부문 등으로 범위가 확장되면서 기업 전체의 비전이 확립된다.

프랙탈 개념을 이용하면 기업의 역량을 어떻게 발전시켜 나갈 수 있는지 쉽게 이해할 수 있다. 한 기업이 가지고 있는 다양한 요소들을 대할 때는 하나하나 쪼개서 생각하면 안 된다. 전체를 이루고 있는 부분으로 생각해야 하는 것이다. 개별 요소를 전체와 분리시켜 이해하려고 하면, 우리가 원하는 완벽한 모습의 기업을 만드는 것은 거리가 먼 일이 될 뿐이다.

오늘날과 같은 변혁의 시대에는 현재의 상황에 가장 적합한 기업보다 지속적으로 변하는 상황에 빠른 적응력을 보이는 기업이 바람직한 기업이라고 평가할 수 있다. 분명한 점은, 변화의 시대에 살아남기 위해서는 경쟁자들보다 훨씬 빠르게 변화에 적응해야 한다는 것이다.

함께 산을 오르던 두 사람의 등산객이 있었다. 그런데 어디선가 나타난 성난 곰이 두 사람의 앞길을 막아섰다. 두 사람은 두려움에 어쩔 줄 몰라했는데, 그 중 한 명이 갑자기 등산화를 벗고 운동화로 갈아 신는 것이 아닌가! 깜짝 놀란 다른 한 사람이 이렇게 말했다. "이봐, 뭐 하는 거야? 그래 봐야 곰보다 더 빨리 뛸 수는 없잖아!" 그러자 운동화로 갈아 신던 사람이 이렇게 답했다. "그건 나도 알아. 하지만 너보다 빨리 뛰기만 하면 난 살 수 있어!" 몰인정해 보이기는 하지만 틀린 말은 아니다. 기업의 세계 역시 마찬가지이다. 경쟁사보다 앞서야만 시장의 승자가 될 수 있다.

끊임없이 변화하는 상황에 빠르게 적응하려면 기업은 유기적으로 조직되어야 한다. 여기서 유기적인 조직이란 네트워크로 연결되어 공통의 목표를 향해 나아가는 전체 구조를 말한다.

〈그림 E-5〉는 유기적인 조직이 만들어지는 과정을 도식화하여 나타낸 것으로, 유기적인 조직을 만드는 과정은 소비자·경쟁자·첨단기술 등 시장을 이루고 있는 다양한 요소들의 변화를 감지하는 데에서 시작된다. 이 때문에 첫 번째 과정을 레이더의 가동이라고 표현하였다.

레이더를 가동시켜 시장의 상황을 파악했다면, 다음에는 시장에서 경쟁력을 유지하기 위해 달성해야 하는 목표를 정해야 한다. 그런 다음, 목표를 이루는 데 필요한 자원 및 역량을 조달할 방법을 찾아야 한다. 자원 및 역량은 기업 내부의 것일 수도 있고 기업 외부의 것일 수도 있는데, 기업 외부의 것을 조달하기로 했다면 적절한 파트너를 선정해야 한다.

어디서 자원과 역량을 조달할 것인지, 이를 위한 협력자는 누구로 할 것인지를 정했다면, 다음엔 실질적인 업무를 할 장소를 정해야 한다. 모든 업무 담당자가 한데 모여서 일할 만한 특정한 장소를 정할 수도 있고, 분산된 여러 장소를 정할 수도 있으며, 인터넷을 이용한 가상현실의 장소를 작업을 위한 공간으로 삼을 수도 있다.

여기까지 성공적으로 수행했다면, 이제부터는 각각의 자원과 역량이 서로 조화를 이룰 수 있도록 조율하는 과정—매우 중요한 과정이다—을 거칠 차례이다. 쉽게 말하면, 전자 제품을 만들 때 자체적

〈그림 E-5〉 유기적인 조직이 만들어지는 과정

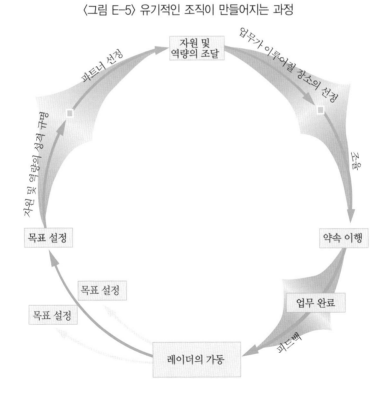

으로 생산한 부품과 외부에서 조달한 부품이 하나의 제품 속에서 제 기능을 다할 수 있도록 해야 하는 것이다.

이제 마지막으로 유기적인 조직 내에 속한 모든 이해 관계자들이 언제까지 무슨 일을 하겠다고 했던 저마다의 약속을 지킬 일만 남았다. 유기적인 조직에서 경영자는 모든 업무를 일일이 관리할 필요가 없다. 각각의 하위 단위가 했던 약속만을 관리하면 된다.

유기적인 조직을 만드는 과정을 요약하자면, 우선 목표를 정하고, 목표를 이루는 데 필요한 자원 및 역량을 조달할 방법을 찾고, 이를 이용해 각각의 임무를 수행하고, 목표로 했던 수준의 결과가 나왔는지 피드백(feedback)을 거치는 것으로 정리할 수 있다.

유기적인 조직은 박스보다는 선을 중시하는, 네트워크 조직이라 결론지을 수 있다. 얼마 전까지만 해도 네트워크화된 조직을 구성하는 일은 이론 속에서나 가능했지만, 인터넷 관련 기술이 발달하면서 점점 현실 속의 조직으로 구현되고 있는 추세이다.

하루 24시간, 일주일에 7일의 혁신

Innovation

책의 머리말 부분에서도 밝혔지만 오늘날 경제·경영 분야에 관한 책을 쓴다는 것은 매우 위험한 일이다. 책이 출간될 당시만 해도 최고의 위치에 있던 기업이 얼마 지나지 않아 어이없게 쇠락하는 경우가 자주 있기 때문이다. 심지어는 5~10년이 지나면 아예 시장에서 사라지는 경우도 생긴다. 그렇지만 혁신을 추구하는 기업들의 활동 과정에는 분명 우리에게 도움이 되는 내용이 있게 마련이고, 그것을 우리가 처한 상황에 알맞게 이용하는 것은 우리들의 몫이다.

코크 인더스트리는 항상 혁신을 추구했다. 그 결과 회사가 설립된 지 30년 만에 기업의 외형은 200배나 성장했고, 전에는 생각지도 못했던 분야로 새로이 진출하게 되었다. 분권화와 시장 다변화라는 목표로 혁신 프로젝트를 시행하여 전세계를 대상으로 안정적인 이익 기반을 가지게 된 인벤시스도 빼놓을 수 없다. 단 두 명의 직원으로 보험 시장에서 상당한 점유율을 차지하고 있는 유니버설 레븐의 사례는 또 어떤가! 유니버설 레븐은 영업·마케팅·회계 등 다른 기업들이 핵심 업무라고 여기는 것들을 모두 아웃소싱을 통해 해결하고 있다. 브라질의 글로벌 빌리지 텔레콤 역시 아웃소싱을 통해 단 6개월 만에 무에서 유를 창조해냈다. 변화를 기피하던 공공 부문의 기업인 일렉트라벨은 새로운 변화를 감지하고 남들보다 먼저 유연하고도 빠른 경영 체계를 갖춰, 각종 규제 완화로 인해 경쟁이 심화되는 상황에서도 최고의 실적을 올리고 있다.

이 책에서 소개한 기업들은 말 그대로 혁신적인 기업들이다. 어떤 기업들은 첨단기술을 응용해 새로운 사업 모델을 만들었고, 어떤 기업들은 현장에서 실무자들이 실시간으로 의사결정을 내릴 수 있는 새로운 기업문화를 만들었다. 또 어떤 기업들은 외부 환경의 변화를 민감하게 감지하고는 그것을 이용해 놀랄 만큼 큰 성장을 이루기도 했다. 하지만 무엇보다도 이들 기업들은 모두 소비자와 시장을 중시하고, 자신들을 차별화할 수 있는 곳에 자원을 집중했다는 특징을 가지고 있다.

혁신을 이룬다는 것은 분명 어려운 일이다. 오랜 역사와 함께 체계화된 기업 활동 방식을 갖추고 있는 기업일수록 혁신을 성공적으로 이루어내기란 더욱 어렵다. 하지만 이 책에서 소개된 많은 사례들이 말해주듯, 혁신을 이루고 더욱 강력한 경쟁력을 갖춘 기업이 되는 것은 충분히 가능한 일이다. 물론 여기에는 위기의식·리더십·비전·용기·인내력 등의 요소들이 반드시 필요하다.

진정한 기업 혁신이란 기업의 모든 구성원과 구성 요소에 영향을 미칠 정도로 강력한 것을 의미한다. 그리고 이와 같은 혁신은 소비자와 협력사와 지역 사회 등 기업과 관련된 이해 관계자들마저도 변화시킨다. 오늘날과 같은 변혁의 시대에 성공의 비결은 단 하나뿐이다. 하루 24시간, 1주일에 7일, 즉 쉬지 않고 혁신하는 것이다.

INNOVATION

부록

Innovation

성공적인 혁신 사례

부록A에서는 혁신을 성공적으로 이루었던 네 기업의 이야기를 소개하려고 한다. 이들 네 기업의 사례는 서로 다른 업계에 속해 있으며, 혁신의 대상이 되었던 역량 역시 서로 다르다는 점에서 주의 깊게 살펴볼 가치가 있다. 특히, 우리가 어떤 업계에서 어떤 일을 하고 있더라도, 혁신을 성공적으로 이룰 가능성이 있다는 것을 확인하기 위해서라도 더욱 그렇다.

글락소 스미스클라인

신약 개발비 부담의 증가를 포함한 여러 가지 요인들로 인해 적지 않은 수의 대형 제약 회사들이 합병을 했고, 몇몇 기업들은 지금도 합병을 추진하고 있는 중이다. 그 가운데서도 스미스클라인(Smith-Kline)과 글락소 웰컴(Glaxo Welcome)의 합병은 일대 사건으로 세상의 시선을 집중시키기에 충분했다. 이 중 글락소 웰컴은 1995년에 글락소와 웰컴이라는 두 회사의 합병으로 탄생한 기업으로, 여기서는 이 회사에 대한 이야기를 해보고자 한다.

글락소 웰컴이 탄생하기 전, 글락소의 주력 의약품은 잔탁(Zantac)이라는 궤양 치료제였다. 하지만 잔탁의 특허 만료 기한이 다가옴에 따라 잔탁을 대체할 수 있는—매출과 이익 규모 면에서—새로운 대형 의약품의 개발 압력은 더욱 커져만 갔다. 천문학적인 액수의 신약 개발비를 단기간에 조달하기 위해서는 다른 대형 제약 회사와의 합병을 피할 수 없었다.

특허는 처음 특허 등록을 한 시점에서 20년간 독점적인 사용 권한이 주어지지만, 그 기간이 지나면 누구라도 자유롭게 해당 기술을 사용할 수 있다. 따라서 특허 등록을 빨리 하는 것도 중요하지만, 일단 등록을 한 다음부터는 그야말로 시간과의 전쟁이라고 표현할 수 있다. 더 빨리 제품화하여 시장에 내놓고, 특허 기술의 독점 사용이 만료되기 이전에 최대한 많은 이익을 거두어들여야 하기 때문이다.

그런데 의약품을 제품화하여 시장에 내놓는다는 것은 그리 간단한 문제가 아니다. 의약품의 효력과 부작용 여부를 판단하기 위한 임상 실험을 반드시 거쳐야 하는데, 운이 매우 좋은 기업의 경우라도 임상 실험을 성공적으로 끝내고 시판 허가를 받는 사이에 10여 년이 훌쩍 지나가 버리는 경우가 많다. 특허 만료 시점까지 10년도 채 남지 않은 짧은 기간 동안에 신약 개발에 투자한 엄청난 액수의 개발비와 임상 실험 비용을 건져내고도 이익을 남겨야 하는 것이다.

글락소 웰컴이라는 이름으로 합병하기 이전에 글락소와 웰컴은 끝도 보이지 않는 신약 개발 및 임상 실험 기간, 그리고 개발 기간 동안에 들어가는 비용에 대해 상당한 부담을 갖고 있었다. 게다가 갈수록 의료 보건과 관련된 법은 제약 회사에 불리하게 개정되었고,

이는 추가적인 비용의 부담으로 다가왔다.

　글락소와 웰컴은 합병을 통해 신약 개발비―합병 직전 두 회사의
신약 개발비만 해도 17억 달러에 달하는 엄청난 규모였다―를 크게
줄일 수 있었지만, 합병으로 인한 문제도 적지 않았다. 그 중에서도
가장 큰 문제는, 두 기업의 문화적 차이에서 비롯된 것이었다. "이번
합병이 성공적인 것으로 평가받으려면, 글락소와 웰컴의 방식이 아
닌 글락소 웰컴의 방식이라는 새로운 기업문화를 만들어야 합니다."
하는 글락소 웰컴의 부사장 제임스 팔머(James Palmer)의 말처럼 새
로운 기업문화의 형성은 글락소 웰컴의 성공 여부를 결정할, 중요한
문제로 부각되었다. 이제 글락소 웰컴에게 있어 변화는 피해갈 수
없는 당위성으로 다가왔다.

　1996년 초, 글락소 웰컴은 신약 개발 및 임상 실험 과정을 획기적
으로 개선하기로 결정했다. 그들이 세운 혁신 프로젝트는 20개의 신
약에 대해 동시에 임상 실험을 추진하고, 2000년부터는 매년 세 개
의 신약에 대한 시판 허가를 받겠다는 내용으로 작성되었다. 동시에
20개의 신약에 대해 임상 실험을 추진한다는 것은 1996년의 수준에
서 50퍼센트나 개선된 수치였다. 글락소 웰컴의 혁신 프로젝트는 문
제의 진단, 새로운 해법 제시, 적용, 추진의 네 단계로 이루어져 시
행되었다.

　1단계: 문제의 진단　이 단계에서 글락소 웰컴의 경영진은 조직 전
반에 걸쳐 다양한 직급의 직원들과 대화를 나눴다. 글락소와 웰컴
양사 간의 문화적 차이, 그리고 각각의 해외 지사 간의 문화적 차이
를 밝혀내기 위해서였다.

　문제의 진단 단계를 책임졌던 인물은 트레버 깁스(Trevor Gibbs)

라는 고위급 임원이었는데, 이것은 회사의 경영진이 새로운 변화에 대해 얼마나 큰 관심을 두고 있는지를 잘 보여 준다. 깁스는 단기간에 회사의 수익성을 높일 수 있도록 임상 실험 과정에 대한 개선을 위주로 혁신을 추구했지만, 3~5년 후를 내다보며 새로운 패러다임을 구축하기 위해서도 많은 노력을 기울였다.

2단계: 새로운 해법 제시 두 번째 단계에서 글락소 웰컴은 임상 실험 과정을 개선할 수 있는 구체적인 방안을 마련하기 시작했다. 이와 같은 개선의 궁극적인 목표는 고객 만족도 · 신뢰성 · 효율성 · 생산성 등을 높이는 것이었다. 이번에도 경영진은 수많은 직원들과의 대화를 통해 합병 전 양사에 존재하던 최고의 업무방식을 찾아나섰다.

이와 동시에 임상 실험의 성과에 대한 새로운 예측 및 평가 방식을 개발하기 시작했으며, 임상 실험 과정에 대한 정보를 필요로 하는 사람들에게 신속히 전달할 수 있도록 기존의 시스템을 개선하였다.

3단계: 적용 앞의 두 단계를 통해 여러 가지 새로운 방안을 내놓았지만 그것을 현장에 적용하는 것은 쉬운 일이 아니었다. 양사에 각각 존재하던 기업문화가 새로운 것을 강력하게 거부하고 나섰기 때문이다. 변화에 대한 거부감을 없애기 위해 글락소 웰컴은 7,000여 명의 직원들을 대상으로 42가지의 새로운 업무방식에 대해 교육하는 기간을 가졌다.

그들은 직원들을 대상으로 하는 홍보도 게을리 하지 않았다. 글락소 웰컴은 모델 오피스(Model Office)라는 홍보 부서를 영국과 미국에 각각 운영하며 새로운 업무 방식에 대해 더 많은 정보를 얻고자 하는 직원들에게 도움을 주었다.

처음 혁신 프로젝트를 추진하기로 한 때부터 글락소 웰컴은 '언제, 어떤 식'으로 변화를 추구해 나가겠다고 알리는 일만큼이나 '왜' 변화를 추구해야 하는지에 대해 직원들에게 알리는 것을 중요하게 여겼다. 이를 위해 별도의 교육을 실시하기도 했고, 100여 개에 달하는 혁신 프로그램의 핵심 문서를 전자문서화하여 원하는 직원은 누구라도 열람할 수 있도록 하였다.

4단계: 추진   새로운 계획의 마지막 단계는 직원들의 마음을 움직여 그들이 진심으로 혁신에 동참하도록 만드는 것이었다. 마음을 움직이려면 먼저 직원들의 관심을 끌어야 했다.

회사가 새로이 추진하는 혁신에 대해 직원들의 관심을 이끌어내는 법은 간단하다. 혁신의 목표와 그 목표를 달성했을 때의 유익한 결과를 보여 주면 되는 것이다.

1997년 말까지 글락소 웰컴은 새로운 임상 실험 계획에서 목표의 80퍼센트를 달성했다. 이에 대해 제임스 팔머는 "새로운 임상 실험 방식은 매우 효과적이었습니다. 이를 통해 우리는 누구도 이루지 못했던 성과를 거둘 수 있었습니다." 하고 말했다.

새로이 합병한 글락소 웰컴이 임상 실험에 대한 혁신부터 추진한 이유는, 제약 회사의 성패는 신약의 임상 실험에 달려 있다고 해도 과언이 아닐 만큼 대단히 중요한 프로세스였기 때문이다. 하지만 당시까지만 해도 임상 실험의 규모—실험 참가자 수—에 비례하여 예산을 책정하는 예는 거의 드물었다. 임상 실험과 관련해서 예산이 배정될 때, 명확한 규정에 따라 배정되는 것이 아니라, 정치적인 혹은 다른 불명확한 기준에 의해 배정되었던 것이다. 이것은 임상 실험의 부실화와 비효율성을 초래하곤 했다. 글락소 웰컴은 임상 실험 업무에 투명성을 부여하기 위해 '내부 시장 제도'라는 것을 실시하고, 임상 실험의 난이도, 실험 참가자 수, 기간 등을 고려하여 예산을 배정하는 혁신을 단행했다.

　내부 시장 제도를 실시한 이후 임상 실험을 위한 예산은 합리적으로 배분되었고, 임상 실험에 소요되는 기간도 2000년에는 전년 대비 5.5퍼센트 감소라는 성과를 이끌어냈다.

　결과적으로, 글락소와 웰컴은 합병을 단행하고, 지속적인 혁신을 추구한 덕분에 제약 회사의 성패를 좌우하는 신약 출시 부분에서 속도와 양적인 면 모두 좋아지는 성과를 거두었으며, 시장 경쟁력 또한 강해졌다.

인벤시스

　BTR과 시베(Siebe)의 합병으로 탄생한 인벤시스는, 합병 전보다 많은 부분에서 비용을 절감할 수 있을 거라는 기대를 모았다. 특히, 구매 업무와 관련된 부분에서는 획기적인 비용 절감도 가능할 것이라고 예측하는 사람들이 많았다. 이러한 기대는 합병을 막 마친 인벤시스가 구매 업무를 합리화하여 3년 이내에 매년 1억 달러의 비용을 절감하겠다는 내용의 혁신 프로젝트를 세운 것에 바탕을 두고 있었다.

　구매 업무를 합리화하기 위해 인벤시스가 가장 먼저 취한 조치는 대량 구매가 요구되는 주요 품목을 선정하고는 각 품목마다 별도의 팀을 구성하여 구매 업무를 전담하도록 한 일이었다. 그 품목을 어느 나라에서 구입하든, 또 어느 나라의 지사에서 사용하든 상관없이, 각각의 주요한 품목을 책임지는 구매팀을 조직했던 것이다.

　인벤시스는 44개의 상품 구매팀을 조직하고 각 팀마다 팀장을 임명했다. 또, 상품 구매팀과는 별도로 공급처 개발팀을 조직했는데, 이들의 임무는 더 좋은 상품을 싸게 공급해 줄 업체를 찾는 것이었다. 이들은 품목과 업무에 구애받지 않고 인벤시스와 관련된 전 범위를 포괄했다.

인벤시스는 6주마다 한 번씩 44명의 상품 구매팀 팀장을 소집하여 구매에 대한 새로운 전략을 세우도록 했는데, 이 사람들이 일정한 시간에 한 자리에 모이기란 그리 쉬운 일은 아니었다. 한 명의 팀장이 하나의 품목에 대해 전세계 시장을 담당하다 보니 대부분의 시간을 해외에서 보냈기 때문이다. 미국에 있는 상품 구매팀장이라 하더라도 중국에서 구매한 상품에 문제가 생기면 중국으로 직접 가서 문제를 해결해야 했고, 곧이어 독일에서 문제가 생기면 독일에 가서 문제를 해결해야 했다.

구매 시스템도 새로 정비했는데, 이 과정에는 구매 담당자 외에도 생산 · 법무 · 품질관리 · 재무 등 각각의 기능을 담당하는 사람들이 모두 참여했다. 회사 전체를 기준으로 최적의 구매 시스템을 수립하기 위해서였다.

인벤시스는 자사의 시스템을 개선하는 데서 그치지 않고, 중간재를 공급하는 공급처의 시스템을 개선하려는 노력도 기울였다. 네트워크로 연결된 전체 구조에서 가장 취약한 부분이 전체의 약점이 되곤 한다는 사실을 잊지 않았던 것이다. 실제로 '성실한' 공급처가 '좋은' 중간재를 '빠르게' 공급해 주지 않는 상황에서는 인벤시스의 시장 경쟁력도 제한적일 수밖에 없다.

공급처를 혁신의 과정에 참여시키기 위해 가장 먼저 한 일은 공급처 실태 파악이었다. 그리고 인벤시스측에서 미리 정한 일정한 기준을 충족시키지 못하는 공급처는 직원을 인벤시스로 파견하여 교육을 받도록 했다. 이 외에도 인벤시스의 엔지니어들을 직접 공급처에 파견하여 시스템을 개선하도록 했는데, 그들의 활동으로 공급처가 가지고 있던 많은 문제들이 해결되었다.

한번은 공급처 중 한 곳에서 납품한 주조 반제품의 끝마무리가 덜 된 일이 있었다. 예전의 방식대로라면 그대로 반품시키고 새로 만들어 오라고 한 다음, 그래도 불량품이 개선되지 않으면 공급처를 바꾸면 그만이었다.

하지만 새로운 업무 방식 아래에서 인벤시스는 최고의 실력을 갖춘 자사의 엔지니어들을 해당 공급처에 파견하여 납품한 주조 반제품에 문제가 생긴 원인을 찾아내어 해결하도록 했다. 공급처도 인벤시스의 엔지니어들에게 적극적으로 협조했고, 결과적으로는 이러한 방식이 훨씬 효율적인 문제 해결 방법임이 증명되었다.

혁신을 추구하는 과정에서 조직 구성원들 간의 의사소통은 매우 중요하다. 인벤시스 역시 구매 업무 방식을 혁신하기로 결정한 직후 구매 업무와 관련된 책임자들을 대상으로 회의를 소집했다. 이 회의에는 전세계에서 300명이 넘는 인원이 참석했는데, 3일간에 걸친 회의를 통해 인벤시스는 왜 구매 업무 방식에 혁신이 필요한지를 참석자들에게 설명하였고, 혁신의 필요성에 동의한 참석자들은 향후 3년 동안 실천해 나갈 구체적인 실행 계획을 수립했다. 회의가 끝날 무렵 회의 참석자들은 구매 부서만을 위한 업무 방식이 아닌 인벤시스 전체, 더 나아가 주주들의 이익을 위한 업무 방식이 결국 자신들에게도 이익이 된다는 사실을 인식했다. 박스가 아니라 선에 집중하게 된 것이다.

미국주택도시개발부의 부동산평가센터

일반적으로 정부 기관이라고 하면 보수적이고 변화를 기피한다는 인상을 받기 쉽다. 하지만 미국의 주택도시개발부(Housing and Urban Development, HUD)는 그 어떤 기업보다도 혁신적인 성향을 지니고 있다. 1998년, 미국의 주택도시개발부는 조직을 개편하기로 결정하면서, 아예 이 기회에 고객을 위해 직접적으로 행동할 수 있는 별도 조직을 만들기로 했다. 이를 위해 주택도시개발부는 가능한 한 모든 방법을 개방적으로 검토하기 시작했다.

주택도시개발부가 하는 일 가운데는 미국 전역의 300만 호에 달하는 임대 주택을 관리하는 것도 포함되어 있다. 하지만 1998년 당시만 해도 주택도시개발부는 이들 임대 주택의 상태에 대해 신뢰할 만한 아무런 정보도 갖고 있지 못했다. 주택도시개발부의 지위 아래 있는 50개의 서로 다른 사무소가 관할 지역에서 저마다의 시스템을 이용하여 임대 주택 및 세입자들과 관련된 정보를 수집했기 때문에, 중앙 부서 차원에서는 건물이 어떤 상태에 있는지, 세입자들이 부당한 대우를 받는지의 여부를 확인할 길이 없었다. 이와 같은 문제를 해결하기 위한 방법 중 하나로, 주택도시개발부는 미국 전역에 있는 부동산의 상태를 점검하고 관리하는 일을 전담하게 될 부동산평가센터(Real Estate Assessment Center, REAC)라는 기구를 설립하기로 결정했다.

부동산평가센터는 설립 초기부터 정부 기관의 업무 효율성을 떨어뜨리는 가장 큰 골칫거리인 서류 업무에서 자유롭도록 조직 및 시스템을 구성했다. 그들은 최신 IT 기술과 전혀 새로운 형태의 업무 방식을 적극적으로 도입하여 대부분의 정보를 온라인으로 검색할 수 있도록 데이터베이스를 구축하였다. 이것을 이용하여 주택도시개발부는 자신들이 관리하는 임대 주택이 물리적 · 재무적으로 어떤 상태에 놓여 있는지 훨씬 빠르고 자세하게 알 수 있게 되었다.

부동산평가센터에 소속된 공무원들은 손에 정보 단말기를 들고 다니며 담당 구역의 부동산 실태를 조사하고 결과를 단말기에 입력

한다. 그렇게 입력된 정보는 인터넷을 통해 중앙 데이터베이스로 올려진다. 물론 이와 같은 방식을 도입하기 위해서는 담당 공무원들에게 디지털 기기와 인터넷의 이용법을 교육해야만 했다. 하지만 새로운 시스템과 업무방식은 얼마 전까지만 해도 상상도 못했을 만큼 높은 업무 효율성을 보여 주었다.

이제 부동산평가센터의 시스템은 다른 많은 정부 기관에 도입되어 활용되고 있다. 이와 같은 현상에 대해 부동산평가센터의 책임자인 도널드 라보이(Donald LaVoy)는 "이제 정부 기관들도 자신들의 업무에 전자상거래 개념을 도입해야 할 필요성을 이해하기 시작했습니다." 하고 평했다.

설립 단계부터 인터넷을 업무의 주된 수단으로 사용할 것을 염두에 둔 부동산평가센터의 조직 구성은 다른 정부 기관과는 확연히 달랐다. 철저하게 수평적 구조로 구성된 부동산평가센터 소속의 공무원들은 중간 간부를 거치지 않고 최고책임자에게 직접 보고한다. 그리고 담당자 본인이 필요하다고 판단하면 일정 정도까지는 사전 결재 없이 비용을 지출할 수 있다.

부동산평가센터의 사무실 구조 또한 원활한 의사소통이 가능하도록 만들어졌다. 라보이는 이와 같은 사무실의 구조가 혁신에 큰 도움이 되었다며 다음과 같이 말했다.

정부 기관에서 오래 일한 공무원의 경우 해당 업무에 대해 풍부한 지식을 가지고 있습니다. 하지만 첨단기술에 대해서는 많이 알지 못하죠. 반면, 새로 공무원이 된 젊은 사람들은 각종 디지털 기기들을 어떻게 이용할 수 있는지 해박하게 알고 있습니다. 우리가 사무실을 열린 공간으로 만든 이유는, 이런 두 부류의 공무원들이 함께 어우

러져 지식을 공유할 수 있도록 하기 위해서입니다.

　부동산평가센터의 공무원들이 낯선 문화에 적응하기까지 다소 진통을 겪었던 것은 사실이지만, 일단 변화에 적응하고 나서는 업무 방식에 대해 높은 만족도를 보였다. 또, 부동산평가센터의 활약으로 인해 상위 기관인 주택도시개발부 역시 훨씬 더 효율적으로 업무를 수행할 수 있게 되었다. 여기서 더 나아가 라보이는 "부동산평가센터는 주택도시개발부를 포함한 정부 기관들이, 미래에는 어떤 모습을 갖추고 있어야 하는지를 보여 주는 지표가 될 것입니다." 하고 앞으로의 포부를 드러냈다.

BC 하이드로
　공공 부문에 대한 규제 완화로 관련 시장에서의 경쟁이 심해지자 안정된 지위를 누리던 기존의 공공 기업들도 생존에 대해 걱정해야 할 처지에 놓였다. 불확실해진 미래는 공공 기업들에게 좀더 유연한 조직으로 탈바꿈할 것을 요구하고 있다.
　캐나다의 브리티시 컬럼비아(British Columbia) 주 정부 역시 몇 년 전부터 전력 시장에 경쟁을 도입하기 위한 방안을 추진해 오고 있었다. 구체적으로 드러난 계획 중 하나는 전력 송전 기능을 민영화한다는 것이었다. 브리티시 컬럼비아 주에는 주 전력 수요의 90퍼센트를 공급하고 있는 BC 하이드로(BC Hydro)라는 수력 발전 회사가 있는데, 주 정부의 방침대로라면 BC 하이드로의 송전 부문이 별도의 회사로 독립해야만 했다. 이제까지 BC 하이드로라는 커다란 전력 회사의 사업 부문 중 하나로서, 전체 전력의 안정적인 공급과 송전 설비의 관리 업무만을 책임지기만 하면 되었던 송전 부문이 독립된 송전 회사가 된다는 것은, 훨씬 더 복잡한 업무를 수행해야만 한다는 것을 뜻했다. 이를테면 전력 사용자들에 대한 관리, 다른 송전 회사들과의 전력 교환 및 거래, 건전한 재무 상태 유지 같은 것들을 직접 관리해야 하는 것이다. 게다가 독립된 송전 회사로서 BC 하이드로뿐만 아니라 소규모 전력 생산 업체에게도 충분한 전력을 송전할 수 있어야 했다.

브리티시 컬럼비아 주 정부가 송전 기능을 민영화시키겠다는 계획을 발표하자, BC 하이드로의 송전 부문은 급변하는 전력 시장의 상황에 대해 더욱 적극적으로 관심을 갖기 시작했다. 그러는 한편, 자신들이 독립 회사로 분사될 경우 맞닥뜨려야 할 새로운 환경을 14가지 범주로 나누어 분석했다.

- 완전 경쟁 체제의 시장 환경으로 변하는 시점
- 전력 시장의 구조
- 전력 공급 서비스의 다변화
- 전력 교환 및 거래에 대한 자발적, 혹은 강제적 참여
- 영업 지역의 범위
- 교환 및 거래된 전력의 용도
- 송전 설비의 이용
- 송전 설비의 관리 및 소유의 문제
- 송전 업체의 시장 영향력
- 새로운 송전 회사의 형태
- 새로운 송전 회사의 경영권 문제
- 대형 고객사의 관리
- 새로운 송전 회사의 운영 자금 조달 문제

• 관련법을 위반하지 않는 범위 내에서 사용 가능한 성과급

각각의 범주에 대해 BC 하이드로는 발생 가능한 미래를 예측하고 그것을 토대로 시장 상황에 대한 시나리오를 작성한 후 다음과 같은 질문을 던졌다. "제한된 경쟁 상황에서 우리에게 가장 필요한 역량은 무엇일까? 그러한 역량을 얻기 위해서는 어떻게 해야 할까?"

이 질문에 대한 답을 구하기 위해 BC 하이드로는 잠재적 시장 참여자들을 포함하는 가상의 시장을 설계하여 송전 부문의 다양한 사업 구조를 시험해 보았다. 여기서 나온 결과들을 밑바탕으로 하여, 독립된 기업이 될 BC 하이드로 송전 부문의 청사진을 만들어냈다.

미래의 시장 환경과 사업 구조의 모습을 미리 그려봄으로써, BC 하이드로는 경쟁사들보다 좀더 유리한 위치에서 사업을 추진해 나갈 수 있었다.

Innovation

혁신 역량의 성숙도 분석표

부록B에서 소개하는 표는 철저한 분석을 위한 도구는 아니지만, 이 표를 이용하면 그 기업이 얼마나 혁신적인지 정도를 가늠해 볼 수 있다.

혁신의 요소	질문	즉흥적 혁신성
전략	혁신을 언제 추구하는가?	위기 상황이 발생할 때
평가	평가의 대상은 누구인가?	혁신이 실패하면 누군가를 희생양으로 내세운다 프로젝트가 성공하면 책임자만 포상을 받는다
	평가의 기준은 무엇인가?	위기가 해결되었는가의 여부
프로세스	혁신의 4단계 과정에서의 위치	방향 설정 단계에 머무른다
	아이디어의 발산과 수렴	아이디어의 발산·수렴에 대해 별다른 개념이 없다
	목표 설정	문제가 발생하면 그것을 해결하는 차원에서 목표를 설정한다
	문제에 대한 해법 선택	그럭저럭 문제를 해결할 것 같으면 선택한다
	언제, 어떻게 혁신을 업무에 적용하는가	문제가 발생할 때까지는 생각하지 않는다
	근무 공간	칸막이가 많기 때문에 다른 직원들과의 협력이나 의사소통이 어렵다

보통의 혁신성	진보된 혁신성	조직문화화된 혁신성
시간과 예산이 부족할 때 효율적인 업무를 위해	업무 효율성 이상의 것을 추구하면서 혁신을 통해 고부가가치를 창출하고자 한다 혁신이 하나의 기업 역량이다	혁신이 기업을 움직이는 원동력이다 지속적으로 혁신을 추구한다
혁신을 주도적으로 추진하는 사람은 있지만 결과에 대해 별도의 상벌이 주어지지 않는다	팀 단위로 평가가 이루어진다 혁신에 기여한 개별적인 공로도 일부 인정한다	자기 계발 정도에 따라 모든 직원이 개별적인 평가를 받는다
주어진 예산 내에서 혁신이 이루어졌는지의 여부	프로젝트의 성공에 얼마나 기여했는지의 여부 회사 전체의 당기순이익에 얼마나 기여했는지의 여부	혁신의 기여도보다는 기업 전체의 실적을 기준으로 평가한다 평가의 기준은 상황에 따라 다르다
현실화 단계에 머무른다	4단계를 모두 수행한다	4단계에서 그치는 것이 아니라 이를 종합적으로 응용할 줄 안다
새로운 변화를 추구할 때, 주로 아이디어의 발산을 이용한다	새로운 변화를 추구할 때, 아이디어의 발산과 수렴 둘 다 이용한다	아이디어의 발산과 수렴을 통합하여 이용한다.
문제가 발생하기 전에 미리 문제의 원인을 찾아내어 해결하는 정도로만 목표를 설정한다 문제가 발생한 후라도 그 원인을 정확히 찾아낼 수 있다	투자 수익률의 개념으로 목표를 설정한다	현재의 문제와 미래의 발생 가능한 문제를 기준으로 목표를 설정한다
책정된 예산 내에서 최적의 해법을 선택한다	일곱 가지 혁신의 틀을 고려하여 해법을 선택한다(2장 참조)	시너지 효과를 일으킬 수 있도록 다양한 해법들을 혼합한다
미리 작성한 계획안에 의해 시간이 되면 적용한다	수시로 필요에 의해 적용한다	모든 업무가 혁신을 내포하고 있다
근무 공간이 탁 트여져 있다	의사소통을 하기에 최적의 구조를 지니고 있다	풍수지리학 등 혁신적인 방법을 응용해 공간을 배치한다

혁신의 요소	질문	즉흥적 혁신성
사람	기업측에서 혁신의 성공에 대한 기대감은 어떠한가?	별로 기대하지 않지만 성공하면 좋다
	기업 전체적으로 혁신을 보는 시각은 어떠한가?	혼란스러워한다
	누가 혁신을 이끌어 나가는가?	거부 의사를 가장 늦게 밝히는 한 사람
	누가 혁신에 참여하는가?	원하지는 않지만 지시에 의해 어쩔 수 없이 참여하게 되는 사람들
	혁신을 위한 역량은 어느 정도 수준인가?	특정한 기능이 아닌 호기심 수준 정도
	다른 조직 구성원들과의 협력이 가능한가?	직원들은 자신의 일에만 관심을 둘 뿐, 다른 사람들의 말은 듣지 않는다
기술	새로운 아이디어를 유발하는 도구 및 기법은 무엇인가?	원칙 없이 행해지는 브레인스토밍 연필과 종이를 이용한다
	새로운 아이디어를 기록하는 도구 및 기법은 무엇인가?	기록하지 않는다

보통의 혁신성	진보된 혁신성	조직문화화된 혁신성
성공을 기대하는 정도에서 그친다	혁신이 좋은 결과를 가져 올 것으로 믿는다	성공 여부를 떠나 혁신은 반드시 필요하다고 믿는다
항상 신뢰할 만한 것은 못 된다고 본다	혁신은 중요하다	혁신을 빼놓고는 기업 활동을 말할 수 없다
개인적으로 혁신에 관심이 많은 사람(권한이나 책임은 없다)	경영진에서 유능한 사람을 지명한다(권한과 책임이 따른다)	모든 임직원이 혁신을 추진 하고 결과에 책임을 진다
관심있는 사람들로 이루어 진 별도의 팀(상위 팀의 관 리를 받는다)	혁신의 대상이 되는 팀의 모든 구성원	가치사슬 전반에 걸쳐 관 련되어 있는 모든 사람
특정한 도구나 기법에 능 숙한 단편적인 기능	도구나 기법에 대한 깊은 이해와 그로부터 나오는 포괄적인 기능	혁신을 위한 별도의 기능 이 있는 것이 아니라, 업무 기능과 혁신을 위한 역량 이 동일하다
같은 팀으로 정해지는 사 람들과만 협력한다	협업을 유도하기 위한 다양 한 기법을 사용할 줄 안다	조직 구성원들 사이에 업 무나 역량에 의한 경계가 존재하지 않는다
학자들이 소개하는 몇 가 지 기법 관련 소프트웨어	혁신을 위한 별도의 공간 에서 기업에 특화된 기법 을 이용한다	시뮬레이션 기법을 포함한 다양한 첨단기법을 이용한 다
별도의 서류 파일을 만들 어 보관한다	컴퓨터 데이터베이스를 구 축한다	컴퓨터 데이터베이스를 구 축하여 언제 어디서 누구 라도 자료를 볼 수 있도록 한다

Innovation

일곱 가지 혁신의 틀

부록C의 표에서는 2장에서 소개한 일곱 가지 혁신의 틀을 언제 이용할 수 있는지 소개하고 있다. 2장에서 다뤄진 내용들을 좀더 폭넓고 구체적으로 살펴볼 수 있다.

반드시 필요한 질문	언제 적용해야 하는가?
혁신 과제 1: 다시 생각하라	항상!
혁신 과제 2: 다시 배치하라	
이 업무를 꼭 해야만 하는가?	· 어떤 업무가 별다른 가치를 창출하지 못하는 경우 · 어떤 업무가 비핵심적이면서도 전시성은 강한 경우
이 업무들을 통합할 수는 없을까?	· 똑같은 업무들이 서로 동떨어진 상태에서 원칙 없이 반복적으로 행해지고 있는 경우 · 통합을 통해 규모의 경제 효과를 노릴 수 있는 경우
어떻게 하면 보조 업무들을 줄일 수 있을까?	· 서류 업무나 오류를 바로잡는 데 지나치게 많은 시간이 필요한 경우 · 보조 업무가 다른 업무에 아무런 영향을 미치지 않는 경우
어떻게 하면 공급처나 소비자들과의 정보 공유를 통해 업무를 개선할 수 있을까?	· 시장의 수요가 불확실한 경우 · 재고의 과·부족 상태가 자주 발생하는 경우
아무런 부가가치를 창출하지 못하는 중간적인 성격의 업무를 없앨 수는 없을까?	· 부가가치를 전혀 창출하지 못하는 중간적인 성격의 업무로 인해 공연히 시간만 낭비되고 있는 경우
다른 업계의 방식을 도입하면 우리 회사의 업무를 개선할 수 있을까?	· 새로운 아이디어를 찾고 있는 경우
혁신 과제 3: 다시 배정하라	
어떻게 하면 예측을 통해 효율성을 높일 수 있을까?	· 시장의 수요에 대한 정확한 정보를 빨리 입수할 수 있는 경우 · 검증된 시장 예측 모델을 가지고 있는 경우 · 시장에 빨리 대응하는 것이 여러모로 유용한 경우 · 시장 수요의 변동폭이 크지 않은 경우
어떻게 하면 업무를 지연시키더라도 변동 사항에 대한 유연성을 높일 수 있을까?	· 소비자들의 수요가 매우 다양한 경우 · 재고 유지 비용이 지나치게 높은 경우 · 시장 예측 모델을 신뢰할 수 없는 경우
업무를 병렬 방식으로 수행하면 시간을 절약할 수 있지 않을까?	· 업무를 순차적으로 수행하지 않아도 되는 경우 · 시간이 부족한 경우 · 뒤늦게 오류를 발견하여 처음부터 다시 업무를 수행해야 하는 경우

반드시 필요한 질문	언제 적용해야 하는가?
어떻게 하면 업무들 간의 의존도를 줄일 수 있을까?	· 하나의 업무 때문에 다른 업무가 진행되고 있지 못하는 경우 · 보직 변경이 자주 일어나는 경우

혁신 과제 4: 위치를 재검토하라

어떻게 하면 소비자 가까이, 혹은 공급처 가까이서 업무를 수행할 수 있을까?	· 소비자나 공급처와의 거리로 인해 업무 처리 속도가 느려지고 의사소통이 제대로 안 되는 경우 · 주 소비자층이 편리함을 중요하게 여기는 경우 · 운송비가 많이 드는 지역에 충분한 규모의 시장이 형성되어 있는 경우
어떻게 하면 의사소통이 빈번한 업무들을 서로 가까이 배치할 수 있을까?	· 많은 사람들의 협동이 요구되는 경우 · 오류를 찾는 과정에 여러 사람들의 논의가 필요한 경우
물리적인 거리를 줄여 생산 시간을 단축해야 하지 않을까?	· 잦은 출장으로 인해 지나치게 많은 시간이 허비되고 있는 경우 · 공장에서 최종 소비자에 이르기까지 여러 종류의 운송 수단을 거쳐야 하는 경우
컴퓨터를 통해 가상현실을 이용한다면 물리적인 거리에 구애받지 않을 수 있을까?	· 함께 일하는 사람들이, 혹은 생산에 투입되는 자원이 굳이 같은 장소에 있지 않아도 업무에 지장을 주지 않는 경우 · 그룹웨어를 효과적으로 사용할 수 있는 경우 · 특정한 업무를 다른 곳에서 수행한다면 큰 폭의 비용을 절감할 수 있는 경우

혁신 과제 5: 횟수를 줄이라

어떻게 하면 반복되는 업무의 횟수를 줄이거나 늘릴 수 있을까?	· 가치를 창출하지는 않지만 그렇다고 하지 않을 수도 없는 업무의 경우→줄인다 · 디자인이나 제품 사양에 약간의 변화를 주면 이익이 큰 폭으로 증가할 수 있을 때→늘린다
유입되는 정보의 양을 늘린다면 좀더 효과적으로 업무를 수행할 수 있지 않을까?	· 매우 높은 정확도를 필요로 하는 경우 · 시장을 세분화함으로써 이익을 극대화할 수 있는 경우
어떻게 하면 유입되는 정보의 양을 줄이고 통제의 수준을 낮춰 효율성을 높일 수 있을까?	· 정보 수집에 많은 비용이 들어가는 경우 · 정보로부터 취할 수 있는 이득이 보잘것없는 경우 · 높은 정확도가 필요하지 않은 경우
어떻게 하면 핵심 자원을 좀더 효과적으로 사용할 수 있을까?	· 핵심 자원의 활용도가 낮은 경우 · 핵심 자원이 별다른 부가가치를 창출하고 있지 못한 경우

반드시 필요한 질문	언제 적용해야 하는가?
혁신 과제 6: 다시 맡기라	
현재 한 조직에서 하고 있는 업무를 다른 조직에 맡기면 어떨까?	· 다른 조직이 높은 수준의 기술력, 혹은 풍부한 핵심 자원을 보유하고 있는 경우 · 브랜드를 바꿀 필요가 있는 경우 · 현재의 조직문화에는 어울리지 않는 사업을 추진하는 경우
어떻게 하면 이 업무를 아웃소싱할 수 있을까?	· 중요한 업무가 아닌 경우 · 다른 조직이 해당 업무에 대해서 세계 최고의 경쟁력을 지니고 있는 경우 · 한정된 기업의 역량을 핵심 업무에 집중하고 싶은 경우
어떻게 하면 소비자들로 하여금 이 업무를 직접 수행하도록 할 수 있을까?	· 소비자들이 셀프 서비스를 선호하는 경우 · 지금과 같은 높은 수준의 서비스를 제공해서는 이익을 기대할 수 없는 경우
어떻게 하면 소비자들이 하는 일을 대신 할 수 있을까?	· 소비자들이 편리함을 추구하는 경우 · 소비자들과 더 가까워져야 할 경우
직원들에게 다양한 기능을 교육시킨다면 업무를 좀더 효율적으로 수행할 수 있지 않을까?	· 담당자에게 다양한 기능이 요구되는 경우 · 고임금의 숙련공이나 전문가를 필요로 하지 않는 업무의 경우
어떻게 하면 협력 회사들에게 이 업무를 수행하도록 할 수 있을까?	· 자사에 부족한 기술력 · 자본력 · 규모의 경제 등이 협력 회사에는 있는 경우 · 핵심 업무가 아닌 경우 · 사양 산업으로 전락할 가능성이 높아 새로 시설 투자를 하기에 부담이 되는 경우
혁신 과제 7: 도구를 바꾸라	
어떻게 하면 첨단기술을 이용하여 특정 프로세스를 개선할 수 있을까?	· 시간 · 공간 · 인력 등이 충분하지 못한 경우
어떻게 하면 특정 업무를 자동화할 수 있을까?	· 매우 중요한 업무지만 현재는 수작업으로 행해지고 있는 경우 · 작은 오류, 일관되지 못한 결과 등으로 자주 곤란을 겪는 경우 · 처리량이 많은 반복적인 업무의 경우
어떻게 하면 현재의 역량이 가진 경쟁력을 더욱 높일 수 있을까?	· 현재는 세계적인 경쟁력을 갖춘 역량을 지니고 있지만, 앞으로 그럴 것이란 전망이 불투명한 경우

반드시 필요한 질문	언제 적용해야 하는가?
직원들의 능력을 키워 업무의 질을 더욱 높일 수 있지 않을까?	· 소비자 만족도가 낮은 경우 · 다양한 능력을 지닌 전문가가 필요한 경우 · 첨단기술을 이용하여 지식 근로자를 양성할 수 있는 경우

Innovation